Aus dem Institut für Technische Informatik

der Universität zu Lübeck

Direktor: Prof. Dr.-Ing. Erik Maehle

Adaptive Kontrollstrategien für mobile Roboter basierend auf Organic Computing Prinzipien

Inauguraldissertation

zur

Erlangung der Doktorwürde (Dr.-Ing.)

der Universität zu Lübeck

Aus der Sektion Informatik/Technik

Vorgelegt von

Dipl.-Inf. Raphael Maas

aus Oldenburg i. H.

Lübeck, 2014

Bibliografische Information der Deutschen Nationalbibliothek

Die Deutsche Nationalbibliothek verzeichnet diese Publikation in der
Deutschen Nationalbibliografie; detaillierte bibliografische Daten sind
im Internet über http://dnb.d-nb.de abrufbar.

ISBN 978-3-8325-3933-7

Logos Verlag Berlin GmbH
Comeniushof, Gubener Str. 47,
10243 Berlin
Tel.: +49 (0)30 42 85 10 90
Fax: +49 (0)30 42 85 10 92
INTERNET: http://www.logos-verlag.de

1. Berichterstatter/Berichterstatterin: _____ Prof. Dr.-Ing. Erik Maehle

2. Berichterstatter/Berichterstatterin: _____ Prof. Dr.-Ing. Alexander Schlaefer

Tag der mündlichen Prüfung: _____ 30.09.2014

Zum Druck genehmigt. _____ Lübeck, den 07.10.2014

Abstract

A closer observation of the development of mobile robots reveals a rapidly increasing trend in complexity over the last years. Current systems typically consist of a variety of different components that are organized in a decentralized fashion. This leads to new challenges regarding the design and maintenance of such systems. Especially over recent years vigorous efforts have been made within the scope of the DFG priority program *Organic Computing* to create self-organizing systems of varying kinds that show self-x properties. These properties are self-organization, self-configuration, self-optimization, self-healing, self-explanation and self-protection.

Different issues of Organic Computing systems are examined during the progress of this work. This includes a framework that supports the design of self-monitoring systems with the help of organically inspired control units. An additional part of this work presents a mobile robot that was developed in the context of this work. The robot serves as the reference hardware for the previously mentioned framework. In this regard further aspects like hardware abstraction and system architecture are considered as well.

Additional main aspects of this work are the derivation and evaluation of new approaches that are able to rate the state of a system. In this context anomalies within a systems are detected on the basis of reference signals. Then their derived health signals allow a system to evaluate it's own fitness and to react in an appropriate manner. Furthermore, this work presents methods for adaptive path planning for mobile robots. Since the path planning is mainly observed in the presence of hardware faults, it has to feature strong self-configuration, self-optimization and self-protection properties. Systems that rely on the presented approaches are capable to handle different threats that may arise in hazardous situations.

Kurzfassung

Wird die Entwicklung von mobilen Robotern über die letzten Jahre betrachtet, so lässt sich ein rapide ansteigender Trend ihrer Komplexität feststellen. Aktuelle Systeme bestehen meist aus einer Vielzahl von Komponenten, die einer dezentralen Kontrolle unterliegen. Dies stellt neue Herausforderungen an das Design und die Wartung der Systeme. Besonders in den letzten Jahren wurden im Rahmen des DFG-Schwerpunktprogramms *Organic Computing* konzentrierte Bemühungen unternommen, um selbstorganisierende Systeme unterschiedlichster Gestalt zu erschaffen, die selbstkonfigurierend, selbstoptimierend, selbstheilend, selbsterklärend und selbstschützend agieren (Selbst-X-Eigenschaften).

Die vorliegende Arbeit setzt sich mit unterschiedlichen Fragestellungen aus dem Bereich des Organic Computing auseinander. Hierzu zählt unter anderem ein Framework, das den Entwurf selbstüberwachender Systeme auf der Basis von organisch inspirierten Kontrolleinheiten unterstützt, die ihren eigenen Systemzustand eigenverantwortlich überwachen können. Ein weiterer Bereich dieser Arbeit stellt einen mobilen Roboter vor, der im Rahmen dieser Arbeit entwickelt wurde und als Referenzhardware für das entwickelte Framework dient. In diesem Kontext wird außerdem auf Bereiche wie Hardwareabstraktion und Systemarchitektur eingegangen.

Weitere Hauptaspekte dieser Arbeit setzen sich aus der Herleitung und der Bewertung neuer Verfahren zur dynamischen Überwachung des Systemzustands zusammen. Auf der Grundlage von systeminternen Referenzsignalen werden Anomalien entdeckt. Durch die daraus abgeleiteten Gesundheitssignale wird ein System in die Lage versetzt, das Auftreten von Fehlern eigenverantwortlich zu detektieren. Zusätzlich erfolgt als weiterer Kernpunkt die Untersuchung von adaptiven Pfadplanungsmethoden für mobile Roboter. Schwerpunktmäßig werden dabei die Selbstkonfiguration, die Selbstoptimierung und der Selbstschutz betrachtet, da die präsentierten Methoden speziell auf eine Pfadplanung im Fehlerfall eingehen. Somit erhalten entsprechend kontrollierte Systeme die Möglichkeit, auf situationsabhängige Gefahren angemessen zu reagieren.

Inhaltsverzeichnis

Abbildungsverzeichnis

Tabellenverzeichnis

„Am Anfang wurde das Universum erschaffen. Das machte viele Leute sehr wütend und wurde allenthalben als Schritt in die falsche Richtung angesehen."
Douglas Adams in *Das Restaurant am Ende des Universums*, Ullstein, 1994, Seite 11.
Deutsche Übersetzung von Benjamin Schwarz

KAPITEL 1

Einleitung

Dieses Kapitel gibt einen grundlegenden Überblick über die vorliegende Arbeit. Abschnitt 1.1 präsentiert zunächst die Motivation dieser Arbeit im Kontext der mobilen Robotik. Daran anschließend bietet Abschnitt 1.2 einen Einblick in den inhaltlichen Aufbau der einzelnen Kapitel und setzt sie in einen gemeinsamen Kontext.

1.1. Motivation

Im Verlauf der letzten Jahre sind Hardware- und Software-Architekturen im Bereich der mobilen Robotik immer komplexer geworden. Dieser Anstieg lässt sich unter anderem durch die wachsende Komplexität sowohl eines Systems als auch der zugrundeliegenden Aufgabe erklären. Da die Aufgaben, die mobile Roboter übernehmen, mit der Zeit ebenfalls immer anspruchsvoller wurden, konnte die Komplexität der Roboter nur symbiotisch mitwachsen. Andersherum betrachtet sind komplexere Roboter ihrerseits in der Lage, anspruchsvollere Aufgaben zu übernehmen. Dementsprechend bedingen sich diese

1

Zusammenhänge gegenseitig und treiben somit die Entwicklung mobiler Roboter kontinu-ierlich voran. Heutzutage besteht ein solches System häufig aus mehreren Subsystemen, die meist dezentral organisiert und gesteuert werden müssen. Dabei kann das Design und die manuelle Wartung solcher Systeme mit erheblichen Problemen verbunden sein. Folglich erscheint es sinnvoll, diese Aufgaben an das System selbst zu übergeben. Die ei-genverantwortliche Strukturierung der eigenen Form und Gestalt wird in diesem Zusam-menhang auch als Selbstorganisation bezeichnet und bezieht sich dabei auf den internen Aufbau und logische Abläufe [CDF+03]. Verschiedene Lösungsansätze, die sich diesem Ziel von unterschiedlichen Seiten näherten, finden sich beispielsweise in [MBG+11]. Die vorliegende Arbeit setzt sich mit Fragestellungen dieses Bereichs auseinander, indem ein Framework vorgestellt wird, das den Entwurf selbstüberwachender Systeme durch entspre-chende Schnittstellen unterstützt. Eine grundlegende Zielsetzung ist dabei der Entwurf organischer Computersysteme, die selbstkonfigurierend, selbstoptimierend, selbstheilend, selbsterklärend und selbstschützend agieren. Zusammengefasst werden diese Eigenschaf-ten auch als Selbst-X-Eigenschaften bezeichnet [MSvW04].

Grundsätzlich erfordern mobile Roboter, die dem Organic Computing [MSvW04] ent-stammen, einen gewissen Grad an Fehlertoleranz. Dies liegt bereits darin begründet, dass ein System nur schwerlich selbstheilend agieren kann, wenn es nicht über die Fähigkeit verfügt, Fehler zu tolerieren. Allerdings besteht auch zu weiteren Selbst-X-Eigenschaften ein deutlicher Zusammenhang. So kann beispielsweise auf das Auftreten eines Fehlers mit einer eigenständigen Rekonfiguration reagiert werden, wodurch sich das System als feh-lertolerant gestaltet. Zusätzlich kann dieser Themenkomplex auch auf den Selbstschutz erweitert werden, so dass ein mobiler Roboter in die Lage versetzt wird, situationsab-hängige Gefahren, die sich durch das Auftreten von Fehlern ergeben, zu erkennen und entsprechend zu reagieren.

Des Weiteren ist es insbesondere für mobile Roboter erforderlich, dass sie auf mögliche Fehler in sicherer und angemessener Weise reagieren, da sie ansonsten für Menschen in ihrer Umgebung eine direkte Gefahr darstellen könnten. Zur Bewertung der Angemessen-heit einer Reaktion sind somit Verfahren erforderlich, die eine aggregierte Bewertung des derzeitigen Systemzustands ermöglichen. Abhängig von den jeweiligen Ergebnissen kann dann die Steuerung eines Roboters entsprechend angepasst werden, um vorliegenden De-fiziten sicher entgegenzuwirken. Im Rahmen dieser Arbeit werden dazu unterschiedliche Bewertungsverfahren von Systemzuständen vorgestellt und mit bestehenden Ansätzen wie zum Beispiel [LJE+07] verglichen.

Reaktionen, die einem gefährlichen Systemzustand entgegensteuern, können auf unterschiedlichen Systemebenen initiiert werden. So ist es grundsätzlich möglich, vorliegenden Defekte direkt auf den unteren Systemebenen entgegen zu steuern. Beispielsweise reagiert die dezentrale Schrittmustergenerierung einer Laufmaschine in [ALM08] dynamisch auf einen vorliegenden Hardwareausfall, indem das betroffene Subsystem durch eine Neukoordination der internen Systemstruktur überbrückt wird. Allerdings sind auch auf höheren Systemebenen zustandsabhängige Verhaltensanpassungen durchaus sinnvoll, um potentiell gefährliche Situationen zu vermeiden. Unter anderem können auf der Planungsebene des Systems Faktoren wie Energiereserven, Fehlerzustände oder mögliches Gefährdungspotential, eine Vielzahl von neuen Rahmenbedingungen mit sich bringen. Entsprechend sollten diese Faktoren auch in der Wegwahl eines Roboters entsprechende Beachtung finden. Verfahren zur adaptiven Pfadplanung mobiler Systeme stellen daher einen weiteren Kernbereich dieser Arbeit dar.

Im weiteren Verlauf werden unterschiedliche Fragestellungen aus den zuvor angesprochenen Themenbereichen betrachtet und in einen gemeinsamen Kontext gesetzt. Außerdem wird genauer auf die Struktur der vorliegenden Arbeit eingegangen.

1.2. Übersicht

Der Kernbereich dieser Arbeit setzt sich aus fünf Kapiteln zusammen. Die Inhalte der einzelnen Abschnitte bauen dabei aufeinander auf und spätere Inhalte erfordern teilweise das Vorwissen aus mehreren, vorangegangenen Kapiteln. Aus diesem Grund sind alle Themen so angeordnet, dass die sequentielle Abfolge der Kapitel ein leichtes Verständnis der präsentierten Inhalte sicherstellt.

Kapitel 2 beschreibt die notwendigen Grundlagen, die für alle weiteren Kapitel als Basiswissen vorausgesetzt werden. Es handelt sich dabei um Forschungsarbeiten, die nicht im Rahmen dieser Arbeit entstanden sind, jedoch einen gemeinsamen Ausgangspunkt der nachfolgenden Betrachtungen ermöglichen. Die präsentierten Inhalte stammen aus den Themenfeldern Organic Computing, Signalverarbeitung, Pfadplanung und Softwaremetriken.

Kapitel 3 behandelt die Hardwarearchitektur eines Roboters, der in späteren Kapiteln häufiger zur Ermittlung unterschiedlicher, realer Messdaten herangezogen wird. Außerdem bildet der Roboter die Hardwarereferenz für das in Kapitel 4 vorgestellte Framework.

Kapitel 4 stellt ein Framework zur Robotersteuerung vor. Dieses Framework setzt einen starken Fokus auf einfache Bedienbarkeit und einen leichten Einstieg in den Themenbereich der mobilen Robotik. Gleichzeitig unterstützt es den Einsatz von Organic Computing, indem Verfahren zur Bestimmung des aktuellen Systemzustands sowie die Realisierung von organisch inspirierten Kontrolleinheiten unterstützt werden.

Kapitel 5 präsentiert eine umfassende Bewertung des Frameworks aus Kapitel 4. Diese untergliedert sich in eine Beurteilung der Anwendbarkeit in der Praxis, in eine metrikgestützte Betrachtung der zugrundeliegenden Architektur sowie in eine umfassende Evaluation der Verfahren zur Bewertung des Systemzustands.

Kapitel 6 betrachtet adaptive Pfadplanungsmethoden für mobile Roboter. Hier fließen zahlreiche der zuvor beschriebenen Inhalte zusammen, um eine fehlertolerante Planung zu ermöglichen. Dies beinhaltet unter anderem eine entsprechende Architektur, die Möglichkeit zur Bewertung des aktuellen Systemzustands sowie entsprechend angepasste Algorithmen zur Pfadplanung.

Kapitel 7 beschließt diese Arbeit und bietet einen zusammenfassenden Überblick über die erzielten Ergebnisse. Außerdem wird eine Ausblick auf weitere Themen gegeben, auf die im Rahmen dieser Arbeit aus Gründen der Komplexität nicht eingegangen werden konnte.

„Gegenseitiges Mißverstehen ist die geeignete Grundlage für eine Ehe."

Oscar Wilde in *Lord Arthur Saviles Verbrechen*, 1. Akt / Lady Windermere

KAPITEL 2

Umfeld der Arbeit

In diesem Kapitel wird ein gemeinsames Basiswissen etabliert, welches die Grundlage der folgenden Kapitel darstellt. Da im Rahmen dieser Arbeit Themenbereiche Betrachtung finden, die über mehrere Ebenen aufeinander aufbauen, ist ein direkter Zusammenhang der nachfolgend präsentierten Themengebiete an dieser Stelle nicht sofort ersichtlich. Um diesem Umstand zu begegnen, wird im Folgenden ein kurzer Überblick über das Zusammenspiel der einzelnen Bereiche gegeben.

Grundsätzlich ist der Inhalt der vorliegenden Arbeit im Bereich des Organic Computing anzusiedeln, weshalb in Abschnitt 2.1 eine initiale Einführung dieses Begriffs erfolgt. Damit einher geht die Vorstellung der Orcanic Robot Control Architecture (*ORCA*), bei der es sich um eine spezialisierte Kontrollarchitektur für Roboter aus dem Bereich des Organic Computing handelt. Diese Architektur wurde in vorangegangenen Arbeiten zumeist in abstrakter Form betrachtet und umgesetzt. Die entsprechenden Grundlagen werden im Abschnitt 2.1.1 vorgestellten. Hierauf aufbauend wird im weiteren Verlauf dieser Arbeit in Kapitel 4 ein Framework präsentiert, das konkrete Anwendungen durch stärkere Formalismen unterstützt.

Neben der eigentlichen Funktion eines Frameworks stellt die Wartbarkeit des zugrundeliegenden Quelltexts ein wichtiges Bewertungskriterium dar. Da in diesem Zusammenhang die Objektivität der eigentlichen Bewertung von besonderer Bedeutung ist, haben sich über die Jahre unterschiedliche Metriken zur Bewertung der Qualität einer gegebenen Software etabliert. In Abschnitt 2.4 werden daher ausgewählte Bewertungsmethoden vorgestellt, die in Kapitel 5 zur Evaluation des zuvor genannten Frameworks herangezogen werden.

Ein zentraler Aspekt von ORCA ist die Generierung von Signalen, die den momentanen Gesundheitszustand eines Systems bewerten und auf deren Basis gegebenenfalls Adaptionen durchgeführt werden. Da ein klassischer Ansatz zur Bestimmung solcher Gesundheitssignale auf der Transinformation zweier Signale beruht, schafft Abschnitt 2.2 ausgehend von der formalen Definition eines Signals über dessen Informationsgehalt bis hin zur Transinformation zweier Signale einen gemeinsamen Begriffsraum. Dieser dient als Basis für die in Kapitel 4 vorgestellten und in Kapitel 5 ausgewerteten neuen Alternativen zur Signalbewertung, welche im Rahmen dieser Arbeit entstanden sind.

Unter Einbeziehung der aktuellen Systembewertung auf Basis von Gesundheitssignalen sind auf höheren ORCA-Ebenen adaptive Möglichkeiten zur Pfadplanung gegeben, wie sie in Kapitel 6 präsentiert werden. Aus diesem Grund erfolgt in Abschnitt 2.3 zunächst eine grundsätzliche Einführung in die Thematik der statischen Pfadplanung. Im Speziellen finden hierbei wellenfrontbasierte Verfahren in Abschnitt 2.3.1 genauere Betrachtung, da diese eine wichtige Grundlage für die weiterführenden Ansätze dieser Arbeit bilden.

2.1. Organic Computing

Je größer und komplexer ein System wird, desto schwieriger ist es beherrschbar. Dieser Zusammenhang wird zusätzlich durch die rapiden Generationszyklen im Bereich der Computersysteme beschleunigt. Bereits 1965 stellte Gordon Moore fest, dass die Komplexität von Prozessoren einem exponentiellen Wachstum unterliegt. Das damals von ihm aufgestellte *Mooresche Gesetz* [Moo65] sagt einen jährlichen Anstieg von ungefähr 60 % für die Anzahl an Transistoren auf einem Chip voraus. Dieses Gesetz hat bis in die heutige Zeit

Bestand. Insbesondere in den letzten Jahren ist dies durch den Einsatz von Mehrkern-prozessoren der Fall. Damit einhergehend ergibt sich auch eine generelle Steigerung der Komplexität von Hard- und Softwarestrukturen in Computersystemen im Allgemeinen.

Heutzutage besteht ein einzelnes System häufig aus mehreren Untersystemen, die in einer dezentralen Weise organisiert und gesteuert werden müssen. Diese Komplexitätssteigerung kann zu ernsthaften Problemen während des Entwurfs, der Erweiterung und der Verwaltung solcher Systeme führen. Generell ist es daher erstrebenswert, bestimmte Aufgaben aus diesen Bereichen zu automatisieren und dem System selbst zu überlassen.

Sofern ein System in der Lage ist, die Orchestrierung seiner Teilsysteme selbst zu übernehmen, kann es als *Selbstorganisierendes System* bezeichnet werden. Als eine grundlegende Charakterisierung von Selbstorganisation eignet sich folgende Definition aus [CDF⁺03]:

> „Self-Organization is a process in which pattern at the global level of a system emerges solely from numerous interactions among the lower-level components of the system. Moreover, the rules specifiying interactions among the system's components are executed using only local information, without reference to the global pattern."

Zusammengefasst bedeutet dies, dass die Struktur eine emergente Eigenschaft des Systems ist und nicht von außen vorgegeben wird. Dies führt zu der Frage, wie sich ein System optimal selbstständig organisieren sollte. In der Natur existieren viele exzellente Beispiel für selbstorganisierende Systeme [CDF⁺03] und es erscheint daher ratsam, organisch inspirierte Herangehensweisen für den Entwurf von selbstorganisierenden Systeme zu wählen. Gemäß [MSvW04] ist ein organisches System definiert als:

> „[...] ein selbstorganisierendes System, das sich den jeweiligen Umgebungs-bedürfnissen dynamisch anpasst. Organische Computersysteme haben sog. „Selbst-x-Eigenschaften": Sie sind selbstkonfigurierend, selbstoptimierend, selbst-heilend, selbsterklärend und selbstschützend."

Somit agieren Systeme, die diesen Prinzipien folgen, eher wie unterstützende Assistenten und weniger als statische Befehlsempfänger. Des Weiteren sind sie in der Lage, durch Adaption Ausfälle von Teilsystemen auf robuste Weise zu überwinden. Der Entwurfsaufwand eines solchen Systems sinkt, da nicht für jede erdenkliche Situation ein explizites Verhalten spezifiziert werden muss. Dabei kann sich folglich die Anforderung einer grundlegenden Lernfähigkeit ergeben.

Da ein Lernprozess selten ohne Fehlentscheidungen möglich ist, erfordert dieser Umstand gerade in sicherheitskritischen Anwendungen besondere Aufmerksamkeit. Weiterhin sind adaptive Entscheidungsprozesse mit teils längeren Reaktionszeiten verbunden, die in der Rekonfigurationszeit des Systems begründet liegen.

Die im Sinne des Organic Computing betrachteten Themen umfassen unter anderem Programmierparadigmen, die Berechnungen durch die Reorganisationen chemischer Prozesse ausdrücken [DM07] oder Kontrollstrategien für explorierende Roboterschwärme [ABD+07]. Auch die quantitative Bewertung von Emergenz [FJSMS10] und Protokolle zur biologisch inspirierten Datenverteilung [EAFH11] sind Teil dieses Forschungsgebiets. Weitere Beispiele für die Umsetzung organischer Ansätze können in [MSU11] gefunden werden. Einer der dort vorgestellten Ansätze ist die *Organic Robot Control Architecture* (ORCA) [BMM05, JLMA06, MLA+06, MLA+07, ALM08, BMG+11, MBG+11, MMG12], auf die im nachfolgenden Abschnitt 2.1.1 genauer eingegangen wird.

2.1.1. Organic Robot Control Architecture (ORCA)

Da es sich bei ORCA um einen Vertreter des Organic Computing handelt, ist die Hauptaufgabe von ORCA, ein funktionales Gesamtsystem aus einer Vielzahl von einfacheren Teilsystemen zu generieren, wobei jedes Teilsystem einzeln für die Erfüllung einer bestimmten Aufgabe entworfen wurde. Durch die Kombination und Kaskadierung kleinerer Teilsysteme können komplexere Systeme realisiert werden. Um dem System die Selbstverwaltung zu ermöglichen, kann ein Teilsystem von anderen Teilsystemen überwacht werden, die seine Leistung beziehungsweise sein Verhalten bewerten und gegebenenfalls eingreifen, um die Leistung des Gesamtsystems zu optimieren. Seinem Namen folgend liegt das Hauptanwendungsgebiet von ORCA in der (mobilen) Robotik. Zudem kann ORCA als eine verteilte Variante der Observer/Controller Architektur [RMB+06, MRB+07, PRT+08, TPR+08] angesehen werden.

In vorangegangenen Arbeiten wurde ORCA eingesetzt, um mehrere Generationen von sechsbeinigen Laufmaschinen zu kontrollieren [JMM09, EDM09, Auf10]. Die Roboter dieser Serie besitzen drei Freiheitsgraden pro Bein und die symmetrische Anordnung der Beine um das Zentrum der Roboter erlaubt eine omnidirektionale Bewegung. Unter anderem wurde bereits die dynamische Adaption an ausgefallene Systemkomponenten (wie zum Beispiel ein beschädigtes Bein) auf den unteren Systemebenen realisiert. Diese Adaption stellt dabei die zu diesem Zeitpunkt bestmögliche Leistung des System sicher.

Dabei werden diese Fehler durch die Adaption maskiert, so dass Fehler für höhere Ebenen folglich unsichtbar bleiben.

Um das kontrollierte System auch in unvorhergesehenen Situationen, wie dem Auftreten eines Fehlers oder einer sich ändernden Umwelt, in einem sicheren und optimalen Zustand zu halten, fasst ORCA mehrere Ansätze aus dem Bereich des Hard- und Softwaredesigns zusammen. Um ein solches Vorgehen zu ermöglichen, ist die Präsenz abstrakter Kenngrößen erforderlich, die es dem System ermöglichen, seine eigene Leistungsfähigkeit zu bestimmen. Eine solche Kenngröße wird auch als *Gesundheitssignal* bezeichnet und in Abschnitt 2.1.1.2 genauer beschrieben.

Abbildung 2.1 zeigt eine Darstellung der zwei Modultypen, die in ORCA existieren und im Folgenden beschrieben werden. Jedes Modul verfügt über eine beliebige Anzahl an ein- und ausgehenden Verbindungen, die durch Pfeile dargestellt sind. Dabei handelt es sich bei aufwärts gerichteten Verbindungen um Sensorwerte, die an höhere Kontrollschichten gereicht werden. Die abwärts gerichteten Pfeile zielen letztendlich auf Aktoren, die ausgehend von übergeordneten Hierarchieschichten angesteuert werden. Grundsätzlich entspricht diese Darstellungsform den Modulen der in [SAG01, Inf12] vorgestellten *Modular Controller Architecture* (MCA). Abweichend von der dort beschriebenen Architektur werden beim ORCA-Ansatz unter anderem die einzelnen Module in zwei unterschiedliche Basismodultypen unterteilt. Eine *Basic Control Unit* (BCU) führt die grundlegenden Operationen (zum Beispiel das Auslesen eines Sensors) durch, die das System für seinen Einsatz im fehlerfreien Zustand benötigt. Eine *Organic Control Unit* (OCU) überwacht zugewiesene BCUs und kann deren Verhalten beeinflussen, indem sie bei kleineren Fehlern Parameter der BCU anpasst oder bei größeren Fehlern die gesamte BCU durch eine alternative BCU ersetzt. Ein möglicher Ansatz, der die dynamische Ersetzung von BCUs nutzt, wird in Kapitel 6 genauer beschrieben.

Unabhängig von ihrem Typ (BCU oder OCU) können ORCA Module sowohl zu Metamodulen gruppiert als auch in hierarchischen Ebenen angeordnet werden. Die Kombination zu einem Metamodul dient dabei der Übersichtlichkeit, da hierbei interne Details von Subsystem zugunsten der Darstellung des Gesamtsystems verborgen werden. Ein Modul, dem andere Module hierarchisch untergeordnet sind, wird auch als *geschichtetes* Modul bezeichnet. Durch diese Kombinationsmöglichkeiten von Modulen können komplexere Fähigkeiten definiert werden, die sich aus den Einzelaufgaben der diskreten Teilsysteme und ihren zugeordneten Modulen ergeben. Gleichzeitig findet durch die Schichtung eines Systems auch eine stufenweise Abstraktion statt, die eine (Selbst-)Organisation des Systems

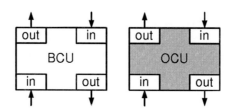

ABBILDUNG 2.1.: Visuelle Repräsentation der beiden Modultypen in ORCA. Die *Basic Control Unit* (BCU) ist auf der linken und die *Organic Control Unit* (OCU) auf der rechten Seite dargestellt. Zusätzlich sind die Verbindungspunkte für eingehende (in) und ausgehende (out) Verbindungen als Pfeil gezeigt. Jeder Pfeil repräsentiert eine beliebige Anzahl an Verbindungen. (Darstellung entnommen aus [MMG12].)

erleichtert. Ein Modul auf einer höheren Ebene muss lediglich wissen, welches Modul eine bestimmte Aufgabe erledigen kann. Es braucht dabei nicht zu wissen, wie diese Aufgabe erledigt wird.

Im optimalen Fall sollte ein übergeordnetes Modul generell keine Kenntnis über die Details einer anderen Ebene besitzen, da dies dem *Gesetz von Demeter* [LHR88, Mar12] zuwiderläuft. Vereinfacht ausgedrückt besagt diese Entwurfsregel, dass interne Vorgänge eines Moduls verborgen und abstrahierende Operationen als Schnittstellen bereitgestellt werden sollten. Daraus resultiert eine verringerte Kopplung an interne Strukturen, was eine bessere Organisation und Adaptierbarkeit ermöglicht. Eine formale Definition der zulässigen Operationen ist im Folgenden angegeben.

Es sei M ein Modul M mit m Operationen, die als o_i, mit $0 \leq i \leq (m-1)$, bezeichnet werden. Die Menge O_M der bereitgestellten Operationen eines Moduls ist somit definiert als die Menge

$$O_M := \{o_i \mid \forall i\} . \tag{2.1}$$

Das Gesetz von Demeter ist erfüllt, sofern alle Operation $o_i \in O_M$ nur auf Operationen aus der Menge

$$O_{(o_i)} := O_M \cup O_{\tilde{M}} \cup O_{\hat{M}} \cup O_{\dot{M}} \tag{2.2}$$

zugreifen, wobei die zusätzlichen Teilmengen durch

- $O_{\tilde{M}} := \{\bar{o}_j \mid \forall j\}$, sofern das Modul $\tilde{M}$ durch o_i erstellt wurde
- $O_{\hat{M}} := \{\check{o}_k \mid \forall k\}$, sofern das Modul $\hat{M}$ o_i direkt bekannt gemacht wurde

- $O_{\dot{M}} := \{\dot{o}_l \mid \forall l\}$, sofern $\dot{M}$ ein internes oder assoziiertes Modul von M ist

definiert sind.

2.1.1.1. Beispiel eines Differentialantriebs

Abbildung 2.2 zeigt den Aufbau eines Differentialantriebs als geschichtete BCU. Das Modul auf der Antriebsebene (Drive Layer) repräsentiert den gesamten Differentialantrieb (Differential Drive). Diese BCU sendet die gewünschten Motorgeschwindigkeiten an den linken und den rechten Motortreiber (Motor Controller), um den Antrieb in die gewünschte Richtung zu steuern. Wie dabei die tatsächliche Ansteuerung eines Motors erfolgt, ist für den Antrieb auf dieser Abstraktionsebene unerheblich. Die Details der Motoransteuerung sind auf der Motorebene (Motor Layer) verborgen.

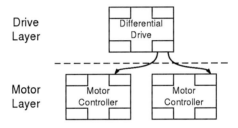

ABBILDUNG 2.2.: Schematische Darstellung eines Differentialantriebs aus geschichteten BCUs. Das oberste Modul (Differential Drive) sendet die gewünschten Motorgeschwindigkeiten an die entsprechenden Motortreiber (Motor Controller). (Darstellung entnommen aus [MMG12].)

Das beschriebene System ist auch ohne das Vorhandensein von überwachenden OCUs einsatzbereit, allerdings ist es bei Hardwarefehlern anfällig für Anomalien. Wenn beispielsweise einer der Motoren physikalisch so beschädigt wird, dass seine Leistung sinkt, so führt dies zu einem Drift zu der Seite des betroffenen Motors. Probleme dieser Art können durch den Einsatz von OCUs überwunden werden, da sie das Verhalten des Systems zur Laufzeit überwachen und eingreifen, um nach einem Defekt die bestmögliche Funktionalität sicherzustellen.

Abbildung 2.3 zeigt einen Differentialantrieb, der von zugeordneten OCUs überwacht wird. Wie im vorherigen Beispiel übermittelt der Differentialantrieb (Differential Drive) die gewünschten Geschwindigkeiten an die beiden Motortreiber (`Motor Controller`). Solange keine Fehler auftreten, vollführen die OCUs lediglich eine passive Überwachung der Systemleistung. In diesem Fall entsprechen sich die Verhalten der beiden System aus Abbildung 2.2 und 2.3. Der Unterschied besteht darin, dass die OCUs gegebenenfalls auf die überwachten BCUs einwirken, um im Fehlerfall die noch bestmögliche Leistung des Systems sicher zu stellen. Aufgrund der Entkopplung durch unterschiedliche Abstraktionsschichten ist dieser Eingriff für den Differentialantrieb auf der Antriebsebene unsichtbar. Im Fehlerfall (wie zum Beispiel der zuvor angesprochene Leistungsabfall eines Motors) kann die entsprechende OCU den Stellwert des betroffenen Motortreibers anpassen. Dadurch wird sichergestellt, dass die bereitgestellte Antriebskraft der gewünschten entspricht. Dies geschieht ohne einen zentralen Kontrollmechanismus.

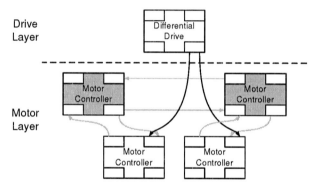

ABBILDUNG 2.3.: Schematische Darstellung eines Differentialantriebs aus geschichteten BCUs, die von zugehörigen OCUs überwacht werden, um ein fehlertolerantes System zu gewährleisten. Im Fehlerfall steuern die OCUs unerwünschten Systemzuständen entgegen und halten das Gesamtsystem im bestmöglichen Zustand. Da diese Adaption auf der Motorebene (`Motor Layer`) durchgeführt wird, ist sie somit für Module auf höher gelagerten Ebenen unsichtbar. (Darstellung entnommen aus [MMG12].)

2.1.1.2. Berechnung und Bündelung von Gesundheitssignalen

Wie zuvor bereits erwähnt, überwachen OCUs ihre zugeordneten BCUs, um unerwünschten Systemzuständen entgegenwirken zu können. Für die Detektion solcher Zustände benötigen die OCUs eine Kenngröße, die den momentanen Gesundheitszustand beziehungsweise die Fehlerfreiheit des Systems bewertet. Diese Kenngröße ist im Fall von ORCA das *Gesundheitssignal*, welches auch als *Health Signal* [LJE+07] bezeichnet und von überwachten BCUs generiert wird.

Als ein möglicher Indikator für die Gesundheit eines Systems kann der Grad der internen Struktur innerhalb des Systems gesehen werden. Reziprok gilt somit, dass die strukturelle Integrität eines Systems abnimmt, wenn Anomalien auftreten. Signale, wie Sensorwerte, interne Zustände des Roboters oder Energiepegel, können paarweise betrachtet und ausgewertet werden, um abweichende und somit potentiell auffällige Signale zu finden. Im Beispiel des zuvor erwähnten Differentialantriebs sollte im störungsfreien Fall die gesetzte Motorgeschwindigkeit immer der tatsächlichen Motorgeschwindigkeit entsprechen. Auch wenn die Signalpaare, anders als in diesem Beispiel, nicht in direkter Korrelation zueinander stehen, können sie in eine Relation zueinander gesetzt werden. Aus dieser Relation ist der Grad an lokalen Strukturen extrahierbar. Die Strukturiertheit eines Systems kann mit Hilfe der *Transinformation*, auch als *gegenseitige Information* bezeichnet, bestimmt werden [LJE+07].

In Abschnitt 2.2 wird eine detaillierte Einführung in die grundlegende Berechnung der Transinformation gegeben. Darauf aufbauend erfolgt in Abschnitt 4.3.1 die Herleitung der im Rahmen dieser Arbeit entwickelten Erweiterungen zur Bestimmung von Gesundheitssignalen. Alternativ zur Gesundheitssignalgenerierung auf der Basis von Transinformation ist auch eine Detektion von Anomalien mittels Fuzzy-Logik möglich [BR08, JM08], jedoch wird auf diese Herangehensweise im Weiteren nicht genauer eingegangen.

In vielen Fällen kann es sinnvoll sein, die einzelnen Gesundheitssignale von unterschiedlichen Teilsystemen zu kombinieren. Dies ist beispielsweise bereits bei dem zuvor eingeführten Beispiel des Differentialantriebs der Fall, da sich der Gesundheitszustand eines zusammengesetzten Antriebs unter logischen Gesichtspunkten aus den Gesundheitssignalen der beteiligten Komponenten ergeben sollte. Auf diesen Sachverhalt wird in Abschnitt 4.3.2 genauer eingegangen.

2.2. Grundlagen der Signalanalyse

Dieser Abschnitt befasst sich mit den theoretischen Grundlagen der Signalanalyse, wie sie für die Generierung von Gesundheitssignalen (siehe Abschnitt 2.1.1.2 und 4.3.1) benötigt wird. Dies beinhaltet die Definition von Signalen, deren Informationsgehalt und deren Entropie. Darauf aufbauend wird auf die Analyse von Verbundsignalen im Falle von abhängigen und unabhängigen Signalen mittels Transinformation eingegangen.

2.2.1. Definition eines Signals

Es sei ein zeitlich diskretes Signal der Länge t als der Vektor $S := (s_0, s_1, \ldots, s_{t-1})$ gegeben, wobei s_z mit $0 \le z \le t-1$ den zum Zeitpunkt z aktuellen Wert des Signals darstellt. Für ein solches Signal existiert ein *endlicher Stichprobenraum* $H_S := (Q_S, P_S)$. Dabei bezeichnet $Q_S = \{(q_S)_0, (q_S)_1, \ldots, (q_S)_{n-1}\}$ eine endliche Menge von *Elementarereignissen* aus S, wobei jedem Ereignis $(q_S)_i \in Q_S$, mit $0 \le i \le n-1$, seine Eintrittswahrscheinlichkeit $p((q_S)_i) \in [0, 1]$ in Form des Vektors $P_S := \big(p((q_S)_0), p((q_S)_1), \ldots, p((q_S)_{n-1})\big)$ zugeordnet ist. P_S definiert somit die *Wahrscheinlichkeitsverteilung* von Q_S.

Die visuelle Darstellung von H_S wird als *Histogramm* bezeichnet. Im Rahmen dieser Arbeit beteutet dies, dass die Elementarereignisse von H_S entlang der x-Achse gegen ihre zugehörige Eintrittswahrscheinlichkeit entlang der y-Achse aufgetragen werden.

Abbildung 2.4(a) zeigt ein Signal S der gemessenen Spannungsversorgung eines Schwenk-Neigekopfs über den Zeitraum von 3 Stunden und 30 Minuten, wobei pro Minute ein Messwert aufgezeichnet wurde. Der Abfall der Kurve S lässt sich dadurch erklären, dass als Spannungsquelle ein Akku zum Einsatz kam. Abbildung 2.4(b) zeigt das Histogramm, welches aus Signal S resultiert, wobei die Spannungswerte auf eine Dezimalstelle nach dem Komma gerundet wurden.

2.2.2. Gleichzeitige Betrachtung zweier Signale

Seien $H_S = (Q_S, P_S)$ und $H_R = (Q_R, P_R)$ die Stichprobenräume zweier Signale S und R. Bei gleichzeitiger Betrachtung der Signale S und R ergibt sich der neue Stichprobenraum $H_V := (Q_S \times Q_R, P_V)$ der als *Verbundraum* bezeichnet wird. Die Variable V dient an dieser Stelle vorerst als Platzhalter und wird in den folgenden Abschnitten 2.2.2.2 und 2.2.2.3 durch entsprechende Definitionen ersetzt. $Q_S \times Q_R$ bezeichnet das kartesische Produkt der beiden Elementarereignismengen $Q_S = \big\{(q_S)_0, \ldots, (q_S)_{n-1}\big\}$ und $Q_R = \big\{(q_R)_0, \ldots, (q_R)_{m-1}\big\}$. Formal ist die Produktmenge für beliebige m und n definiert als

$$Q_S \times Q_R := \left\{ \big((q_S)_i, (q_R)_j\big) \;\middle|\; \begin{array}{l} i = 0, \ldots, (n-1) \\ j = 0, \ldots, (m-1) \end{array} \right\}. \tag{2.3}$$

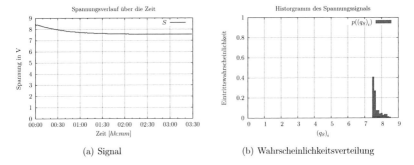

(a) Signal   (b) Wahrscheinlichkeitsverteilung

ABBILDUNG 2.4.: Über den Zeitraum von mehreren Stunden wurde im Minutentakt die Spannungsversorgung eines Schwenk-Neigekopfs gemessen. Abbildung (a) zeigt die Messwerte des resultierenden Signals S und (b) zeigt die zum Signal gehörige Wahrscheinlichkeitsverteilung der Messwerte (gerundet auf eine Nachkommastelle).

Alternativ zur Schreibweise $\big((q_S)_i, (q_R)_j\big)$ wird im Folgenden auch die verkürzte Form q_{ij} verwendet, wobei für alle $0 \leq i \leq n-1$ und $0 \leq j \leq m-1$ stets $\big((q_S)_i, (q_R)_j\big) = q_{ij}$ gilt.

2.2.2.1. Verbundwahrscheinlichkeit

Die *Verbundwahrscheinlichkeiten* p_{ij} für das Auftreten der Elemente $q_{ij} \in Q_S \times Q_R$ mit $i = 0, \ldots, (n-1)$ und $j = 0, \ldots, (m-1)$ innerhalb eines Verbundraums können in Form eines Matrix P_{SR} angegeben werden

$$
P_{SR} = \begin{bmatrix} p_{00} & \cdots & p_{0(m-1)} \\ \vdots & \ddots & \vdots \\ p_{(n-1)0} & \cdots & p_{(n-1)(m-1)} \end{bmatrix}. \tag{2.4}
$$

Sofern die Wahrscheinlichkeitsverteilung eines Verbundraums als Verbundwahrscheinlichkeit P_{SR} vorliegt, wird im Folgenden $H_{SR} = (Q_S \times Q_R, P_{SR})$ als Darstellung eines solchen Verbundraum verwendet.

2.2.2.2. Bedingte Wahrscheinlichkeit

Für zwei Elementarereignisse $(q_S)_i \in Q_S$ und $(q_R)_j \in Q_R$ eines Verbundraums mit

$$
p\big((q_R)_j\big) = \sum_{\forall i} p_{ij} \neq 0 \tag{2.5}
$$

und $0 \leq i \leq (n-1)$ sowie $0 \leq j \leq (m-1)$ ist die *bedingte Wahrscheinlichkeit* $p\left((q_S)_i \mid (q_R)_j\right)$ von $(q_S)_i$, also die Wahrscheinlichkeit des Elementarereignisses $(q_S)_i$ unter der Bedingung, dass Elementarereignis $(q_R)_j$ eintritt, nach [HQ95] definiert als

$$p\left((q_S)_i \mid (q_R)_j\right) := \frac{p_{ij}}{p\left((q_R)_j\right)}. \tag{2.6}$$

Analog gilt

$$p\left((q_R)_j \mid (q_S)_i\right) := \frac{p_{ij}}{p\left((q_S)_i\right)} \tag{2.7}$$

für alle $p\left((q_S)_i\right) \neq 0$.

Abschließend folgt aus den Gleichungen (2.6) bis (2.7) der Zusammenhang

$$
\begin{aligned}
p\left(q_{ij}\right) &= p\left((q_S)_i \mid (q_R)_j\right) \cdot p\left((q_R)_j\right) & (2.8) \\
&= p\left((q_R)_j \mid (q_S)_i\right) \cdot p\left((q_S)_i\right). & (2.9)
\end{aligned}
$$

Ein Stichprobenraum, für den eine bedingte Wahrscheinlichkeitsverteilung $P_{S|R}$ vorliegt, wird im Folgenden als $H_{S|R} = \left(Q_S \times Q_R, P_{S|R}\right)$ bezeichnet.

2.2.2.3. Eigenschaften unabhängiger Signale

Sei $H_{SR} := (Q_S \times Q_R, P_{SR})$ der Verbundraum zweier *unabhängiger* Signale S und R, so ergibt sich die bedingte Wahrscheinlichkeit für $(q_S)_i \in Q_S$ mit $(q_R)_j \in Q_R$ nach [Gri08] als

$$p\left((q_S)_i \mid (q_R)_j\right) = p\left((q_S)_i\right). \tag{2.10}$$

Aus diesem Zusammenhang folgt unter Verwendung von Gleichung (2.6) auch

$$p_{ij} = p\left((q_S)_i\right) \cdot p\left((q_R)_j\right). \tag{2.11}$$

2.2.3. Bestimmung der Verbundwahrscheinlichkeit

Gegeben seien die Stichprobenräume $H_S = (Q, P)$, $H_R = (Q, P)$ und $H_T = (Q, P)$ dreier Signale S, R und T mit $Q = \{0, 1\}$ und $P = \left(\frac{1}{2}, \frac{1}{2}\right)$. Alle Signale verfügen also über die gleichen Elementarereignisse und es ist bekannt, dass in allen Signalen die Eintrittswahrscheinlichkeit der Elementarereignisse gleichverteilt ist. Basierend auf diesen Eigenschaften kann jedoch keine Aussage über P_{SR} und P_{ST} der Verbundräume $H_{SR} = (Q_V, P_{SR})$

und $H_{ST} = (Q_V, P_{ST})$ mit $Q_V = \{(0,0),(0,1),(1,0),(1,1)\}$ getroffen werden, sofern die Abhängigkeit der Signale voneinander nicht a priori bekannt ist.

Die drei Signale S, R und T mit den zuvor beschriebenen Eigenschaften seien nun beispielsweise durch folgende Signalverläufe gegeben

$$S = (1,0,1,0,1,0,1,0,\dots) \tag{2.12}$$

$$R = (1,0,0,1,1,0,0,1,\dots) \tag{2.13}$$

$$T = (1,0,1,0,1,0,1,0,\dots), \tag{2.14}$$

wodurch sich die beiden Wahrscheinlichkeitsverteilungen P_{SR} und P_{ST}, basierend auf Gleichung (2.4), zu

$$P_{SR} = \begin{bmatrix} \frac{1}{4} & \frac{1}{4} \\ \frac{1}{4} & \frac{1}{4} \end{bmatrix} \text{ und } P_{ST} = \begin{bmatrix} \frac{1}{2} & 0 \\ 0 & \frac{1}{2} \end{bmatrix} \tag{2.15}$$

ergeben. Natürlich sind auch graduelle Abstufungen bei der Abhängigkeit zweier Signale möglich, die zwischen diesen beiden Extrema der Wahrscheinlichkeitsverteilungen liegen.

Da die Wahrscheinlichkeitsverteilung des Verbundraums zweier Signale nicht rechnerisch auf der Basis von gegebenen Wahrscheinlichkeitsverteilungen ermittelt werden kann, ist eine adäquate Alternative zur Bestimmung der Wahrscheinlichkeitsverteilung erforderlich. Ein zweidimensionales Histogramm, bei dem zwei Signale gegeneinander aufgetragen werden, kann als Näherung für die Verbundwahrscheinlichkeit herangezogen werden [PMV03]. Es wird folglich die Häufigkeitsverteilung der kartesischen Produkte der Elementarereignisse mit Hilfe einer Stichprobe bestimmt.

Abbildung 2.5 zeigt mehrere Beispiele zweidimensionaler Histogramme für unterschiedliche Kombinationen von Bildern. Die Häufigkeit der Elementarereignisse ist über die Helligkeit der Bildpunkte angegeben. Entsprechend der vorangegangen Definition eines Signals ist ein Bild nichts anderes als die zeitliche Anordnung der fortlaufenden Bildwerte. Die verwendeten Bilder entstammen [All06] und wurden vor der Berechnung der Histogramme in Graustufen konvertiert. Um die visuelle Unterscheidbarkeit zu erleichtern, erfolgte eine Streckung des Farbraums der Histogramme mittels des Verfahrens aus [And11]. Zusätzlich wurden die Einträge der Histogramme zusätzliche manuell hervorgehoben. Abbildung 2.5(a) und 2.5(b) zeigen das gleiche Bild. Das resultierende Histogramm (2.5(c)) ist lediglich auf der Diagonalen belegt und tritt visuell als fast vollständig schwarze Fläche in Erscheinung. Dies entspricht der typischen Verteilung voneinander abhängiger

Signale (vergleiche Gleichung (2.15)). Das Histogramm in 2.5(f) ist zwar überwiegend auf der Diagonalen belegt, jedoch ist eine etwas breitere Verteilung der Wahrscheinlichkeiten zu erkennen. Dies passt zu den in 2.5(d) und 2.5(e) dargestellten Bildinhalten, die zwar ähnlich, jedoch nicht identisch sind. Abschließend zeigen die Abbildungen 2.5(g) und 2.5(h) Bildinhalte, die augenscheinlich keine Gemeinsamkeiten aufweisen. Diese Tatsache spiegelt sich auch in dem zugehörigen Histogramm in Abbildung 2.5(i) wider. Die Wahrscheinlichkeiten der Elementarereignisse des Verbundraums sind weit über das Histogramm verteilt (vergleiche Gleichung (2.15)).

2.2.4. Definition des Informationsgehalts

Der *Informationsgehalt* eines Werts $(q_S)_i \in Q_S$ eines beliebigen Signals S ist gegeben durch

$$I_\alpha\left((q_S)_i\right) \ := \ \log_\alpha\left(\frac{1}{p\left((q_S)_i\right)}\right) \tag{2.16}$$

$$= \ -\log_\alpha\left(p\left((q_S)_i\right)\right), \tag{2.17}$$

wobei $\alpha > 1$ eine frei gewählte, aber feste reelle Konstante darstellt [HQ95]. Der Informationsgehalt wird abhängig von der Wahl für α in unterschiedlichen Maßeinheiten angegeben. Tabelle 2.1 ordnet gebräuchlichen Konstanten ihre zugehörige Maßeinheit zu.

TABELLE 2.1.: Gebräuchliche Konstanten und ihre zugeordneten Maßeinheiten für die Angabe des Informationsgehalts [HQ95].

α	Maßeinheit
2	*bit*
e	*nat*
10	*Hartley*

Zur Veranschaulichung sei ein endlicher Stichprobenraum H_S mit den folgenden Werten $Q_S = \{(q_S)_0, (q_S)_1, (q_S)_2, (q_S)_3\}$ und $P_S = \left(\frac{1}{6}, \frac{1}{4}, \frac{1}{2}, \frac{1}{12}\right)$ gegeben. Der Informationsgehalt der einzelnen Elementarereignisse $(q_S)_i \in Q_S$ ist somit gegeben als $I_2\left((q_S)_0\right) \approx 2,58\,\text{bit}$, $I_2\left((q_S)_1\right) = 2\,\text{bit}$, $I_2\left((q_S)_2\right) = 1\,\text{bit}$ und $I_2\left((q_S)_3\right) \approx 3,58\,\text{bit}$. Aus diesem Beispiel ist ebenfalls ersichtlich, warum der Informationsgehalt als negativer Logarithmus definiert ist.

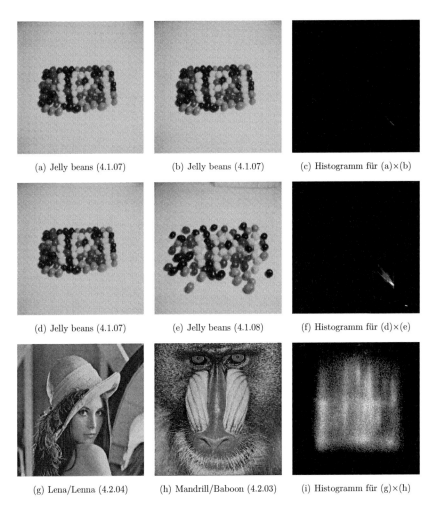

(a) Jelly beans (4.1.07)   (b) Jelly beans (4.1.07)   (c) Histogramm für (a)×(b)

(d) Jelly beans (4.1.07)   (e) Jelly beans (4.1.08)   (f) Histogramm für (d)×(e)

(g) Lena/Lenna (4.2.04)   (h) Mandrill/Baboon (4.2.03)   (i) Histogramm für (g)×(h)

ABBILDUNG 2.5.: Die Abbildungen (c),(f) und (i) zeigen zweidimensionalen Histogramme für die unter der Abbildung angegebenen Verbundwahrscheinlichkeiten. Die ursprünglichen Abbildungen entstammen [All06] und wurden in einem Vorverarbeitungsschritt in Graustufen überführt. Die Bezeichnungen unter diesen Bildern beziehen sich auf die Kennungen aus [All06]. Abbildung (c) zeigt das Histogramm zweier voneinander abhängiger Bilder. Durch den exakt identischen Bildinhalt ist dieses Histogramm lediglich teilweise auf der Diagonalen belegt. Abbildung (f) zeigt das Histogramm zweier weitestgehend ähnlicher Bilder und Abbildung (i) zeigt das Histogramm zweier offensichtlich unabhängiger Bilder. Je unabhängiger die Bilder sind, desto mehr weichen die Histogrammeinträge von der Diagonalen ab.

2.2.5. Definition der Entropie

Die *Entropie* eines Signals S ist unter dem von ihm aufgespannten Stichprobenraums H_S definiert als

$$E_\alpha(H_S) \; := \; \sum_{(q_S)_i \in Q_S} p((q_S)_i) \cdot I_\alpha\left((q_S)_i\right) \tag{2.18}$$

$$= \; - \sum_{(q_S)_i \in Q_S} p((q_S)_i) \cdot \log_\alpha\left(p\left((q_S)_i\right)\right) \tag{2.19}$$

und somit eine Kenngröße für die Unsicherheit bei der Vorhersage künftiger Werte [HQ95]. Für die praktische Anwendung ist es im Fall $p\left((q_S)_i\right) = 0$ mit $(q_S)_i \in Q_S$ zulässig, den Beitrag zur Entropie als 0 zu behandeln. Dies ist möglich, da der Grenzwert des Summanden in diesem Fall gegen Null geht. Es gilt

$$\lim_{x \to 0} x \cdot \log_\alpha\left(\frac{1}{x}\right) = 0. \tag{2.20}$$

Zur Veranschaulichung der Entropie seien die drei unterschiedlichen Stichprobenräume $H_R = (Q, P_R)$, $H_S = (Q, P_S)$ und $H_T = (Q, P_T)$ mit $Q = \left\{\frac{i}{10} \mid 0 \leq i \leq 90\right\}$ für $i \in \mathbb{N}_0$ und $P_R = (0, \dots 0, 1, 0, \dots, 0)$ sowie $P_T = \left(\frac{1}{|Q|}, \dots, \frac{1}{|Q|}\right)$ gegeben. Die Wahrscheinlichkeitsverteilung von P_S ergibt sich aus der Verteilung der Elementarereignisse des Signals der Spannungsversorgung aus Abbildung 2.4(a). Die Histogramme von H_R, H_S und H_T sind zusammen in Abbildung 2.6 dargestellt. Abbildung 2.6(a) zeigt ein gleichförmiges Signal bei dem ein einzelnes Elementarereignis immer wieder auftritt. Die resultierende Entropie beträgt $E_2(H_R) = 0\,\text{bit}$. Es existiert somit keine Unsicherheit bei der Vorhersage des weiteren Signalverlaufs. Dies stellt generell die minimal mögliche Entropie dar. Der genau gegenteilige Extremfall ergibt sich für die in Abbildung 2.6(c) dargestellte Wahrscheinlichkeitsverteilung, bei der die Unsicherheit dem gesamten Wertebereich entspricht. Nachfolgende Werte können somit aufgrund der gegebenen Wahrscheinlichkeitsverteilung P_T nicht sinnvoll vorhergesagt werden. Die Entropie beträgt in diesem Fall $E_2(H_T) = -|Q| * \left(\frac{1}{|Q|} * \log_2\left(\frac{1}{|Q|}\right)\right) \approx 6,5\,\text{bit}$. Die Unsicherheit bei der Vorhersage künftiger Werte für das Signal der Spannungsversorgung aus Abbildung 2.6(b) beträgt $E_2(H_S) \approx 2,5\,\text{bit}$.

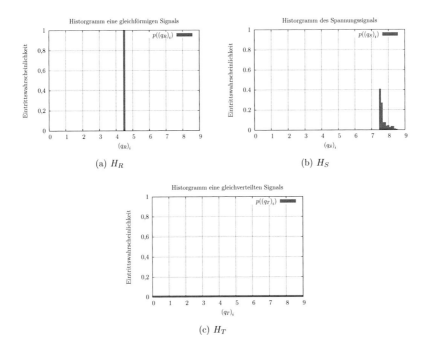

ABBILDUNG 2.6.: Die Abbildung (a) bis (c) zeigen die Wahrscheinlichkeitsverteilungen unterschiedlicher Signale. Das Verhalten des gleichförmigen Signalverlaufs aus (a) kann gut abgeschätzt werden. Abbildung (b) zeigt einen leichten Zuwachs der Unsicherheit, der aus der etwas breiteren Verteilung resultiert. Der Verlauf des gleichverteilten Signals kann basierend auf Abbildung (c) kann nicht sinnvoll vorhergesagt werden.

2.2.5.1. Verbundentropie

Die *Verbundentropie* des durch die Signale S und R aufgespannten Stichprobenraums $H_{SR} = (Q_S \times Q_R, P_{SR})$ ist der Gleichung (2.19) entsprechend definiert als

$$E_\alpha \left(H_{SR} \right) := - \sum_{q_{ij} \in Q_S \times Q_R} p\left(q_{ij} \right) \log_\alpha \left(p\left(q_{ij} \right) \right) \tag{2.21}$$

$$= - \sum_{i=0}^{n-1} \sum_{j=0}^{m-1} \left(p_{ij} \right) \log_\alpha \left(p_{ij} \right), \tag{2.22}$$

wobei $\left(p_{ij} \right)$ der Gleichung (2.4) folgend belegt ist. Zusätzlich gilt nach [HQ95] für die Verbundentropie der Zusammenhang

$$E_\alpha \left(H_{SR} \right) \leq E_\alpha \left(H_S \right) + E_\alpha \left(H_R \right). \tag{2.23}$$

Dabei ist zu beachten, dass eine Gleichheit nur im Fall unabhängiger Signale S und R auftreten kann.

2.2.5.2. Bedingte Entropie

Die *bedingte Entropie* [HQ95] des Stichprobenraums $H_{S|r} = \left(Q_S \times Q_R, P_{S|r} \right)$ ist für ein gegebenes $r \in R$ der Gleichung (2.19) entsprechend definiert als

$$E_\alpha \left(H_{S|r} \right) := - \sum_{(q_S)_i \in Q_S} p\left((q_S)_i \mid r \right) \cdot \log_\alpha \left((q_S)_i \mid r \right). \tag{2.24}$$

Analog gilt für ein festes aber frei wählbares $s \in S$ innerhalb des Stichprobenraums $H_{R|s} = \left(Q_R \times Q_S, P_{R|s} \right)$ folglich

$$E_\alpha \left(H_{R|s} \right) := - \sum_{(q_R)_j \in Q_R} p\left((q_R)_j \mid s \right) \cdot \log_\alpha \left((q_R)_j \mid s \right). \tag{2.25}$$

Wird die Gleichung (2.25) für alle Elemente aus S betrachtet, so ergibt sich

$$E_\alpha \left(H_{R|S} \right) := \sum_{(q_S)_i \in Q_S} p\left((q_S)_i \right) \cdot E_\alpha \left(H_{R|(q_S)_i} \right). \tag{2.26}$$

Dies wird als die *Streuentropie* der Signale S und R bezeichnet [HQ95].

Wird die Gleichung (2.24) für alle Werte des Signals R betrachtet, so ergibt sich

$$E_\alpha \left(H_{S|R} \right) := \sum_{(q_R)_j \in Q_R} p\left((q_R)_j \right) \cdot E_\alpha \left(H_{S|(q_R)_j} \right). \tag{2.27}$$

Dies wird als die *Rückschlussentropie* der Signale S und R bezeichnet [HQ95].

2.2.6. Transinformation

Für die *Transinformation* (auch *gegenseitige Information*) existieren unterschiedliche Definitionen [AD75, Vaj89, HQ95, PMV03, CT06], die auf verschiedenen Sichtweisen beruhen. Abbildung 2.7 veranschaulicht den Zusammenhang zwischen Entropiemaßen, wie sie in vorangegangenen Abschnitten definiert wurden, und der Transinformation. Auf die genaue Bedeutung besonderer Zusammenhänge, die zur Bestimmung der Transinformation genutzt werden können, wird im Folgenden genauer eingegangen.

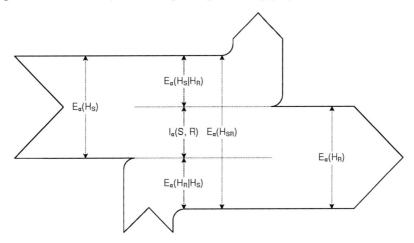

ABBILDUNG 2.7.: Veranschaulichung der Zusammenhänge zwischen der Transinformation und unterschiedlichen Entropiemaßen nach [HQ95].

Eine mögliche Betrachtungsweise der Transinformation $I_\alpha\left(S, R\right)$ ist

$$I_\alpha\left(S, R\right) \quad := \quad E_\alpha\left(H_S\right) - E_\alpha\left(H_{S|R}\right) \qquad (2.28)$$

$$= \quad E_\alpha\left(H_R\right) - E_\alpha\left(H_{R|S}\right). \qquad (2.29)$$

Wird die Entropie als Maß der Unsicherheit interpretiert, so beschreibt Gleichung (2.29) die Unsicherheit eines Signals abzüglich seiner Unsicherheit, wenn ein anderes Signal bekannt ist. Die Transinformation ist folglich ein Maß für den Informationsgehalt, den ein Signal über ein anderes Signal liefert. Da beide Signale gegeneinander ausgetauscht werden können, ist ersichtlich, warum die Transinformation auch gegenseitige Information genannt wird. Die Streuentropie $E_\alpha\left(H_R \mid H_S\right)$ beschreibt in diesem Zusammenhang den

Anteil an $E_\alpha (H_R)$, der auf statistisches Rauschen zurückzuführen und somit irrelevant ist. Die Rückschlussentropie $E_\alpha (H_S \mid H_R)$ ist der Anteil von $E_\alpha (H_S)$, der durch Rauschen ausgelöscht wird.

Eine weitere Betrachtungsweise der Transinformation ist durch

$$I_\alpha (S, R) := E_\alpha (H_S) + E_\alpha (H_R) - E_\alpha (H_{SR}) \tag{2.30}$$

gegeben. Diese Sichtweise weist einen engeren Bezug zur Verbundwahrscheinlichkeit auf. Die maximale Transinformation zweier Signale wird demzufolge erreicht, wenn ihre Verbundwahrscheinlichkeit minimal ist. Vorteilhaft an dieser Darstellungsform ist die Tatsache, dass die Entropie beider Signale einzeln in die Transinformation einfließt sowie die Möglichkeit, ein zweidimensionales Histogramm als Näherung für die Wahrscheinlichkeitsverteilung P_{SR} in $E_\alpha (H_{SR})$ einsetzen zu können.

Die letzte hier betrachtete Interpretation der Transinformation orientiert sich an der *Kullback-Leibler-Divergenz* (vergleiche [PMV03]). Diese ist für die Stichprobenräume $H_S = (Q, P_S)$ und $H_R = (Q, P_R)$ zweier Signale S und R mit $Q = Q_S = Q_R$ über die Wahrscheinlichkeitsverteilungen P_S und P_R definiert als

$$D_\alpha (P_S, P_R) := \sum_{q_i \in Q} p_S (q_i) \log_\alpha \left(\frac{p_S (q_i)}{p_R (q_i)} \right), \tag{2.31}$$

wobei p_S und p_R die jeweiligen Wahrscheinlichkeitsfunktionen der Stichprobenräume H_S sowie H_R darstellen.

Analog zur Kullback-Leibler-Divergenz kann die Transinformation der betrachteten Signale $S = (Q_S, P_S)$ und $R = (Q_R, P_R)$ dargestellt werden als

$$I_\alpha (S, R) := \sum_{i=0}^{n-1} \sum_{j=0}^{m-1} (p_{ij}) \log \left(\frac{(p_{ij})}{p ((q_S)_i) \cdot p \left((q_R)_j \right)} \right), \tag{2.32}$$

wobei die Verbundwahrscheinlichkeit (p_{ij}) der Gleichung (2.4) entsprechend belegt ist. Diese Darstellungsform ist ein Maß für den Abstand zwischen der tatsächlichen Verbundwahrscheinlichkeit (p_{ij}) und der Wahrscheinlichkeitsverteilung $p ((q_S)_i) \cdot p \left((q_R)_j \right)$ die im Fall unabhängiger Signale vorliegt. Somit stellt Gleichung (2.32) ein Maß für die Abhängigkeit zweier Signale dar.

Nach [LJE$^+$07] kann die Transinformation $I_\alpha (S, R)$ auch in normierter Form $\hat{I}_\alpha (S, R)$ dargestellt werden

$$\hat{I}_\alpha (S, R) := \frac{I_\alpha (S, R)}{E_\alpha (H_S) \cdot E_\alpha (H_R)}. \tag{2.33}$$

Außerdem ist nach [SHH99] die alternative Normierung der Transinformation $\tilde{I}_\alpha\,(S,R)$ zweier Signale S und R gegeben durch

$$\tilde{I}_\alpha\,(S,R) \quad := \quad \frac{E_\alpha\,(H_S) + E_\alpha\,(H_R)}{E_\alpha\,(H_{SR})}. \tag{2.34}$$

Die zu präferierende Form der Normierung hängt dabei vom Anwendungsgebiet und der Signalcharakteristik ab. Auf diese Tatsache und auf mögliche Anwendungsfälle wird in den Abschnitten 4.3.1 und 5.3 ausführlich eingegangen.

2.3. Pfadplanung

Die Position eines Roboters in einer zweidimensionalen Ebene ist über eine eindeutige Pose (x, y, ϕ) definiert, wobei x und y die räumliche Lage und ϕ die Winkelausrichtung des Roboter angeben (vergleiche [Jon04a]). Hierauf aufbauend beschreibt die Pfadplanung eine kriteriengeleitete Suche nach einer Trajektorie, welche den Roboter von seiner initialen Pose $(x, y, \phi)_s$ zu seiner Zielpose $(x, y, \phi)_z$ führt. Ein häufig anzutreffendes Kriterium der Pfadwahl ist dabei die Länge des resultierenden Weges. Allerdings sind auch andere Kriterien wie zum Beispiel die kürzestes Fahrzeit oder der geringste Energieverbrauch möglich.

Abbildung 2.8 demonstriert dies anhand einer abstrakten Umgebung. Dargestellt sind mehrere Hindernisse (grau) und zwei alternative Pfade. Der grüne, gepunktete Pfad ist kürzer als der rote, gestrichelte Pfad, welcher längere Teilstrecken zwischen Richtungsänderungen aufweist. Abhängig vom bevorzugten Kriterium wird jeweils einer dieser Pfade gewählt. Ist beispielsweise lediglich die minimale Länge des Wegs entscheidend, so fällt die Wahl auf den grünen Pfad. Wird alternativ jedoch der schnellere Weg gesucht kann es unter Umständen sinnvoll sein, den roten Pfad zu wählen. Beispielsweise ist dies der Fall, wenn der Roboter erst eine gewissen Strecke zurücklegen muss, um seine Höchstgeschwindigkeit zu erreichen. In einer solchen Situation erlaubt längere Teilstrecken (roter Pfad) eine höhere Geschwindigkeit, wohingegen gewundenen Teilstrecken (grüner Pfad) die erreichbare Geschwindigkeit beschränken.

Nach [DJ00] weisen die verbreitetsten Pfadplanungsmethoden gewisse Gemeinsamkeiten bei ihrem Vorgehen und Vereinfachungen auf. Dabei handelt es sich um die folgenden Punkte:

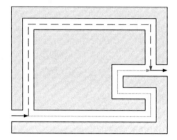

- Der Roboter R ist als starrer Körper definiert, der in den Verfahren häufig als masseloser Punkt modelliert wird.

- Die Umgebung G ist statisch und vollständig bekannt. Außerdem liegt sie als definierter, euklidischer Raum vor, der in der Regel zwei- oder dreidimensional ist.

- Es gibt eine Menge bekannter Hindernisse $B = \{b_1, b_2, \ldots, b_n\}$ in G.

- Der Roboter R kann gerade Teilstrecken immer fehlerfrei zurücklegen.

Zusätzlich zu diesen Gemeinsamkeiten existiert in fast allen Ansätzen eine weitere wichtige Einschränkung. Dabei handelt es sich um die Annahme, dass sich die Eigenschaften und Fähigkeiten des Roboters über die Dauer seiner Fortbewegung nicht verändern. Sofern dies jedoch nicht garantiert werden kann, treten neue Einschränkungen auf, die zusätzlich durch weitere Kriterien adressiert werden müssen. Da moderne Roboter besonders über die letzten Jahre immer komplexer geworden sind, erhöht sich auch die Ausfallwahrscheinlichkeit einzelner Komponenten. Es erscheint daher sinnvoll, solche Systeme mit fehlertoleranten und adaptiven Kontrollstrategien zu versehen, um auf diese Weise auch in unvorhersehbaren Situationen eine hohe Zuverlässigkeit und Sicherheit zu erhalten. So wird beispielsweise in [ALM08] gezeigt, dass ein sechsbeiniger Laufroboter den Ausfall oder Verlust eines Beins ausgleichen und sein Ziel auf reaktive Weise erreichen kann. Allerdings ist gleichzeitig zu beobachten, dass der Ausgleich des defekten oder amputierten Beins ein Abdriften zur der Seite des Roboters hervorruft, auf der sich das betroffene Bein befindet. Ein ähnlicher Effekt kann bei Robotern mit einem holonomen Antrieb auftreten. In diesem Fall ist es mit vier omnidirektionalen Rädern zwar möglich, den Ausfall eines

Rads zu tolerieren, jedoch sinkt infolgedessen die gesamte Antriebskraft und es kommt gleichzeitig zu einem Verlust der Agilität in gewissen Bewegungswinkeln [GWT⁺05].

Abbildung 2.9 veranschaulicht beispielhafte Kriterien, die im Kontext von adaptiver Pfadplanung von Interesse sein können. Das Ziel des Roboters in beiden Teilabbildungen 2.9(a) und 2.9(b) ist jeweils rot markiert. Zu beiden Zielposen existieren unterschiedliche Wege, die bestimmte Anforderungen an einen Roboter stellen. In 2.9(a) setzen die variierenden Steigungen der möglichen Pfade ein Mindestmaß an Antriebskraft voraus. Der kürzere Weg erfordert dabei einen stärkeren Motor als der längere Weg. In 2.9(b) ist für den kürzeren Weg eine präzisere Navigation und eine exaktere Wahrnehmung der Umgebung erforderlich, als beim längeren Pfad. Dies verdeutlicht die zusätzlichen Freiheitsgrade, die während der Pfadplanung berücksichtigt werden müssen, falls sich die Fähigkeiten des Roboters über die Dauer seiner Fortbewegung ändern.

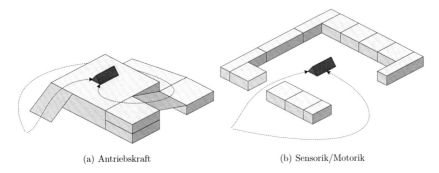

(a) Antriebskraft   (b) Sensorik/Motorik

ABBILDUNG 2.9.: Dargestellt sind zwei Situationen mit jeweils alternativen Pfaden, die variierende Anforderungen an einen Roboter stellen. Die in (a) erforderliche Antriebskraft eines Roboter hängt von der Steigung des Wegs ab. In (b) unterscheiden sich die Trajektorien durch die sensorischen/motorischen Ansprüche, die an den Roboter gestellt werden. Besonders, wenn die Fähigkeiten eines Roboters über die Zeit veränderlich sind, muss dies in Form zusätzlicher Freiheitsgrade bei der Pfadplanung Berücksichtigung finden.

Grundsätzlich existiert eine Vielzahl an möglichen Alternativen, um Pfade zwischen einer Start- und einer Zielpose zu bestimmen. Dabei ist eine grobe Unterteilung in trajektorienbasierte [JC89], graphenbasierte (A*, HPA*) [HNR68, BMS04], potentialfeldbasierte [Ark98] oder wellenfrontbasierte [NI09, NN09] Ansätze möglich. Alle dieser Ansätze sind gut geeignet, um den kürzesten Pfad zwischen den zwei Posen $(x, y, \phi)_s$ und $(x, y, \phi)_z$ zu finden. Allerdings bleibt jeweils die implizite Annahme bestehen, dass die Fähigkeiten eines Roboters über die Zeit konstant sind. Somit ist es trotz intensiver Literaturstudien nicht möglich, Ansätze zu finden, die sich dieser Problematik in angemessener Weise annehmen. Aus diesem Grund werden adaptive und fehlertolerante Ansätze zur Ermittlung von geeigneten Wegen in Kapitel 6 vorgestellt. Da diese auf der Basis wellenfrontbasierter Algorithmen arbeiten, wird im folgenden Abschnitt ein kurzer Überblick über diese Art der Pfadplanung gegeben.

2.3.1. Wellenfrontbasierte Pfadplanung

Die grundlegende Idee der *Wellenfront* [BLL92, Jar95] ähnelt dem Effekt, der auftritt, wenn ein Objekt ins Wasser fällt und dadurch sich konzentrisch ausbreitende Wellen erzeugt. Die Pfadplanung durchläuft dabei die in Abbildung 2.10 dargestellten Phasen. Zuerst befindet sich das System in einem initialen Zustand (*Initialisierung*), in dem lediglich die Start- und die Zielposition sowie mögliche Hindernisse bekannt sind (2.10(a)). In der *Fluten*-Phase wird das Gebiet von den sich ausbreitenden Wellen ausgehend vom Zielpunkt geflutet (2.10(b)). Aus der gefluteten Karte kann abschließend ein Pfad vom Start zum Ziel extrahiert werden (2.10(c)). Die Abschließende Phase wird als *Extraktion* bezeichnet.

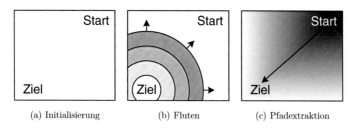

(a) Initialisierung   (b) Fluten   (c) Pfadextraktion

ABBILDUNG 2.10.: Dargestellt sind die drei Phasen einer Wellenfront-basierten Pfadplanung. In der Initialphase (a) sind die Start- und Zielposition sowie mögliche Hindernisse bekannt. Basierend auf diesen Informationen wird das Gebiet vom Zielpunkt aus geflutet (b). Anschließend kann der Pfad von der Start- zur Zielposition extrahiert werden (c).

Auf einer beliebigen gitterbasierten Karte (*Gitterkarte*) kann der Effekt der Wellenausbreitung nachgeahmt werden, indem eine definierte Nachbarschaftsmaske auf die Zellen der Wellenfront angewendet wird. Mit Hilfe dieser Maske wird verifiziert, ob benachbarte Zellen bereits besucht wurden, frei oder blockiert sind. Erneut besuchte Zellen, ebenso wie blockierte Zellen, werden verworfen, wohingegen freie Zellen anschließend die neuen

Wellenfront bilden. Gleichzeitig wird dabei die *Distanz* zwischen freien Zellen und dem Ursprung der Wellenfront protokolliert und die Zellen werden als besucht markiert. In diesem Zusammenhang stellt die Distanz eine logische Einheit dar. Sie gibt an, wieviele Zellen ausgehend vom Ziel überquert werden müssen, um die aktuelle Zelle zu erreichen. Für eine reaktive Pfadplanung empfiehlt es sich, alle drei Phasen der Pfadplanung für jede Position des Pfades zu wiederholen. Somit erhöht sich zwar der algorithmischen Aufwand, jedoch wird auf diese Weise sichergestellt, dass keine veralteten Pfade verfolgt werden, die aus einer veralteten Repräsentation der Umwelt resultieren.

Für die nachfolgenden Betrachtungen sei eine Gitterkarte G der Größe $m \times n$ gegeben als die Menge

$$G = \left\{ \begin{array}{ccc} c_{00}, & \dots, & c_{(m-1)0}, \\ \dots, & \dots, & \dots, \\ c_{0(n-1)}, & \dots, & c_{(m-1)(n-1)} \end{array} \right\}, \tag{2.35}$$

wobei

$$c_{xy} := \begin{pmatrix} x \\ y \\ d \\ \vdots \end{pmatrix} \tag{2.36}$$

eine Zelle an Position (x, y) mit $0 \leq x < m$ und $0 \leq y < n$ bezeichnet, die eine logische Distanz $d \geq 0$ zum Ziel aufweist. Zusätzlich sind beliebige weitere Eigenschaften möglich.

Die aktuelle Position eines Roboters R ist über die Position $s = (x_R, y_R)$ und das von ihm angestrebten Ziel ist mit Position $z = (x_Z, y_Z)$ gegeben. Dabei müssen s und z gültige Positionen innerhalb der Gitterkarte einnehmen.

Ein auf z ausgerichteter Pfad P der Länge k wird durch die geordnete Menge

$$P := \{p_i = (x_p, y_p) \mid 0 \leq x_p < m, 0 \leq y_p < n, 0 \leq i < k\} \tag{2.37}$$

mit $(x_{k-1}, y_{k-1}) = z$ beschrieben. Die Ordnung der Menge ist dabei für alle

$$c_{p_i} = (x_i, y_i, d_i, \dots)^{\mathrm{T}} \in P \tag{2.38}$$

und

$$c_{p_j} = (x_j, y_j, d_j, \dots)^{\mathrm{T}} \in P \tag{2.39}$$

über den Zusammenhang

$$d_i \geq d_j, \forall 0 \leq i < j < k \tag{2.40}$$

gegeben.

Die Menge der Hindernisse B auf einer Gitterkarte G ist über die Menge

$$B := \{b_i = (x_b, y_b) \mid 0 \leq x_b < m, 0 \leq y_b < n\} \tag{2.41}$$

gegeben. Ferner sei die momentan betrachtete Wellenfront über die Menge

$$E := \{e_i = (x_e, y_e) \mid 0 \leq x_e < m, 0 \leq y_e < n\} \tag{2.42}$$

bezeichnet. Außerdem gibt die Menge

$$V := \{v_i = (x_v, y_v) \mid 0 \leq x_v < m, 0 \leq y_v < n\} \tag{2.43}$$

alle Positionen an, die bereits durch die Wellenfront E besucht worden sind.

Es sei eine Maskierungsfunktion $M_{i+1} = m(X_i)$ gegeben, die für die bekannte Menge von Positionen $X_i = \{(x,y)_0, (x,y)_1, \ldots\}$ aus Zeitschritt i die Menge M_{i+1} aller Maskierungspositionen für Zeitschritt $i+1$ bestimmt. Die Ausbreitung der Wellenfront kann unter Verwendung der Funktion

$$f(G, B, V, m(E_i)) := \left\{ (x,y) \in M_{i+1} \mid c_{xy} \in G \setminus \left(B \bigcup V \bigcup E_i \right) \right\} \tag{2.44}$$

beschrieben werden als

$$E_{i+1} = f(G, B, V, m(E_i)). \tag{2.45}$$

Je nach gewünschter Ausbreitungsform der Wellenfront sind unterschiedliche Maskierungsfunktionen möglich. Abbildung 2.11 zeigt zwei gebräuchliche Vertreter. Beide Masken bewirken eine ähnliche Wellenausbreitung, jedoch verhält sich die vierfache Maske (Abbildung 2.11(a)) bei der Pfadfindung etwas schlechter als die achtfache Maske (Abbildung 2.11(b)).

Ein möglicher Nachteil der achtfachen Maske ist der Umstand, dass alle benachbarten Zellen durch die Zuweisung der gleichen Distanz gleichwertig behandelt werden, wodurch es zu einer übermäßigen Nutzung von diagonalen Strecken während der Pfadextraktion kommen kann. Diese Tatsache entspricht nicht dem allgemeinen Verständnis euklidischer Distanzen. Allerdings kann dieses Problem überwunden werden, indem gerade Strecken

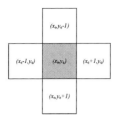 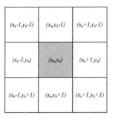

(a) vierfache Nachbar-   (b) achtfache Nachbarschaftsmaske   schaftsmaske

ABBILDUNG 2.11.: Alternative Nachbarschaftsmasken, die während des Flutens und der Pfadextraktion Verwendung finden können. (Darstellung in Anlehnung an [MM11])

während der Extraktion bevorzugt behandelt werden. Ein alternatives Verfahren besteht darin, die logischen Distanzen in den Ecken der achtfachen Maske so zu skalieren, dass sie dem euklidischen Entfernungsmaß entsprechen. Beide Lösungsvarianten liefern vergleichbare Pfade, ohne diagonale Strecken zu überbeanspruchen. Im Gegensatz zum ersten Ansatz erfordert die Skalierung der Distanzen Fließpunktarithmetik, was zu einem reduzierten Durchsatz des Systems führen kann. Aus diesem Grund wird im Folgenden die achtfache Nachbarschaft mit einer Bevorzugung von geraden Strecken während der Pfadextraktion eingesetzt.

Die bereits zuvor angesprochene Distanz der Zellen kann mittels der neuen Wellenfront E und der aus dem vorangegangenen Schritt bekannten Distanz d über

$$c_{xy} = \begin{pmatrix} x \\ y \\ d+1 \\ \vdots \end{pmatrix}, \forall\,(x,y) \in E \tag{2.46}$$

angegeben werden.

Wie zuvor bereits beschrieben, startet die Ausbreitung der Wellenfront an der Zielposition z. Durch die Anwendung der Funktion f auf die Initialmenge $E = \{z\}$ werden die benachbarten Zellen, die unbesucht sind und keine Hindernisse enthalten, mittels $f\,(G, B, V, m(E))$ als neue Wellenfront E definiert und ihre Distanz aktualisiert. Durch die rekursive Anwendung der Funktion f breitet sich die Wellenfront über die Gitterkarte aus, wobei die Distanz aller Zellen zum Ursprung der Wellenfront berechnet wird. Dieser Vorgang setzt sich fort, bis keine neuen Zellen mehr gefunden werden, also $E = \{\}$

gilt. Alternativ dazu ist es auch möglich, die Wellenausbreitung abzubrechen, sobald die Wellenfront die Startposition erreicht ($s \in E$). Das Stoppen der Wellenausbreitung hat zwar den Vorteil, dass die Fluten-Phase im Durchschnitt schneller beendet ist, allerdings können durch unvollständige Belegungen der Distanzinformationen Probleme entstehen. Dabei handelt es sich um Situationen, in denen aufgrund von Adaptionen während der Pfadextraktion auch Distanzangaben um die Startposition herum benötigt werden. Daher liegt den in Kapitel 6 vorgestellten Verfahren immer eine vollständig geflutete Karte zugrunde.

Nachdem die Karte G geflutet wurde, kann der Pfad P iterativ über das lokale Minimum der Distanzen an der Position (x, y) mit der zugehörigen Zelle $c_{xy} = (x, y, d, \ldots)^{\mathrm{T}}$ mittels der Funktion

$$
L\left((x,y)\right) := \min_{d_n} \left(\begin{pmatrix} x_n \\ y_n \\ d_n \\ \vdots \end{pmatrix} \in G \setminus B \mid (x_n, y_n) \in N, d_n \leq d \right) \tag{2.47}
$$

bestimmt werden, wobei

$$
N := \left\{ \begin{array}{lll} (x-1, y-1), & (x, y-1), & (x+1, y-1), \\ (x-1, y), & & (x+1, y), \\ (x-1, y+1), & (x, y+1), & (x+1, y+1) \end{array} \right\} \tag{2.48}
$$

gilt. Die Menge N beschreibt dabei Zellen, die mit einer gegebenen Position benachbart sind. Die Funktion $L\left((x,y)\right)$, die im Folgenden auch als lokaler Operator bezeichnet wird, wählt somit jeweils die Zelle mit der kleinsten Distanz als nächste Pfadposition.

Abbildung 2.12 veranschaulicht den zuvor beschriebenen Prozess anhand eines 6×6 Gitterkarte unter Verwendung einer achtfachen Nachbarschaftsmaske. Nachdem die Karte initialisiert wurde, kann die Nachbarschaftsmakse auf den Zielpunkt (grau markierte Zelle) angewendet werden (2.12(a)). Hierdurch ergibt sich die in grau markierte Wellenfront mit der iterativ die Distanzen innerhalb der Gitterkarte berechnet werden (2.12(b) und 2.12(c)). Nach der vollständigen Flutung der Karte kann der Pfad (Zellen mit dickem Rahmen) mittels einer zellenweisen Suche nach der lokalen Minimaldistanz extrahiert werden (2.12(d)). Dabei werden, wie zuvor erwähnt, horizontale und vertikale Strecken gegenüber diagonalen Strecken bevorzugt behandelt.

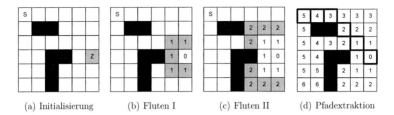

(a) Initialisierung   (b) Fluten I   (c) Fluten II   (d) Pfadextraktion

ABBILDUNG 2.12.: Alle grau markierten Zellen stellen die aktuelle Wellenfront dar. Die Hindernisse sind in schwarz dargestellt. Die Initialisierungsphase mit der Startposition s und Zielpunkt z ist in (a) gezeigt. In (b) und (c) sind die aufeinander aufbauenden Ergebnisse der achtfachen Nachbarschaftsmaske dargestellt. Der Pfad wird in (d) über die zellenweise Minimumssuche der Distanzen bestimmt. Der resultierende Pfad wird aus den Zellen gebildet, die mit einem dicken Rahmen markiert sind. (Darstellung in Anlehnung an [MM11].)

2.4. Softwarequalitätsmetriken

Das Ziel von Softwarequalitätsmetriken ist es, Quelltext oder Quelltextausschnitte von Programmen mittels einer spezifischen Kennzahl zu quantifizieren. Dabei kann der Fokus auf unterschiedliche Aspekte des Entwurfs gelegt werden. Das Ziel der Metriken ist es, reproduzierbare und objektive Vergleichswerte zu liefern, auf deren Basis ein vorliegender Quelltext evaluiert werden kann. Interessante Aspekte umfassen dabei den Umfang, die Komplexität, die Wartbarkeit oder die Abhängigkeit beziehungsweise Eigenständigkeit der entwickelten Module.

Der vorherigen Beschreibung von Softwarequalitätsmetriken entsprechend definiert der IEEE Standard 1061 [IEE98] den Begriff *Softwarequalitätsmetrik* als:

„A function whose inputs are software data and whose output is a single numerical value that can be interpreted as the degree to which software possesses a given attribute that affects its quality."

Im Folgenden werden die Metriken beschrieben, die im weiteren Verlauf dieser Arbeit zur Evaluierung von Quelltext verwendet werden.

2.4.1. Programmzeilen

Die *Anzahl an Programmzeilen* (Englisch: „*Lines of Code*" (LOC)) eines Programms stellt auf den ersten Blick zwar eine vergleichsweise simple Metrik für geschriebenen Quelltext dar, jedoch ist ein großes Problem dieser Metrik ihre sprachliche Mehrdeutigkeit. Im Kontext von Assemblerprogrammen war und ist die LOC-Metrik relativ klar definiert, da jeder Zeile meist eine einzelne Operation zugeordnet ist. Allerdings treten auch schon auf dieser Ebene Mehrdeutigkeiten auf, wenn es darum geht, was als eine Programmzeile gezählt wird.

Das Listing 2.1 veranschaulicht unterschiedliche Definitionen anhand eines Beispiels in Assembler. Die physikalische Anzahl an Programmzeilen ist LOC=8. Bei dieser Art der Zählung werden alle Zeilen unabhängig von ihrem Inhalt gezählt. Eine entsprechende Definition hierzu ist in [Boe81] zu finden. Eine alternative Zählweise ist in [CDS86] zu finden. Hierbei werden alle Zeilen, bis auf Kommentare und Leerzeilen, gezählt. Sofern in einer Zeile mehrere Instruktionen vorliegen, wird die Zeile nur einmal gezählt. Im Rahmen dieser Arbeit werden Programmzeilenangaben, die einer solchen Definition folgen, mit SLOC (Englisch: „*Source Lines of Code*") bezeichnet. Somit ergibt sich für das Listing 2.1 SLOC=5. Alternativ ist es auch möglich, die logische Anzahl an Programmzeilen zu bestimmten [Jon86]. Dabei entspricht jede Instruktion einer eigenen Zeile. Im Folgenden wird dieses Maß mit LLOC (Englisch: „*Logical Lines of Code*") bezeichnet. Für das Listing 2.1 ergibt sich LLOC=6, da in der letzten Zeile zwei Instruktionen zu finden sind. Zusätzlich existieren noch weitere Definition, die beispielsweise Prolog und Epilog (siehe Listing 2.1) einer Funktion ignorieren. Auf diese Varianten wird im Weiteren jedoch nicht genauer eingegangen.

LISTING 2.1: Beispiel zur Veranschaulichung der sprachlichen Mehrdeutigkeit bei der Zählung von Programmzeilen.

```
1  wait: push R16  ; Prolog
2
3  ; Schleife
4  ldi R16, 0xFF
5  loop: dec R16
6        brne loop
7
8  pop R16 ret  ; Epilog
```

Durch das verstärkte Auftreten von Hochsprachen ist der Ausdruck LOC inzwischen noch mehrdeutiger geworden. Dies ist der Fall da heutzutage einzelne Programmzeilen zumeist

Methodenaufrufe beinhalten, die stellvertretend für eine Vielzahl an Operationen stehen. Im Rahmen dieser Arbeit werden die zuvor vorgestellten Definitionen auf hochsprachliche Operationen anstelle von Einzeloperationen erweitert. Ferner wird die Zählung von Programmzeilen nicht als eigenständige Metrik herangezogen, sondern dient als Parameter in komplexeren Metriken (siehe Abschnitt 2.4.6).

2.4.2. Halstead-Metriken

Die *Halstead-Metriken* bewerten die Komplexität einzelner Module, wobei der Schwerpunkt der Betrachtungen auf der algorithmischen Komplexität liegt [Hal77]. Zur Berechnung der unterschiedlichen Metriken sind vier skalare Kenngrößen erforderlich [BBF$^+$97]. Dabei handelt es sich um die Anzahl der verwendeten unterschiedlichen Operatoren (n_1) und Operanden (n_2) sowie die Anzahl der insgesamt verwendeten Operatoren (N_1) und Operanden (N_2). Anhand dieser Parameter können nach [BBF$^+$97] die in Tabelle 2.2 angegebenen Metriken bestimmt werden. Der Wert D bezeichnet dabei die Schwierigkeit, ein entsprechendes Programm zu schreiben oder zu verstehen.

TABELLE 2.2.: Übersicht der Halstead-Metriken.

Metrik	Symbol	Formel
Programmlänge	N	$N = N_1 + N_2$
Programmvokabular	n	$n = n_1 + n_2$
Volumen	V	$V = N \cdot \log_2 n$
Schwierigkeit	D	$D = \frac{n_1}{2} \cdot \frac{N_2}{n_2}$
Aufwand	E	$E = D \cdot V$

Diese Metriken werden teilweise sehr kontrovers gesehen, wobei die Meinungen von „convoluted... [and] unreliable" [Jon94] bis „among the strongest measures of maintainability" [Oma92] reichen. Daher finden sie im Rahmen dieser Arbeit keine eigenständige Anwendung, sondern dienen lediglich als Grundlage des Wartbarkeitsindex (siehe Abschnitt 2.4.6).

2.4.3. Zyklomatische Komplexität

Die *zyklomatische Komplexität* (Englisch: „*Cyclomatic Complexity*", CC) wurde erstmals in [McC76] vorgestellt. Sie beschreibt die Anzahl der unabhängigen Pfade durch ein Modul. Je höher die so ermittelte Komplexität eines Moduls ist, desto schwieriger ist die Funktionalität des Moduls von einem Menschen zu erfassen.

Im Allgemeinen ist die zyklomatische Komplexität über den Kontrollflussgraphen G eines Programms definiert. Anhand von G können dann die Anzahl der Knoten N, der Kanten E und der Teilgraphen p ermittelt werden. Die Knoten entsprechen dabei logischen Operationen und die Kanten definieren Verzweigungen innerhalb eines Programmflusses. Aufbauend auf diesen Parametern ist CC gegeben durch

$$\mathrm{CC}(G) = E - N + 2p. \tag{2.49}$$

Listing 2.2 zeigt ein Quelltextbeispiel, bei dem eine Pose um einen angegebenen Winkel (angle) gedreht wird, indem die interne Variable _rotation modifiziert wird (Knoten III.), die die Ausrichtung des Richtungsvektors angibt. Abhängig davon, in welchem Winkelmaß die derzeitige Pose vorliegt, wird der angegebene Winkel entsprechend verarbeitet (Knoten I. oder II.). Abschließend wird sichergestellt, dass die Ausrichtung des Vektors im Bereich $[0, 2\pi]$ liegt (Knoten IV. oder V.).

Abbildung 2.13 zeigt den zu Listing 2.2 gehörenden Kontrollflussgraphen. Die obersten und untersten Knoten bezeichnen die Einstiegs- und Ausgangspunkte der Methode Spin. Die Bezeichner der Knoten A bis F entsprechen den in Listing 2.2 angegebenen Kommentaren. Die Kanten des Graphen sind mit den zugehörigen Steuerworten beschriftet, die zu dieser Verzweigung führen. Es sei darauf hingewiesen, dass sich der else-Zweig des untersten if/else-Statements implizit ergibt und nicht im Quelltextbeispiel zu finden ist. Anhand der Gleichung (2.49) ergibt sich die zyklomatische Komplexität des Beispiels somit zu CC=4.

LISTING 2.2: Beispielprogramm in C# zur Veranschaulichung der CC.

```csharp
1  public void Spin(float angle)
2  {
3      angle = (RadMode) ? angle : angle / 360 * _twoPI; // (I.) (II.)
4      _rotation += angle; // (III.)
5
6      if (_rotation < 0) _rotation += _twoPI; // (IV.)
7      else if (_rotation >= _twoPI) _rotation -= _twoPI; // (V.)
8  } // _Spin(float angle)
```

Da eine Bestimmung der zyklomatischen Komplexität mittels des Kontrollflussgraphen unübersichtlich werden kann, wird in der Praxis häufig ein alternatives Vorgehen angewandt. Nach [McC76] ist es bei strukturierten Programmen möglich, die zyklomatische

Komplexität über die Anzahl der Prädikate zu bestimmen. Ausgehend von CC = 1 wird dieser Wert für jedes Steuerwort, dass den Programmfluss verzweigt ({ if, while, for, case, ... }) sowie entsprechende logische Verknüpfungen ({and, or, ... }) um eins erhöht.

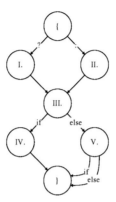

ABBILDUNG 2.13.: Kontrollflussgraph zu Listing 2.2. Die Parameter dieses Graphen sind $E = 9$, $N = 7$ und $p = 1$. Somit ergibt sich CC=$(9 - 7 + 2 \cdot 1)$=4.

Die Berücksichtigung von logischen Verknüpfungen in Verzweigungen wird teilweise auch als *erweiterte zyklomatische Komplexität* bezeichnet. Im Rahmen dieser Arbeit bezeichnet CC immer diese Variante der zyklomatischen Komplexität.

Häufig wird die CC zur Bewertung einzelner Methoden eines Moduls eingesetzt, um mögliche Problemstellen bereits frühzeitig identifizieren zu können. So schlägt [WM96] beispielsweise einen einzelnen Schwellwert zur Bewertung vor. Es wird geraten, eine CC von 10 im Regelfall nicht zu übersteigen, wobei jedoch erwähnt wird, dass auch Schwellwerte von 15 erfolgreich eingesetzt wurden. Andere Quellen, wie [BBF+97], spezifizieren ganze Schwellwertsätze. Tabelle 2.3 gibt hierzu einen mögliche Belegung an.

2.4.4. Kopplung zwischen Objekten

Ursprünglich wurde die *Kopplung zwischen Objekten* (Englisch: „*Coupling Between Object Classes*", CBO) in [CK94] vorgestellt. Heutzutage ist es auch unter dem englischen Begriff „*Class Coupling*" bekannt. Mittels CBO wird bestimmt, wie viele Klassen eine

TABELLE 2.3.: Übersicht der CC-Schwellwerte nach [BBF+97].

CC	Risikoabschätzung
1–10	einfaches; geringes Risiko
11–20	etwas komplexer; mittleres Risiko
21–50	komplex; hohes Risiko
>50	nicht testbar; sehr hohes Risiko

untersuchte Klasse oder Methode verwendet. Grundsätzlich sind hohe Werte bei dieser Metrik unerwünscht, da diese eine verstärkte Abhängigkeit ausdrücken. Es wurde gezeigt, dass CBO ein geeigneter Indikator ist, um Problemstellen in Software zu identifizieren, wobei Studien wie [Sha10] eine obere Grenze von CBO=9 als besonders geeignet bezeichnen.

Die Kopplung zwischen Objekten weist eine thematische Nähe zu Kohäsion auf. Da Kohäsion jedoch im Folgenden nicht genauer betrachtet wird, sei an dieser Stelle nur die Definition aus [KKLSD00] wiedergegeben:

„Module cohesion was introduced by Yourdon and Constantine as 'how tightly bound or related the internal elements of a module are to one another' [YC79]. A module has a strong cohesion if it represents exactly one task of the problem domain, and all its elements contribute to this single task. They describe cohesion as an attribute of design, rather than code, and an attribute that can be used to predict reusability, maintainability, and changeability."

2.4.5. Vererbungstiefe

Die *Vererbungstiefe* (Englisch: „Depth of Inheritance Tree", DIT) ist definiert als der maximale Pfad von einem Knoten innerhalb eines Vererbungsbaums bis zu dessen Wurzel [CK94]. Die DIT-Metrik ist somit ein Maß dafür, wie viele übergeordnete Klassen einen möglichen Effekt auf die betrachtete Klasse haben können. In [CK94] werden drei unterschiedliche Interpretationen des DIT vorgestellt:

1. Je tiefer eine Klasse sich in der Hierarchie befindet, desto größer ist die Anzahl an potentiell geerbten Methoden. Dies macht die Klasse komplexer und erschwert es, das Verhalten der Klasse vorherzusagen.

2. Tiefere Baumstrukturen begründen ein komplexeres Design, da mehr Klassen und Methoden beteiligt sind.

3. Je tiefer eine Klasse innerhalb des Baums liegt, desto größer ist die Wahrscheinlichkeit, dass geerbte Methoden Wiederverwendung finden.

Dies offenbart eine gewisse Ambivalenz innerhalb der DIT. Punkt 1 und 2 sprechen dafür, dass höhere DIT-Werte zu vermeiden sind, wohingegen Punkt 3 dem gegenüber steht und die Wiederverwendbarkeit von Quelltext verspricht.

In [BEGR00] wird eine Übersicht über mehrere Studien zum Thema DIT präsentiert, mit dem Fazit, dass offensichtlich ein gewisser Schwellwerteffekt zu beobachten ist, eine feste Grenze jedoch nicht allgemeingültig bestimmt werden kann. Auch neuere Studien, wie [Sha10], können keinen verlässlichen Schwellwert liefern, der sich als Standardwert für diese Metrik eignen würde.

2.4.6. Wartbarkeitsindex

Ziel des Wartbarkeitsindex ist es, eine ungefähre Kenngröße aus bestimmten Merkmalen des Quelltexts zu bündeln [Wel01]. Diese Merkmale sind das Aufkommen an Operatoren und Operanden (E), die Komplexität (CC), der Umfang (SLOC) und die Verständlichkeit (Kommentare) des Quelltexts.

Ursprünglich wurde der *Wartbarkeitsindex* (Englisch: „*Maintainability Index*", MI) in [OHA91, OH92] über zwei alternative Formeln definiert, wobei sich diese durch eine Berücksichtigung beziehungsweise Vernachlässigung von Kommentaren unterscheiden. Die originalen Formeln sind durch

$$MI^E = 171 - 3,42 \cdot \ln(E_\varnothing) - 0,23 \cdot CC_\varnothing - 16,2 \cdot \ln(SLOC_\varnothing) \qquad (2.50)$$

$$MI_C^E = MI^E + 0,99 \cdot CLOC_\varnothing \qquad (2.51)$$

gegeben, wobei $E_\varnothing$ der durchschnittliche Halstead Aufwand (siehe Abschnitt 2.4.2), $CC_\varnothing$ die durchschnittliche zyklomatische Komplexität (siehe Abschnitt 2.4.3), $SLOC_\varnothing$ die durchschnittliche Anzahl der Programmzeilen ohne Kommentare und Leerzeilen (siehe Abschnitt 2.4.1) und $CLOC_\varnothing$ die durchschnittliche Anzahl an Kommentarzeilen pro Modul angibt.

Alternativ wurde der MI in [WOA97, Low93] später etwas anders definiert, wobei in diesen Fällen das Halstead Volumen (V) dem Aufwand (E) vorgezogen wird und der Beitrag an Kommentarzeilen eingeschränkt wurde. Die resultierenden Gleichungen sind mittels

$$\text{MI}^V = 171 - 5,2 \cdot \ln(V_\varnothing) - 0,23 \cdot \text{CC}_\varnothing - 16,2 \cdot \ln(\text{SLOC}_\varnothing) \tag{2.52}$$

$$\text{MI}_C^V = \text{MI}^V + 50,0 \cdot \sin\left(\sqrt{2,46 \cdot \text{CLOC}_\%}\right) \tag{2.53}$$

gegeben, wobei $V_\varnothing$ das durchschnittliche Halstead Volumen (siehe Abschnitt 2.4.2), $\text{CC}_\varnothing$ die durchschnittliche zyklomatische Komplexität (siehe Abschnitt 2.4.3), $\text{SLOC}_\varnothing$ die durchschnittliche Anzahl der Programmzeilen ohne Kommentare und Leerzeilen (siehe Abschnitt 2.4.1) und $\text{CLOC}_\%$ die durchschnittliche prozentuale Anzahl an Kommentarzeilen pro Modul angibt.

Betrachtet man die Gleichungen (2.50) bis (2.53), so ist ersichtlich, dass der Wertebereich der betrachteten Funktionen durch $]-\infty, 171]$ gegeben ist. Laut [Cod07] ist Quelltext, der im Bereich um MI=0 liegt sehr schwer zu warten und es ist nicht zielführend zwischen null und negativen Werten weiter zu differenzieren. Daher wird dementsprechend die auf Gleichung (2.52) aufbauende Formel

$$\text{MI} = \max\left(0, \frac{100}{171} * \text{MI}^V\right) \tag{2.54}$$

zur Berechnung des MI abgeleitet. Damit einhergehend wird in [Cod07] auch ein konservativer Schwellwertsatz vorgeschlagen, der den resultierenden MI-Wertebereich anhand von Farbbezeichnungen wie folgt aufteilt:

Rot: Problematischer Quelltext; $0 \leq \text{MI} \leq 9$
Gelb: Auffälliger Quelltext; $10 \leq \text{MI} \leq 19$
Grün: Quelltext mit angemessener bis guter Wartbarkeit; $20 \leq \text{MI} \leq 100$.

„Die Gefahr, dass der Computer so wird wie der Mensch, ist nicht so groß wie die
Gefahr, dass der Mensch so wird wie der Computer."

Konrad Zuse in *Hersfelder Zeitung Nr. 212*, 12. September 2005

KAPITEL 3

Vorstellung des Roboters ICreate

In diesem Kapitel erfolgt die Vorstellung eines mobilen Roboters, der als Referenzhardware für das in Kapitel 4 vorgestellte Framework zur ORCA-basierten Steuerung mobiler
Roboter. Hierzu wird in Abschnitt 3.1 zunächst eine Definition der eigentlichen Zielsetzung gegeben, wobei gleichzeitig auf die Notwendigkeit einer Hardwareabstraktion eingegangen wird. Daran anschließend erfolgt in Abschnitt 3.2 die Vorstellung der einzelnen
Hardwarekomponenten, die in ihrem Zusammenspiel den im Rahmen dieser Arbeit entwickelten Roboter *ICreate* bilden. Als Abschluss dieses Kapitels erfolgt in Abschnitt 3.3
eine Betrachtung ähnlicher Systeme, die später als der ICreate entwickelt wurden.

3.1. Zielsetzung

Grundsätzlich stellt die Einsteigerfreundlichkeit des Systems im Rahmen dieser Arbeit
eine zentrale Anforderung dar. Es soll Anwendern möglich sein, sich innerhalb kurzer Zeit

mit der Bedienung des Systems vertraut zu machen, ohne den Roboter zuvor zu kennen. Damit einher geht ein modularer und leicht erweiterbarer Aufbau. Um dies zu erreichen, sind klar definierte Schnittstellen zu den kontrollierten Hardwarekomponenten erforderlich. Da gerade auf der Hardwareebene viele unterschiedliche Anschlussmöglichkeiten vorliegen, ist folglich eine gewisse Hardwareabstraktion unumgänglich. Ein Nebeneffekt dieses Vorgehens ist ein erleichterter Umgang für Personen, die sich das erste Mal mit diesem System beschäftigen, da die Komponenten über ein einheitliches Protokoll angesprochen werden.

Dem Anspruch der Einsteigerfreundlichkeit steht die zumeist eingeschränkte Benutzerfreundlichkeit eingebetteter Systeme gegenüber. Dies liegt unter anderem in nicht vorhandenen oder stark eingeschränkten Darstellungsmöglichkeiten begründet, wodurch lediglich reduzierte Möglichkeiten zur visuellen Rückmeldung möglich sind. Ebenso kann das in diesem Kontext häufig erforderliche Cross-Compiling einer einfachen Benutzbarkeit zuwider laufen beziehungsweise eine mögliche Fehlersuche erschweren. Um diese Problempunkte zu umgehen, ist der Einsatz klassischer PC-Systeme erstrebenswert. Diese Zielsetzung erweitert den Anspruch der zuvor angesprochenen Hardwareabstraktion zusätzlich um die Notwendigkeit einer dedizierten Hardwareschnittstelle, welche die eingeschränkte Peripherie eines kleineren PCs entsprechend erweitert.

Eine weitere Anforderung stellt die gleichzeitige Einsetzbarkeit von mehreren Robotern in einem räumlich begrenzten Gebiet dar. Hieraus erwächst der Anspruch, dass sich die Roboter untereinander zuverlässig wahrnehmen können. Eine sekundäre Forderung stellt in diesem Zusammenhang die Fähigkeit zu Kommunikation dar. Im minimalen Fall kann unter einer Wahrnehmung verstanden werden, dass sich Roboter aufgrund ihrer Bauform gegenseitig als Hindernisse interpretieren. Eine Verschärfung dieser Anforderung führt über die Klassifikation von Umgebung und Robotern zur Identifikation einzelner Roboter. Eine gebräuchliches Verfahren für eine solche Identifikation stellt die Verwendung spezieller Marker dar, bei denen es sich meist um Farb- und/oder Musterkodierungen sowie klar strukturierte geometrische Formen handelt. Um entsprechende Markierungen detektieren zu können, sind entweder hochpräzise Sensoren, wie Laserscanner, oder Kameras mit einer entsprechend leistungsfähigen Bildverarbeitung erforderlich. Außerdem sollte die Möglichkeit der Detektion in einem möglichst weiten Winkelbereich sichergestellt werden. Von Vorteil ist es in diesem Zusammenhang auch, wenn Objekte unabhängig von der derzeitigen Ausrichtung des Roboters beobachtet werden können.

Eine redundante Sensorik ist wünschenswert, da dies zum einen der Fehlertoleranz entgegenkommt und zum anderen auch die Möglichkeit bietet, eventuelle Nachteile der unterschiedlichen Sensorarten durch geschickte Kombination auszugleichen.

3.1.1. Hardwareabstraktion

Der vorherige Abschnitt verdeutlicht die Notwendigkeit einer Abstraktion in Systemen mit variierenden Hardwarezugriffen und eingeschränkter Peripherie. Daher werden im Folgenden grundlegende Anforderungen vorgestellt, die im Rahmen dieser Arbeit an eine angemessene Hardwareabstraktionsschicht (Englisch: *„Hardware Abstraction Layer"* (HAL)) gestellt werden. Da diese Schicht im Kontext IBM-kompatibler Systeme Betrachtung findet, wird die Existenz einer abstrahierenden Hardwareschnittstelle (Englisch: *„Hardware Abstraction Device"* (HAD)) für die weiteren Betrachtungen vorausgesetzt. Durch das Zusammenspiel von HAD und HAL ist eine vereinheitlichte Interaktion mit Geräten der untergeordneten Hardwareebene möglich. Abbildung 3.1 stellt die an der Hardwareabstraktion beteiligten Ebenen in Form eines Schichtenmodells dar.

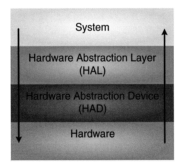

ABBILDUNG 3.1.: Schichtenmodel der Hardwareabstraktion des ICreate-Systems. Auf der höchsten Ebene befindet sich das eigentliche System zur Steuerung des Roboters. Dieses kommuniziert mit der physikalischen Abstraktionsschicht (HAD) mittels einer Software-Abstraktionsschicht (HAL). Die eigentlichen Zugriffe auf die zu kontrollierende Hardware werden in diesem Ansatz ausschließlich von HAD ausgeführt, sodass die Details eines Zugriffs auf der untersten Ebene der System-Ebene verborgen bleiben.

Die HAL stellt Methoden bereit, um mit der assoziierten HAD zu kommunizieren. Somit können an das HAD angeschlossene Sensoren ausgelesen, Aktoren angesteuert und auf unterschiedlichen Bussen (wie zum Beispiel I^{2}C oder SPI) mittels einer entsprechenden Weiterleitung kommuniziert werden. Folglich ist es für die Systemebene unerheblich, wie eine bestimmte Hardwarekomponente angesprochen wird. Anhand der gewünschten Interaktionen bestimmt die HAL die vom HAD durchzuführende Befehlssequenz und führt diese in Kooperation mit dem HAD aus. Wird beispielsweise auf einen Distanzsensor zugegriffen, so kann anhand des Sensortyps festgestellt werden, dass es sich um einen Ultraschall-Sensor handelt, der über den I^2C-Bus gesteuert wird. Hieraus ermittelt die HAL die entsprechenden Befehle, die für das Auslösen einer Messung und das Einlesen der Ergebnisse notwendig sind. Die zugehörigen Zugriffe auf den Bus werden dementsprechend vom HAD durchgeführt. Auf Systemebene ist dabei lediglich bekannt, dass ein Sensor ausgelesen wird. Für dieses Vorgehen ist es zum einen erforderlich, dass dem System die exakte Schnittstelle der HAL bekannt ist und zum anderen ein physikalischer Kommunikationskanal zwischen System und HAD besteht.

3.2. Aufbau des ICreate

Um die nachfolgenden Beschreibungen der Systemhardware leichter in den Kontext des Gesamtsystems setzen zu können, bietet Abbildung 3.2 einen ersten visuellen Eindruck des ICreates. Zu sehen ist in den beiden Teilabbildungen 3.2(a) und 3.2(b) jeweils eine Gruppe von drei ICreates. Das erste Bild zeigt eine Ansicht von schräg oben, wobei die zweite Darstellung einen frontalen Blickpunkt wiedergibt. Grundsätzlich ist in beiden Teilabbildungen zu erkennen, dass der ICreate aus einer Antriebsplattform besteht, auf die eine mit Sensoren bestückte Halterung aus Aluminium montiert ist. Diese dient als Basis für ein Notebook und einen Aluminiumarm, an dem eine Kamera über einen Schwenk-Neigekopf montiert ist.

Als Antriebsplattform kommt die als *Create* bezeichnete diffentialgetriebene Basisplattform der Firma iRobot zum Einsatz. Grundsätzlich handelt es sich dabei um ein gut dokumentiertes [IRo06], robustes System, das hinreichend Gewicht tragen kann. Allerdings weist das System Defizite im Bereich der Sensorik und bei der Rechenkapazität des integrierten Microcontrollers auf. Da es über eine serielle *Open Interface* [IRo06] Schnittstelle ferngesteuert werden kann, eignet sich die Create-Plattform hervorragend als Basisplattform für komplexere Roboter und erfreut sich dementsprechend einer großen Beliebtheit (siehe hierzu auch Abschnitt 3.3).

Oberhalb der Antriebsplattform befindet sich die speziell angefertigte Aluminiumhalterung des Notebooks, die gleichzeitig auch als Basis für unterschiedliche Sensoren und den Kameraturm dient. Die an dieser Halterung montierte Sensorik besteht aus sieben

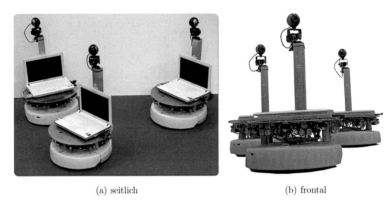

(a) seitlich   (b) frontal

ABBILDUNG 3.2.: Die Teilabbildungen (a) und (b) zeigen jeweils eine Gruppe von drei ICreates in unterschiedlichen räumlichen Anordnungen aus variierenden Blickwinkeln. (Abbildung
(a) entnommen aus [MM12a]).

analogen und acht digitalen Distanzsensoren, die in alternierender Folge angebracht sind.
Die analogen Sensoren basieren auf einer Messung mittels infraroter (IR) Lichtwellen und
die digitalen Sensoren auf dem Einsatz von Ultraschall (US). Der Einsatz dieser beiden
Sensortypen sorgt für Redundanz, die das System gegen etwaige Messfehler der jeweiligen Sensoren schützen kann. Nähere Ausführungen zu den unterschiedlichen Fehlerarten
dieser Sensoren können beispielsweise in [Jon04b] gefunden werden.

Bei den IR-Sensoren handelt es sich im Detail um *GP2D12* Sensoren der Firma Sharp
und bei den US-Sensoren um *SRF08* Sensoren der Firma Devantech. Die mögliche IR-
Messdistanz liegt im Bereich von 10 bis 80 cm und die US-Messdistanz umfasst 3 bis
600 cm, wobei im zweiten Fall der Maximalwert durch entsprechende Sensorparameter reduziert werden kann. Neben der eigentlichen Distanzbestimmung sind die SRF08 Sensoren
zusätzlich auch in der Lage, die Intensität des Umgebungslichts zu bestimmen.

Die Kamera des ICreates ist eine Logitech *Quickcam S5500* mit fester Brennweite, die
Auflösungen von bis zu 640×480 Pixeln bei einer Datenrate von bis zu 30 Bildern pro
Sekunde (Englisch: „Frames per Second" (FPS)) unterstützt. Ausgelesen wird die Kamera
über den Universal Serial Bus (USB). Wie zuvor bereits erwähnt, ist die Kamera auf einem
Schwenk-Neigekopf fixiert. Dieser wird über zwei analoge HiTec *HS-311* Servos gesteuert,
die ihrerseits anhand eines *SD21* Treibermoduls kontrolliert werden. Dieses Modul erlaubt
die komfortable Ansteuerung von bis zu 21 Servos über I^{2}C.

Als Notebook, welches die zentrale Kontrolleinheit des Systems darstellt, kommt ein *NP-NC10* der Firma Samsung zum Einsatz. Es verfügt über einen 1,6 GHz Intel ATOM Prozessor, 1 GB Hauptspeicher und eine 160 GB Festplatte. Als Betriebssystem ist Microsoft Windows XP Home Edition installiert.

Die im vorherigen Abschnitt erwähnte Hardwareschnittstelle (HAD) wird im vorliegenden System in Form eines entsprechend programmierten *SoccerBoardUSB* bereitgestellt. Hierbei handelt es sich um eine Platine, die mit einem Atmel ATmega128 bestückt ist, der mit 16 MHz getaktet ist, über 128 KB Flashspeicher, 4 KB RAM und 4 KB EEPROM verfügt. Der nachfolgende Abschnitt bietet weitere Details, die die Umsetzung der Hardwareabstraktion mittels HAL- und HAD-Ebene betreffen.

3.2.1. Universal Interface Device

Beim Universal Interface Device (*UID*) handelt es sich um ein internes Projekt, das am Institut für Technische Informatik der Universität zu Lübeck gemeinsam mit Herrn Christoph Osterloh durchgeführt wurde. Im Allgemeinen stellt es eine Architektur bereit, die eine einheitliche Hardwareschnittstelle zwischen einem System und untergeordneten Komponenten, wie beispielsweise Sensoren und Aktoren, bereitstellt. Es handelt sich somit um eine physikalische Instanz der in Abschnitt 3.1.1 beschriebenen HAD-Ebene.

Es existieren mehrere kommerzielle Systeme, die als Wandler von USB auf I^2C oder SPI fungieren und damit theoretisch als Grundlage eines (*UID*) genutzt werden könnten. Hierzu zählen beispielsweise das Diolan USB-I^2C/SPI Adapter U2C-12, das TIMS-0102 USB zu I^2C/SPI Adapter von Jova Solutions oder das LabJack U3. Unterschiedliche Einschränkungen dieser Systeme führen jedoch dazu, dass von einer tatsächlichen Nutzung im vorliegenden Kontext eher abzusehen ist. Unter anderem umfassen diese Einschränkungen vergleichsweise geringe Übertragungsgeschwindigkeiten oder mangelnde Ein-/Ausgabemöglichkeiten. Der größte und gemeinsame Nachteil dieser Alternativen ist jedoch die Notwendigkeit eines speziellen Treibers zur Ansteuerung. Somit ist deren Einsatz lediglich in Systemen möglich, die vom jeweiligen Treiber unterstützt werden. Dies ist im Bereich einer allgemeinen Hardwareschnittstelle nicht wünschenswert.

Die speziell entwickelte Firmware des UIDs ist nicht fest an die zuvor genannte Hardware des SoccerBoardUSB gebunden, sondern kann auf nahezu jedem gängigen 8-bit Prozessor von Atmel zum Einsatz kommen. Im konkreten Fall des ICreates stellt das UID Zugriffe auf den I^2C-Bus und A/D-Wandlungen zur Verfügung. Zusätzlich unterstützt die Firmware des UIDs – bei entsprechender Hardwareunterstützung – auch weiterführende Optionen, wie GPIOs, Servo-Treiber oder RS485-Schnittstellen.

Das UID wird über eine serielle Schnittstelle beziehungsweise eine virtuelle Schnittstelle via USB mit dem Hauptsystem verbunden und gesteuert. Die voreingestellte Standardgeschwindigkeit dieser Schnittstelle beträgt 256 kpbs. Es werden jedoch auch Kommunikationsgeschwindigkeiten von 2400 bps bis zu 2 Mbps unterstützt. Zur Zwischenspeicherung von ein- und ausgehende Daten kommen zwei getrennte Ringpuffer zum Einsatz. Da jedes UID mit einer eindeutigen Identifikationsnummer versehen ist, kann der initiale Verbindungsaufbau außerdem automatisiert erfolgen. Dies kann durch ein sequentielles Öffnen der Systemports zusammen mit dem Senden einer Identifikationsaufforderung erfolgen. Ein spezieller Treiber wird für das UID nicht benötigt, da ein offenes Kommunikationsprotokoll zum Einsatz kommt. Darüber wird unter anderem sichergestellt wird, dass lediglich valide Befehlssequenzen ausgeführt beziehungsweise weitergereicht werden.

Für den ICreate steht eine entsprechende Umsetzung des Kommunikationsprotokolls in C# als Teil des in Kapitel 4 vorgestellten Frameworks zur Verfügung. Für andere Robotersysteme wurde das Protokoll in der Vergangenheit auch in anderen Programmiersprachen umgesetzt, sodass für die gebräuchlichsten Sprachen (Java, C/C++) entsprechende Bibliotheken zur Verfügung stehen.

Da eine umfassendere Beschreibung der UID-Schnittstelle sowie der darauf aufbauenden Funktionen bei Weitem den Rahmen dieses Kapitels überschreiten würde, sei an dieser Stelle lediglich ein allgemeiner Überblick über bestimmte Kernpunkte diese Thematik gegeben. Eine genaue Spezifikation der UID-Schnittstelle findet sich beispielsweise in [Maa13].

Die Schnittstelle zum UID unterstützt die I^2C Kommunikation in zwei unterschiedlichen Modi. Dabei wird zwischen einer direkten und einer abstrakteren Betriebsart unterschieden. Im erstgenannten Fall wird das Senden von Start- und Stop-Signalen sowie Datenbytes und Bestätigungen komplett vom kontrollierenden System übernommen. Das UID arbeitet somit als direkter Busübersetzer ohne eigene Logik. Im zweiten Fall werden diese grundlegende Kommunikationsbestandteile vom UID maskiert, wodurch abstraktere Lese- und Schreibzugriffe auf ganze Registerbänke als Metabefehle möglich sind. Hierbei spezifiziert das kontrollierende System lediglich eine I^2C-Zieladresse und den betroffenen Registerbereich. Darauf aufbauend ermittelt das UID für die jeweiligen Befehle selbständig die erforderlichen Bestandteile, die für eine entsprechende Kommunikation notwendig sind.

Die systemseitige Hardwareabstraktion (HAL) stellt aufbauend auf dem UID Methoden zum Auslesen unterschiedlichster Sensoren und Ansteuern verschiedener Aktoren bereit. Dabei wird die eigentliche Informationsübermittlung in der HAL-Ebene verwaltet, um auf diese Weise mögliche Leistungseinbrüche zu vermeiden, die theoretisch über ungünstig sortierte Folgen von Zugriffen ausgelöst werden können. Die HAL-Ebene stellt des Weiteren sicher, dass sensorspezifische Wartezeiten eingehalten und Seiteneffekte bei der Sensorauswertung vermieden werden. Soll beispielsweise die Position eines Servos über den I^{2}C-Bus verändert werden, so erfolgt dies über die direkte Modifikation einer von der HAL-Ebene bereitgehaltenen Eigenschaft. Aus der Variation dieses Werts leitet die HAL-Ebene entsprechend durchzuführende Handlungen ab. Anschließend erfolgt die Generierung der notwendigen Kontrollsequenzen zur Steuerung des UID. Die eigentliche Übertragung findet asynchron zu einem günstigen Zeitpunkt statt. Sofern es sich bei den vom UID empfangenen Kommandos um Metabefehle handelt, erfolgt eine weitere Befehlsauflösung auf dieser Ebene, woraufhin anschießend die eigentliche Businteraktion erfolgt.

3.2.2. Zusammenspiel der einzelnen Subsysteme

Aufbauend auf dem vorherigen Abschnitt wird im Folgenden das Zusammenspiel der zuvor beschriebenen Komponenten anhand der Abbildung 3.3 genauer erläutert.

Auf der obersten Schicht (gelb) ist die Applikation angeordnet. Diese repräsentiert Anwendungen der mobilen Robotik, wie beispielsweise das Einhalten einer Formation, die zur Lösung der jeweiligen Aufgabe auf Funktionalitäten des Frameworks zurückgreifen. Diese Schicht entspricht der konzeptionellen Systemschicht aus Abbildung 3.1.

Auf der Frameworkschicht (grün) findet eine erste Hardwareabstraktion statt. Beispielsweise stehen generalisierte Schnittstellen für Distanzsensoren bereit, sodass für die übergeordnete Applikation nicht zwingend bekannt sein muss, ob auf einen analogen oder einen digitalen Sensor zugegriffen wird. Die Applikation weiß in diesem Fall lediglich, dass es sich um einen Sensor handelt, der Distanzen bestimmen kann. Für die mit untergeordneten Schichten erforderliche Kommunikation stehen dedizierte Teilbereiche des Frameworks zur Verfügung. Dabei handelt es sich unter anderem um das UID-Interface [Maa13], das Open Interface [IRo06] und den Funktionsumfang von Emgu CV [EMG13] (siehe Abschnitt 4.2). Diese Ebene entspricht der HAL aus Abbildung 3.1.

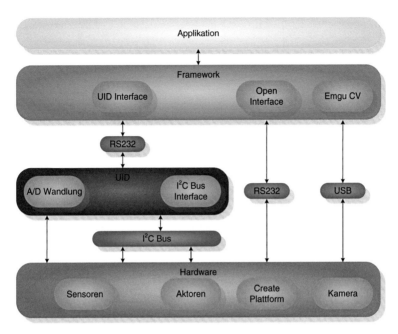

ABBILDUNG 3.3.: Schichtenmodell des ICreates. Die oberste Schicht (gelb) repräsentiert die eigentliche Anwendersoftware, die aufbauend auf dem Framework (grün) entwickelt wird. Zwischen diesen beiden Ebenen findet der erste Abstraktionsschritt statt. Eine zweite Abstraktion wird abhängig von der anzusprechenden Hardware (orange) anhand des UIDs (braun) vollzogen. Außerdem erweitert das UID die physikalischen Schnittstellen des Systems.

Mittels physikalischer Schnittstellen (blau) erfolgt der Zugriff auf untergeordnete Schichten. So sind das UID und die Create-Plattform über zugeordnete RS232-Schnittstellen ansprechbar und die Kamera kann mittels USB ausgelesen werden.

Wie das Schichtenmodell zeigt, kann der Zugriff auf die Hardwareschicht (orange) für die Create-Plattform und die Kamera direkt durch das Framework erfolgen und es ist in diesen Fällen keine Abstraktion über Zwischenebenen erforderlich. Dies ist möglich, da das Framework einheitliche Schnittstellen für die jeweiligen Komponenten bereitstellt. Im Fall der Sensoren und Aktoren, die keine (unmittelbaren) physikalischen Schnittstellen zur Applikation aufweisen, kommt für den Zugriff eine weitere Abstraktionsschicht zum Einsatz.

Die UID-Schicht (braun) dient zum einen als Zugriffsmöglichkeit auf Sensoren und Aktoren (SRF08, GP2D12, SD21, ...) und stellt zum anderen gleichzeitig eine weitere Abstraktion zur untergeordneten Hardware dar. Mittels der zweistufigen Abstraktion ist bereits dem Framework und nicht erst der Applikation der direkte Ablauf eines Zugriffs auf bestimmte Komponenten unbekannt. Beispielsweise ist dadurch die logischen Abfolge eines Zugriffs auf den I^{2}C-Bus für das Framework unerheblich, da diese im zweiten Abstraktionschritt vom UID erledigt wird. Das UID entspricht damit dem HAD aus Abbildung 3.1.

3.3. Ähnliche Systeme

Die Entwicklung des ICreates wurde 2008 am Institut für Technische Informatik der Universität zu Lübeck begonnen. Zu dieser Zeit konnten trotz intensiver Studien keine Systeme gefunden werden, die eine vergleichbare Hardware aufwiesen. Dieser Umstand hat sich in den folgenden Jahren geändert, sodass zum heutigen Zeitpunkt einige Robotersysteme existieren, die gewisse Ähnlichkeiten zum ICreate aufweisen. Bei diesen vergleichbaren Systemen handelt es sich namentlich um die Modelle Eddie [Par13], der dem *Reference Platform Design V1.0* [Mic12a] der Firma Microsoft entspricht, TurtleBot [Kob12, Des13] und Bilibot [Bil13]. Die Steuerung dieser Roboter erfolgt über unterschiedliche Frameworks, auf die in Abschnitt 4.1.1 noch gesondert eingegangen wird.

Die Gemeinsamkeiten zwischen dem ICreate und den zuvor genannten Systemen zeigen sich in Form von ähnlichen und teils identischen Subsystemen. Grundsätzlich verfügen alle betrachteten Roboter über eine radgetriebene Basisplattform. Die Systeme ICreate, TurtleBot und Bilibot verfügen dabei über identische Hardware, wohingegen Eddie in dieser Beziehung als einziges von den Anderen abweicht, da nicht die Create-Plattform verwendet wird.

Des Weiteren verfügen alle Roboter über eine Kamera, die es ihnen ermöglicht, ihre Umwelt wahrzunehmen. Der ICreate verfügt über eine herkömmliche Webcam, wobei die anderen Systeme mit einer Microsoft Kinect [Mic13a] ausgestattet sind. Im Vergleich zur Webcam stellt die Kinect ein breiteres Maß an Informationen zur Verfügung, was zum jetzigen Zeitpunkt für eine mögliche Nachrüstung des ICreates spricht. Aufgrund des modularen Aufbaus des in Kapitel 4 vorgestellten Frameworks, welches zur Steuerung des ICreates eingesetzt wird, stellt dieser Schritt keine größere Hürde dar. Dies ist der Fall, da die grundlegende Unterstützung der Kinect bereits jetzt von unterschiedlichen Komponenten des Frameworks bereitgestellt wird. Da TurtleBot und Bilibot, abgesehen von der

Kinect, über keine weiteren Distanzsensoren verfügen, weisen sie im Vergleich zu Eddie und ICreate eine eingeschränkte Sensorik auf. Zusätzlich hebt sich der ICreate von den anderen Systemen ab, da der Blickwinkel seiner Kamera durch eines Schwenk-Neigekopf verändert werden kann und somit die Überwachung eines größeren Bereichs möglich ist.

Als zentrale Verarbeitungseinheit kommt bei allen Systemen ein Notebook zum Einsatz, das von einer Halteplattform getragen wird. Bilibot ist in diesem Vergleich das einzige System, dass über einen Greifer verfügt, der die direkte Manipulation von Objekten erlaubt.

„The programmer, like the poet, works only slightly removed from pure thought-stuff. He builds his castles in the air, from air, creating by exertion of the imagination. Few media of creation are so flexible, so easy to polish and rework, so readily capable of realizing grand conceptual structures."

Fred Brooks in [Bro95], Seite 7

KAPITEL 4

Framework

Zu Beginn dieser Arbeit wurden in Abschnitt 2.1 die Konzepte des Organic Computing dargelegt. In diesem Zusammenhang erfolgte auch die Definition von ORCA und die damit einhergehende Notwendigkeit von Gesundheitssignalen. Aufbauend auf diesen Grundlagen wird im Folgenden ein Framework [Maa13, MM12a] vorgestellt, das den Entwurf von ORCA-basierten Systemen mittels einer einheitlichen Softwarebasis unterstützt. Damit einhergehend werden außerdem mehrere neu entwickelte Methoden zur Generierung von Gesundheitssignalen hergeleitet, die einen Teil des Frameworks bilden. Diese Neuentwicklungen setzen sich teils aus Erweiterungen der aus Abschnitt 2.2 bekannten Transinformation und teils aus alternativen Ansätzen zusammen.

Ein weiterer Kernpunkt des Frameworks ist die intuitive Steuerung des in Kapitel 3 vorgestellten Roboters. In diesem Kontext beschränken sich die Ausführungen jedoch auf konzeptuelle Zusammenhänge und Designprinzipien, da eine detaillierte Beschreibung aller Framework-Komponenten zu umfangreich wäre und den Rahmen dieser Arbeit überschreitet. Als Veranschaulichung des erforderlichen Dokumentationsumfangs sei an dieser Stelle erwähnt, dass bereits die API-Dokumentation [Maa13] des Frameworks über 1500 HTML-Seiten umfasst.

Häufig stellt die Planung einer Software einen sehr prominenten Aspekt innerhalb ihrer Entwicklung dar. Dies gilt auch für den Entwurf eines Frameworks. Bereits in [Bro95] ist die folgende Verteilung als grundlegende Richtlinie für die zeitliche Aufteilung eines Projekts zu finden:

- $\frac{1}{3}$ Planung,

- $\frac{1}{6}$ Implementierung,

- $\frac{1}{4}$ Komponenten- und erste Systemtests,

- $\frac{1}{4}$ Systemtests, bei denen alle Komponenten vorliegen.

Unter der Verwendung von testgetriebener Entwicklung (Englisch: „Test-Driven Development", TDD) [Bec03, Osh09] kann der Einfluss der Planung zwar reduziert werden, jedoch dient die obige Verteilung weiterhin als Indiz für die Bedeutung der Planung.

Ein entscheidender Vorteil von TDD ist das gesteigerte Vertrauen in den entwickelten Quelltext und die (bei entsprechender Testabdeckung) resultierende Fehlerfreiheit der entworfenen Komponenten. Gerade bei der Entwicklung eines Frameworks ist dies unerlässlich. Da TDD einen sehr dynamischen Prozess darstellt, ist eine gleichzeitige Refaktorierung (Englisch: „Refactoring") [Fow99] der erstellten Quelltexte unerlässlich, um die Wartbarkeit und die Erweiterbarkeit der Software sicherzustellen.

Beim vorliegenden Framework wurde ein hybrider Ansatz zwischen vorausschauender Planung und TDD verfolgt, der auf der abstrakten Ebene einen planungslastigeren Ansatz favorisiert, die tatsächliche Umsetzung der jeweiligen Komponenten jedoch mittels TDD durchführt.

Der folgende Abschnitt 4.1 beschreibt die generelle Zielsetzung des Frameworks sowie daraus resultierende Anforderungen in detaillierterer Form. Außerdem wird eine Abgrenzung gegenüber bestehenden Frameworks vollzogen. Anschließend werden in Abschnitt 4.2 einige Designentscheidungen anhand eines beispielhaften Teilbereichs des Frameworks erörtert. Abschnitt 4.3 erläutert im Detail die Umsetzung von ORCA innerhalb des Frameworks. Außerdem erfolgt in diesem Kontext die Definition neuer Methoden zur Bestimmung von Gesundheitssignalen. Zum Abschluss wird in Abschnitt 4.4 kurz auf den assoziierten Dokumentationsprozess eingegangen.

4.1. Zielsetzungen

Das Feld der mobilen Robotik ist sehr komplex und interdisziplinär, da es unter anderem Erfahrungen in Elektrotechnik, Signal- und Bildverarbeitung, echtzeitfähiger Datenverarbeitung und vielen weiteren Themengebieten voraussetzt. Aus diesem Grund hält die mobile Robotik eine steile Lernkurve für Personen bereit, die sich zum ersten Mal mit dieser Thematik auseinandersetzen. Weiter erschwert werden kann ein solcher Einstieg zusätzlich durch Spezialarchitekturen, wie zum Beispiel ORCA. Um den thematischen Zugang zu erleichtern, ist es möglich, der Abstraktionsgrad des betrachteten Systems zu erhöhen. Dies soll anhand eines Beispiels im Folgenden veranschaulicht werden.

Angenommen, eine Person befasst sich zum ersten mal praktisch mit Konzepten, wie *Arbitrierung* [Jon04b] oder *Motorschema* [Ark98]. So ist es in diesem Zusammenhang für das Verständnis förderlich, wenn die betroffene Person ganz auf diese Themen konzentriert ist und sich nicht mit zusätzlichen Aufgaben, wie Hardwarezugriffen oder Datenerfassung, beschäftigen muss. Falls ein Anwender sich mit zu vielen Themen befasst und damit einhergehend entsprechende Informationsquellen konsultiert, kann eine *Informationsüberflutung* [BR09] auftreten, die einen negativen Effekt auf die mentalen Fähigkeiten der betroffenen Person aufweist und daher vermieden werden sollte.

Grundsätzlich kann eine Abstraktion komplexer Zusammenhänge durch *Datenkapselung* [LR09] erreicht werden, indem Zugriffe auf untergeordnete Subsysteme ausschließlich mittels definierter Schnittstellen realisiert werden. Bei diesem Vorgehen ist somit keine genaue Kenntnis der Subsysteme erforderlich. Auf diese Weise wird die Komplexität einer spezifischen Aufgabe herabgesetzt. Mit einer idealen Kapselung kann ein System auf einer hohen Abstraktionsebene kontrolliert werden, ohne dass explizites Wissen über die gekapselten Prozesses erforderlich ist.

Das hier vorgestellte Framework ist dazu gedacht, einen ersten Kontakt mit dem Bereich der mobilen Robotik zu vereinfachen. Eine Hochsprache sollte aufgrund der ihr bereits innewohnenden Abstraktion zum Einsatz kommen. Außerdem ist eine umfassende Dokumentation und das zielführende Melden von möglichen Fehlern wünschenswert.

4.1.1. Abgrenzung

Heutzutage existieren bereits unterschiedliche Frameworks zu Steuerung von Robotern, die jedoch verschiedene Schwerpunkte setzen. Als die beiden größten Vertreter seien an dieser Stelle das *Robot Operating System* (ROS) [ROS13] und das *Microsoft Robotics Developer Studio* (RDS) [Mic13b] genannt. Beide decken weite Bereiche der mobilen Robotik ab und sind sehr gut geeignet, um einen Roboter auf professionelle Weise zu kontrollieren. Für diese Aufgabe setzen sie auf eine Orchestrierung von einzelnen Modulen, die individuell miteinander verbunden sind und so einen verknüpften Graphen bilden. Wenngleich dieser Ansatz einem erfahrenen Nutzer große Flexibilität ermöglicht, so erhöht er gleichzeitig die Steigung der Lernkurve für einen Person, die nicht mit der Thematik vertraut ist. Dies liegt darin begründet, dass der zum Einsatz kommende Ansatz stark von klassischen Programmierparadigmen divergiert [JT08]. Somit kann eine Konkurrenz zwischen den neuen Konzepten und dem eigentlich zu vermittelnden Wissen entstehen. Da dies die Lerneffizienz möglicherweise herabsetzt [BR09], bieten sich die beiden genannten Frameworks eher für erfahrene Anwender und weniger für unerfahrene Personen an.

Im Gegensatz zu RDS und ROS existieren weitere Alternativen, die einen stärkeren Fokus auf einen leichteren Einstieg legen. LeJOS [LeJ13] ist ein Framework für LEGO Mindstorms Roboter [The13], welches mittels einer angepassten Firmware die Programmierung von Mindstorms Robotern in Java ermöglicht. Weitere Merkmale von LeJOS umfassen Hardwareabstraktion und verhaltensbasierte Programmierung. Leider stellen stark eingeschränkten Möglichkeiten zur Bildverarbeitung einen deutlichen Nachteil dieses Frameworks dar.

Pyro [BKMY06, Pyr13] ist ein edukatives Framework, welches Themen aus dem Bereich *Künstliche Intelligenz* (KI) und Robotik adressiert. Da es über eine Abstraktionsschicht verfügt, hält es den Fokus auf Kernkonzepten und lässt die zugrundeliegende Hardware in den Hintergrund treten. Das Framework selbst wurde in Python geschrieben, was somit auch die Programmiersprache für aufbauende Programme darstellt. Ein möglicher Nachteil dieses Frameworks ist der Umstand, dass in bestimmten Situationen zwischen Python und C++ gewechselt werden muss. Pyro setzt für die Bildverarbeitung vorgefertigte Module ein, welche aus Performanzgründen in C++ zu programmieren sind. Somit kann es erforderlich werden, eigene Module zu entwickeln, falls eine bestimmte Aufgabe nicht von den verfügbaren Modulen abgedeckt wird.

4.2. Designentscheidungen

Generell handelt es sich bei dem Entwurf eines Frameworks um eine schwierige Aufgabe, da sie von widerstreitenden Zielen geprägt ist. Robert C. Martin beschreibt dieses Problem in [Mar12] wie folgt:

> „There is a natural tension between the provider of an interface and the user of an interface. Providers of third-party packages and frameworks strive for broad applicability so they can work in many environments and appeal to a wide audience. Users, on the other hand, want an interface that is focused on their particular needs. This tension can cause problems at the boundaries of our systems."

Um diese Problematik zu adressieren, basiert das Framework auf austauschbaren Modulen mit einer starken Vorkonfiguration, die in den meisten Situationen eine sofortigen Einsatz sicherstellt und damit zu schnellen Resultaten führt. Gleichzeitig erlauben klare Schnittstellen eine einfache Anpassung an unterschiedliche Situationen. Somit tendieren die Module zwar in die Richtung der breiteren Anwendbarkeit, jedoch verhindert die Vorkonfiguration der Module einen verfrühten Kontakt mit komplexeren Optionen.

Die vorgefertigten Module decken Themenbereiche, wie Bildverarbeitung und Sensorik, verhaltensbasierte Programmierung, ORCA und Geometrie ab. In der Bildverarbeitung und Sensorik werden unter anderem das Auslesen und die Interpolation von Messwerten, die Extraktion von farblichen Kodierungen und Bewegungen unterstützt. Die Komponenten zur verhaltensbasierten Steuerung erlauben einfach zugängliche Arbitrierungen und die Definition von unterschiedlichen Vektorfeldern. Auf die Unterstützung von ORCA wird im folgenden Abschnitt 4.3 im Detail eingegangen. Die Module aus dem Bereich der Geometrie beinhalten Module zur Vorwärtsberechnung der Pose des Roboters und unterstützen Vektorrechnungen und Objektschnitte. Zwar werden nicht alle dieser Module direkt für die Steuerung eines Roboters benötigt, jedoch bieten sie die Möglichkeit zur Simulation eines oder mehrerer Roboter. Abbildung 4.1 zeigt als Beispiel die Simulation eines Laserscanners, der auf Basis dieser Module mit geringem Zusatzaufwand implementiert wurde.

Grundsätzlich sollte ein Framework einfach zu benutzen sein und den Anwender nicht behindern. Wichtig ist in diesem Zusammenhang der Entwurf intuitiver und einfach zu verstehender Schnittstellen, die das System vor einer übermäßigen Komplexität schützen

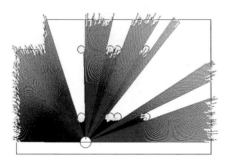

ABBILDUNG 4.1.: Darstellung der Messwerte eines simulierten Laserscanners. Die ermittelten Messpunkte sind gelb dargestellt. Der Fehler beträgt dabei 5 % der eigentlichen Distanz.

[Dav09]. Aus diesem Grund ist die Abstraktion einer der Hauptaspekte des Frameworks, da sie den Nutzer von der eigentlichen Hardware sowie der Zeitablaufsteuerung nebenläufiger Teilsysteme und deren Synchronisation trennt. Außerdem müssen im Fehlerfall hilfreiche Informationen bereithalten werden, die ein schnelles Auffinden der Fehlerquelle ermöglichen. Allgemein sollte die Handhabung des Frameworks so intuitiv sein, dass es selbst in den Hintergrund tritt und den Aufmerksamkeitsfokus auf das zu bearbeitende Problem lenkt.

Wie bereits angesprochen wurde, kann aus Platzgründen nicht das gesamte Framework vorgestellt werden. Daher erfolgt hier eine exemplarische Betrachtung eines Teilbereichs, der für die Erfassung der Umgebung verantwortlich ist. Das UML Klassendiagramm in Abbildung 4.2 veranschaulicht das zugrundeliegende Design. Den Kern des Entwurfs bilden die Klassen `SenseActUnit` und `ImageGrabber`. Obwohl der eigentliche Entwurf weitaus mehr Klassen umfasst, ist es für die meisten Situationen ausreichend, lediglich mit diesen beiden Klassen zu interagieren.

Wie bereits in Kapitel 3 angesprochen wurde, erfolgen Hardwarezugriffe mittels einer mehrstufigen Abstraktion. Im vorliegenden Design wird die dedizierte Hardwareschnittstelle von der Klasse `UniversalInterface` kontrolliert. Somit muss die Klasse `SenseActUnit` diese instantiieren, um auf die Sensoren und andere Komponenten zugreifen zu können. Für eine leicht verständliche Instanziierung der `UniversalInterface`-Klasse vollführt diese eine automatische Suche nach HADs mit passender Kennung, sodass ein Nutzer keine expliziten Konfigurationsvorgänge durchführen muss.

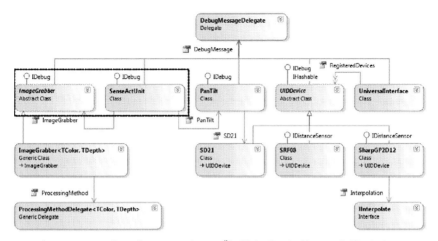

ABBILDUNG 4.2.: Darstellung eines teilweisen Überblicks über das Framework. Die einzigen Klassen, die eine direkte Interaktion mit dem Nutzer erfordern, sind SenseActUnit und ImageGrabber (schwarz gestrichelte Box). An unterschiedlichen Stellen ist das Strategie-Entwurfsmuster (Englisch: „Strategy Pattern") [GHJV94, FFSB04] in Form von Delegaten zu erkennen, wodurch eine Anpassung mittels austauschbarer Komponenten ermöglicht wird. (Darstellung in Anlehnung an [MM12a].)

Um den tatsächlichen Zugriff auf unterschiedliche Hardware durchzuführen, instanziiert die SenseActUnit direkt oder indirekt dedizierte Klassen (SRF08, SharpGP2D12 oder SD21), denen die eigene Instanz der UniversalInterface-Klasse übergeben wird. Diese führen zur Laufzeit (ihrer Hardware entsprechende) Bytestrom-Serialisierungen durch, um mit der Schnittstellenplatine zu kommunizieren.

Der ImageGrabber ist ein optionaler Teil der Wahrnehmung des kontrollierten Roboters und erlaubt die Verarbeitung von Bildern in einem Bilddatenstrom, der Wahlweise von einer Kamera oder aus einer Videodatei stammt. Diese Klasse basiert auf Emgu CV [EMG13], einem plattformübergreifendem Container für OpenCV [Wil13] der außerdem weiterführende Funktionen bereitstellt. Emgu CV stellt eine breite Auswahl an Klassen zur Verfügung, die Bildverarbeitung und Maschinenlernen in weit reichendem Umfang erlauben. Ist eine besonders schnelle Verarbeitung gewünscht, so sollte diesen Klassen immer der Vortritt bei der Erfüllung spezifischer Aufgaben gegeben werden, allerdings ist auch ein Zugriff auf einzelne Bildpunkte in angemessener Geschwindigkeit möglich.

Sofern die Fähigkeit zur Bildverarbeitung benötigt wird, kann der `SenseActUnit` eine Instanz des `ImageGrabber` zugewiesen werden. Da diese Klasse während ihrer Instanziierung typisiert wird, fällt die Verwendung unterschiedlicher Farbräume (`TColor`) und unterschiedlicher Datenbreiten (`TDepth`) sehr leicht. Die möglichen Farbräume umfassen unter anderem Graustufen, BGR, HSV, HLS, LUV, YCC und RGB, wobei die Datenbreite von `byte` bis `double` reicht.

In der Standardeinstellung des `ImageGrabber` werden die neu aufgenommenen Bilder in einem separaten Fenster angezeigt. Diese Möglichkeit zur Darstellung entstammt in seinen Grundzügen dem Emgu CV Framework [EMG13], wurde jedoch für eine konkurrierende Programmausführung dem Kontext der mobilen Robotik angepasst. Weiterhin bietet es die Möglichkeit, zur Laufzeit einen Stapel unterschiedlicher Filter zu definieren, die auf das dargestellte Bild angewendet werden. Diese Funktion erweist sich gerade bei der Evaluation neuer Ansätze als hilfreich, da das Resultat des Filterstapels direkt sichtbar ist. Zusätzlich kann der Betrachter aus einem bestehenden Stapel auch den Quelltext generieren, der die zuvor definierten Operationen durchführt. Außerdem stehen weiterführende Informationen zur Verfügung, wie beispielsweise Histogramme und die Belegung einzelner Bildpunkte.

Der `ImageGrabber` kapselt alle Schritte, die für die Beschaffung, Bearbeitung und wahlweise Darstellung eines Bilds erforderlich sind. Die Bildverarbeitung erfolgt in diesem Zusammenhang über die Definition eines `ProcessingMethodDelegate`. Durch diesen Einsatz des Strategie-Entwurfsmusters (Englisch: „*Strategy Pattern*") [GHJV94, FFSB04] ist es möglich, unterschiedliche Verarbeitungsmethoden zu definieren, die dann vom `ImageGrabber` zur Bildverarbeitung eingesetzt werden. Zusätzlich stellt das Framework vorgefertigte Verarbeitungsmethoden (wie zum Beispiel eine Bewegungsdetektion) bereit.

Diese Konfigurationsmöglichkeit wird auch für eventuelle Fehlermeldungen eingesetzt. Der `DebugMessageDelegate` steuert die angepasste Ausgabe oder Reaktion in einem Fehlerfall. Die Standardvariante dieses Delegaten meldet den Grund, den Ursprung und die Zeit des Fehlers. Durch den Einsatz von Compilerschaltern (Debug oder Release) kann der `DebugMessageDelegate` auch vollständig aus dem Framework entfernt werden.

Eine detaillierte Kenntnis der zuvor vorgestellten Zusammenhänge ist für die grundlegende Benutzung des Frameworks jedoch nicht notwendig, da weite Teile des Frameworks selbstverwaltend sind und eine Interaktion lediglich an wohldefinierten Punkten erforderlich ist. Zur Verdeutlichung zeigt Listing 4.1 eine beispielhafte Instanziierung der

SenseActUnit bei gleichzeitiger Verwendung des ImageGrabber zur Detektion von Bereichen unterschiedlicher Farben.

LISTING 4.1: Exemplarische Instanziierung der SenseActUnit.

```
1  static void Main(string[] args)
2  {
3    ColorRange<Hsv> c1 = new ColorRange<Hsv>(
4      new Hsv(60, 40, 100), new Hsv(70, 190, 256));
5    ColorRange<Hsv> c2 = new ColorRange<Hsv>(
6      new Hsv(140, 40, 100), new Hsv(170, 190, 256));
7
8    ColorRange<Hsv>[] colors = { c1, c2 };
9    BlobDetector<Hsv, Byte> bd = new BlobDetector<Hsv, byte>(colors);
10
11   ImageGrabber<Hsv, Byte> ig = new ImageGrabber<Hsv, Byte>();
12   ig.ProcessingMethod = bd.BlobDetection;
13
14   SenseActUnit sense = new SenseActUnit();
15   sense.ImageGrabber = ig;
16   sense.Start();
17
18   while (!Console.KeyAvailable)
19   {
20     BoundingBox[] blobs = sense.ImageGrabber.ProcessingResults as
           BoundingBox[];
21     int[] distances = sense.RangeScan;
22     // do something with the sensed data
23   }
24
25   sense.RequestShutdown();
26 }
```

In den Zeilen 3 bis 8 werdend die beiden zu detektierenden Farbbereiche über die Angabe einer Ober- und eine Untergrenze definiert. In Zeile 9 werden die Farben dem
BlobDetector übergeben, der diese in gegebenen Bildern detektiert. Wie bereits Zeile
8 zeigt, kann sehr einfach eine Menge von Farben übergeben werden. Zeile 11 erzeugt eine
neue Instanz des ImageGrabber, welche bereits nutzbar ist, jedoch die bereitgestellten
Bilder keiner Verarbeitung unterzieht. Durch die Zuweisung der Verarbeitungsmethode in
Zeile 12 wird die Detektion der gewünschten Farben für nachfolgend bereitgestellte Bilder
aktiviert.

Die `SenseActUnit` wird in Zeile 14 instanziiert. Im Hintergrund wird dabei nach passenden Schnittstellenplatinen (UID) gesucht, wobei diese Suche im Bedarfsfall auch eingeschränkt oder mit Alternativen versehen werden kann. Anschließend wird der `ImageGrabber` in Zeile 15 mit der vorliegenden Instanz der `SenseActUnit` verknüpft. Der Methodenaufruf in Zeile 16 startet das interne Threading der `SenseActUnit` und des zugeordneten `ImageGrabber`. Die visuellen Effekte der Bildverarbeitung werden automatisch in assoziierten Ausgabefenster dargestellt. Auf logische Resultate der Bildverarbeitung kann wie in Zeile 20 zugegriffen werden. Zeile 21 zeigt einen möglichen Zugriff auf Distanzinformationen, die die momentane Umgebung des Roboters repräsentieren. Abschließend werden alle gestarteten Threads in Zeile 25 gestoppt.

Das vorangegangene Beispiel verdeutlicht die Einrichtung der Bildverarbeitung mittels eines vorgefertigten Moduls für den `ImageGrabber`. Wie bereits angesprochen wurde, können in gewissen Situationen bestimmte Analysen erforderlich sein, die nicht von vorgefertigten Modulen abgedeckt werden. Listing 4.2 verdeutlicht die Definition einer angepassten Bildverarbeitung, bei der die Distanz und der Winkel zwischen den beiden jeweils größten Flächen der gesuchten Farben ermittelt werden.

LISTING 4.2: Beispielhafte Definition einer anonymen Methode zur angepassten Bildverarbeitung.

```
1   ig.ProcessingMethod = new ProcessingMethodDelegate<Hsv, Byte>(
2   delegate(ref Image<Hsv, Byte> img, object[] p)
3   {
4       List<BoundingBox> b = bd.BlobDetection(ref img);
5       if (b==null) return null;
6
7       List<BoundingBox> c1B=b.FindAll(n=>n.ID.Equals(c1));
8       List<BoundingBox> c2B=b.FindAll(n=>n.ID.Equals(c2));
9       if (c1B.Count==0 || c2B.Count==0) return null;
10
11      BoundingBox b1 = BoundingBox.Largest(c1B);
12      BoundingBox b2 = BoundingBox.Largest(c2B);
13
14      if (b1 != null && b2 != null)
15      {
16          Vector2D v = new Vector2D(b2.Centroid,b1.Centroid);
17          return new Vector2D[] { v };
18      }
19      else return null;
20  });
```

Zeile 4 nutzt das bereitgestellte Modul zur Detektion farbiger Bereiche, wobei die relevanten Farben wie in Listing 4.1 belegt sind. Die Resultate, welche die Bildpositionen der gefundenen Bereiche angeben, werden über die Zeilen 7 und 8 ihrer Farbe entsprechend in unterschiedliche Sammlungen aufgeteilt. In den Zeilen 11 und 12 wird jeweils die größte Fläche jeder Farbe ermittelt. Anschließend wird ein Vektor instanziiert, welcher von der einen Fläche zur anderen zeigt und dadurch Informationen über die Distanz und den Winkel zwischen den Gebieten bereithält.

Abschließend bleibt zu erwähnen, dass dieser kurze Einblick in einen Teilbereich des entworfenen Frameworks lediglich einen beispielhaften Charakter ausweisen kann. Trotzdem werden selbst bei diesem recht kleinen Teilbereich die Zielsetzung eines klaren Entwurfs deutlich, der gerade für Einsteiger einen schnellen Weg zum Erfolg bietet.

4.3. Das ORCA-Framework

Dieser Abschnitt gibt detaillierte Einblicke in den Teil des Frameworks, der mit dem Entwurf ORCA-basierter Systeme assoziiert ist. Dies umfasst die Deklaration eines einheitlichen Grundgerüsts für die Implementierung von BCUs, OCUs und die Verwaltung von Gesundheitssignalen sowie die Generierung der eigentlichen Werte dieser Signale. In diesem Rahmen findet auch eine mathematische Herleitung neuer Methoden zur Bewertung des Systemzustands statt.

Der Abschnitt ist so aufgebaut, dass zuerst die softwaretechnische Umsetzung der Generierung von Gesundheitssignalen in Abschnitt 4.3.1 vorgestellt wird. Als Teil dieses Themas werden in Abschnitt 4.3.1.1 neue Bewertungsfunktionen hergeleitet, die auf der Transinformation basieren, jedoch einen eindeutig beschränkten Wertebereich aufweisen. Anschließend wird in 4.3.1.2 eine weitere Alternative präsentiert, die die räumliche Verteilung der Elementarereignisse in einem zweidimensionalen Histogramm klassifiziert, um auf diese Weise die betrachteten Signalverläufe zu bewerten. Abgeschlossen wird dieser Abschnitt, mit der Vorstellung des schnittstellenbasierten Entwurfs von ORCA in Abschnitt 4.3.2.

4.3.1. Generieren von Gesundheitssignalen

Das nachfolgend vorgestellte Design zur Generierung von Gesundheitssignalen basiert in seinen Grundzügen auf den in Abschnitt 2.2 vorgestellten Berechnungen. Das Zusammenspiel der einzelnen Klassen, die an der Generierung von Gesundheitssignalen beteiligt sind, ist in Abbildung 4.3 als UML Klassendiagramm dargestellt.

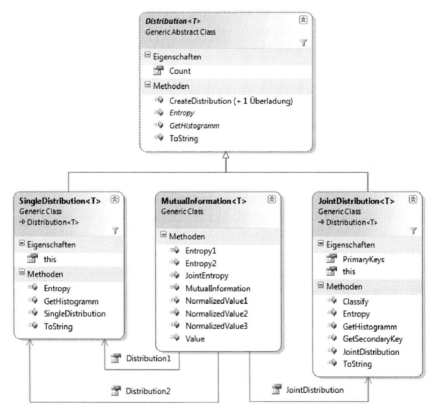

ABBILDUNG 4.3.: Das UML-Klassendiagramm des verwendeten Designs zur Berechnung von Gesundheitssignalen.

Die typisierbare Klasse MutualInformation kapselt in der Methode Value die Berechnung der Transinformation nach Gleichung (2.30), da diese Gleichung nur auf Entropiedaten arbeitet und somit eine nach Verantwortlichkeiten getrennte Abstraktion unterstützt. Die Bestimmung der Transinformation erfolgt im Bezug zur gewünschten Informationsbasis (vergleiche Tabelle 2.1). Die Methoden `NormalizedValue1`, `NormalizedValue2` und `NormalizedValue3` liefern speziell normierte Transinformationen innerhalb eines beschränkten Wertebereichs zurück, auf die in nachfolgenden Abschnitt 4.3.1.1 genauer eingegangen wird.

Für die Berechnung der eigentlichen Transinformation verfügt `MutualInformation` über mehrere Eigenschaften des abstrakten Typs `Distribution`. Diese halten Wahrscheinlichkeitsverteilungen der einzelnen Signale (`Distribution1`, `Distribution2`) und des Verbundsignals (`JointDistribution`) als assoziative Datenfelder bereit. Innerhalb der Klasse `Distribution` kommt die überladene Fabrikmethode `CreateDistribution` zum Einsatz, die entweder eine Wahrscheinlichkeitsverteilung (`SingleDistribution`) oder eine Verbundwahrscheinlichkeitsverteilung (`JointDistribution`) erstellt. Zusätzlich kann mittels der Methode `GetHistogramm` ein zur vorliegenden Wahrscheinlichkeitsverteilung passendes Histogramm gezeichnet werden.

Genaugenommen handelt es sich bei der zuvor genannten Fabrikmethode um eine Alternative zur klassischen Vorgehensweise, bei der ein spezielles Fabrikobjekt mit eigener Fabrikmethode auftritt, welches die Instanziierung unterschiedlicher Objekte unterstützt. Streng genommen entspricht eine solche Umsetzung einer Fabrikmethode nicht der Definition einer Fabrikmethode aus [GHJV94, FFSB04], da die Instanziierung von Objekten nicht mittels einer virtuellen Methode in erbenden Klassen erfolgt. Die vorliegende Alternative zur Fabrikmethode wird daher auch als *Simple Factory* oder *Concrete Factory* bezeichnet [Lar04].

Die Methode `Classify` der `JointDistribution` kann alternativ zur signalnormierten Transinforamtion genutzt werden, um die Ähnlichkeit zweier Signale mittels eines zweidimensionalen Histogramms zu klassifizieren. Hierauf wird in Abschnitt 4.3.1.2 eingegangen.

An dieser Stelle sei für die folgenden Betrachtungen der Transinformation darauf hingewiesen, dass der Zusammenhang

$$I_\alpha(S, R) = I_\alpha(R, S) \tag{4.1}$$

zwar für theoretische Betrachtungen gilt, jedoch nicht in der Praxis. In algorithmischen Umsetzungen kann es abhängig von der Stichprobengröße, der Rechengenauigkeit und ähnlicher Faktoren zu unterschiedlichen Ergebnissen kommen, wenn Signal S mit R oder Signal R mit S verglichen wird.

4.3.1.1. Signalnormierte Transinformation

Für eine bessere Vergleichbarkeit der Transinformation über mehrere Signale werden in diesem Abschnitt weitere Normierungen (sogenannte *Signalnormierungen*) eingeführt. Dabei werden nicht, wie zuvor definiert (siehe Gleichung (2.33) und (2.34)), die beteiligten Signale für die Normierung herangezogen werden, sondern die Transinformation im Bezug auf die Transinformation eines gegebenen Referenzsignals. Die Nachteile, die bei der Betrachtung von nicht-signalnormierten Transinformationen auftreten können, werden im Folgenden anhand eines Beispiels verdeutlicht.

Abbildung 4.4 zeigt die Messwerte der Spannungsversorgung eines Schwenk-Neigekopfs als das Signal S, die resultierende nicht-normierte Transinformation $I_{10}(S, S)$ sowie die nach [LJE+07] normierte Transinformation $\hat{I}_{10}(S, S)$. Wie in 4.4(a) zu erkennen ist, fallen die eigentlichen Werte des betrachteten Signals am Anfang ab und nähern sich zum Ende hin einem semi-statischen Wert. In 4.4(b) ist der zeitliche Verlauf der Transinformation $I_{10}(S, S)$ dargestellt und 4.4(c) zeigt entsprechend die nach [LJE+07] normierte Transinformation $\hat{I}_{10}(S, S)$ bei einer gefensterten Betrachtung von jeweils 100 Messwerten. Aufgrund der Definition der Transinformation in Gleichung (2.30) ist ersichtlich, dass die Transinformation $I_\alpha(S, S)$ eines Signals über sich selbst der Entropie des Signals $E_\alpha(H_S)$ entspricht. Dies erklärt den in 4.4(b) gezeigten Verlauf der Transinformation, da die Entropie des in 4.4(a) gezeigten Signals S über die Zeit abnimmt. Aufgrund der Form der in Gleichung (2.33) angegebenen Normierung ergibt sich $\hat{I}_\alpha(S, S) = \frac{1}{I_\alpha(S,S)}$. In beiden Fällen hängt die Transinformation folglich nur von der Entropie des betrachteten Signals ab. Ein solches Verhalten ist für ein Gesundheitssignal nicht wünschenswert, da selbst bei vollständig identischen Signalverläufen die Transinformation über die Zeit, wie im Beispiel gezeigt, unterschiedliche Werte annimmt.

Gegeben seien die Signale S, R und T. Basierend auf den Gleichungen (2.30), (2.33) und (2.34) sind die *signalnormierten Transinformationen* definiert als

$$I_\alpha^T(S, R) \ := \ \frac{I_\alpha(S, R)}{I_\alpha(T, T)}, \tag{4.2}$$

$$\hat{I}_\alpha^T(S, R) \ := \ \frac{\hat{I}_\alpha(S, R)}{\hat{I}_\alpha(T, T)} \tag{4.3}$$

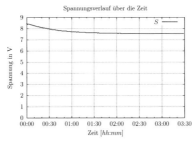

(a) Signal S

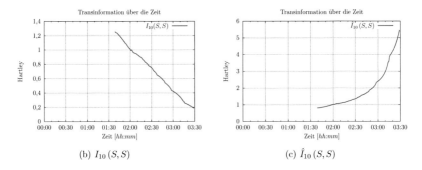

(b) $I_{10}(S, S)$ (c) $\hat{I}_{10}(S, S)$

ABBILDUNG 4.4.: Gezeigt ist ein für Gesundheitssignale unerwünschtes Verhalten bei der Bestimmung der Transinformation eines Signals über sich selbst. In (a) ist die Spannungsversorgung eines Schwenk-Neigekopfs über die Zeit dargestellt. Abbildung (b) und (c) zeigen die nach Gleichung (2.30) und (2.33) bestimmte Transinformation des Signals über sich selbst. Es ist zu erkennen, dass beide Alternativen der Transinformation lediglich durch die Entropie des Signals S bestimmt werden.

und

$$\tilde{I}_\alpha^T (S, R) \;\; := \;\; \frac{\tilde{I}_\alpha (S, R)}{\tilde{I}_\alpha (T, T)}. \tag{4.4}$$

Aufgrund der vorherigen Definitionen (4.2), (4.3) und (4.4) ergibt sich somit

$$I_\alpha^S (S, S) = \hat{I}_\alpha^S (S, S) = \tilde{I}_\alpha^S (S, S) = 1 \tag{4.5}$$

als Referenzwert für die Betrachtung identischer Gesundheitssignale. Dies kommt einem natürlichen Verständnis eines Gesundheitssignals entgegen, nach dem ein Signal verglichen mit sich selbst eine perfekte Übereinstimmung aufweist und somit als völlig gesund angesehen wird. Besonders bei Signalverläufen, die ihre Charakteristika über den zeitlichen Verlauf verändern (wie zum Beispiel das Signal in Abbildung 4.4(a)), ist eine Normierung auf ein Referenzsignal empfehlenswert.

Für die folgenden Betrachtungen wird das Signal T in den Gleichungen (4.2), (4.3) und (4.4) immer mit dem ersten Parameter der jeweils signalnormierten Transinformation gleichgesetzt. Daraus ergeben sich die Spezialfälle

$$I_\alpha^S (S, R) \;\; := \;\; \frac{I_\alpha (S, R)}{I_\alpha (S, S)} \tag{4.6}$$

$$\hat{I}_\alpha^S (S, R) \;\; := \;\; \frac{\hat{I}_\alpha (S, R)}{\hat{I}_\alpha (S, S)} \tag{4.7}$$

und

$$\tilde{I}_\alpha^S (S, R) \;\; := \;\; \frac{\tilde{I}_\alpha (S, R)}{\tilde{I}_\alpha (S, S)}. \tag{4.8}$$

An dieser Stelle sei angemerkt, dass die Gleichungen (4.6) bis (4.8) in dieser Reihenfolge den in Abschnitt 4.3.1 vorgestellten Methoden `NormalizedValue1` bis `NormalizedValue3` entsprechen.

Satz: Für die signalnormierte Transinformation $I_\alpha^S (S, R)$ gilt der Zusammenhang

$$I_\alpha^S (S, R) \;\; = \;\; \frac{I_\alpha (S, R)}{E_\alpha (H_S)}. \tag{4.9}$$

Beweis. Per Definition (4.6) ist die signalnormierte Transinformation $I_\alpha^S(S, R)$ gegeben als

$$I_\alpha^S(S, R) \;=\; \frac{I_\alpha(S, R)}{I_\alpha(S, S)}. \tag{4.10}$$

Die Transinformation $I_\alpha(S, S)$ kann mittels der Gleichung (2.30) aufgelöst werden zu

$$I_\alpha^S(S, R) \;=\; \frac{I_\alpha(S, R)}{E_\alpha(H_S) + E_\alpha(H_S) - \underbrace{E_\alpha(H_{SS})}_{E_\alpha(H_S)}}, \tag{4.11}$$

wobei der Zusammenhang $E_\alpha(H_S) = E_\alpha(H_{SS})$ ausgenutzt wird, um

$$I_\alpha^S(S, R) \;=\; \frac{I_\alpha(S, R)}{E_\alpha(H_S)} \tag{4.12}$$

zu erhalten. $\qquad\qquad\qquad\qquad\qquad\qquad\qquad\qquad\qquad\qquad\qquad\qquad\qquad \square$

Satz: Für die signalnormierte Transinformation $\hat{I}_\alpha^S(S, R)$ gilt der Zusammenhang

$$\hat{I}_\alpha^S(S, R) \;=\; \frac{I_\alpha(S, R)}{E_\alpha(H_R)}. \tag{4.13}$$

Beweis. Aufgrund von Definition (4.7) ist die signalnormierte Transinformation $\hat{I}_\alpha^S(S, R)$ gegeben als

$$\hat{I}_\alpha^S(S, R) \;=\; \frac{\hat{I}_\alpha(S, R)}{\hat{I}_\alpha(S, S)}. \tag{4.14}$$

Der Definition (2.33) folgend, kann die normierte Transinformation aufgelöst werden, sodass sich der Zusammenhang

$$\hat{I}_\alpha^S(S, R) \;=\; \frac{I_\alpha(S, R)}{E_\alpha(H_S)\, E_\alpha(H_R)} \cdot \frac{E_\alpha(H_S)\, E_\alpha(H_S)}{I_\alpha(S, S)} \tag{4.15}$$

ergibt, was wiederum zu

$$\hat{I}_\alpha^S(S, R) \;=\; \frac{I_\alpha(S, R)\, E_\alpha(H_S)}{I_\alpha(S, S)\, E_\alpha(H_R)} \tag{4.16}$$

vereinfacht werden kann. Dabei ist es möglich $I_\alpha(S, S)$ mittels Definition (2.30) aufzulösen, sodass die Gleichung

$$\hat{I}_\alpha^S(S, R) \;=\; \frac{I_\alpha(S, R)\, E_\alpha(H_S)}{\left[E_\alpha(H_S) + E_\alpha(H_S) - \underbrace{E_\alpha(H_{SS})}_{E_\alpha(H_S)} \right] E_\alpha(H_R)} \tag{4.17}$$

resultiert, die unter Ausnutzung des Zusammenhangs $E_\alpha\left(H_S\right) = E_\alpha\left(H_{SS}\right)$ zu

$$\hat{I}_\alpha^S\left(S, R\right) \;=\; \frac{I_\alpha\left(S, R\right) E_\alpha\left(H_S\right)}{E_\alpha\left(H_S\right) E_\alpha\left(H_R\right)} \tag{4.18}$$

und abschließend zu

$$\hat{I}_\alpha^S\left(S, R\right) \;=\; \frac{I_\alpha\left(S, R\right)}{E_\alpha\left(H_R\right)} \tag{4.19}$$

reduziert werden kann. $\qquad\qquad\qquad\square$

Satz: Die signalnormierte Transinformation $\tilde{I}_\alpha^S\left(S, R\right)$ ist darstellbar als

$$\tilde{I}_\alpha^S\left(S, R\right) \;=\; \frac{1}{2}\tilde{I}_\alpha\left(S, R\right). \tag{4.20}$$

Beweis. Die Gleichung (4.20) resultiert direkt aus der Definition (4.8), wobei in der Herleitung

$$\tilde{I}_\alpha^S\left(S, R\right) \;=\; \frac{\tilde{I}_\alpha\left(S, R\right)}{\tilde{I}_\alpha\left(S, S\right)} \tag{4.21}$$

$$=\; \tilde{I}_\alpha\left(S, R\right) \underbrace{\frac{E_\alpha\left(H_{SS}\right)}{E_\alpha\left(H_S\right) + E_\alpha\left(H_S\right)}}_{\frac{1}{2}} \tag{4.22}$$

$$=\; \frac{1}{2}\tilde{I}_\alpha\left(S, R\right) \tag{4.23}$$

der Zusammenhang $E_\alpha\left(H_S\right) = E_\alpha\left(H_{SS}\right)$ ausgenutzt wird. $\qquad\qquad\square$

Satz: Der Wertebereich der signalnormierten Transinformation $I_\alpha^S\left(S, R\right)$ ist beidseitig beschränkt und liegt im Intervall $[0, 1]$.

Beweis. Für die signalnormierte Transinformation $I_\alpha^S\left(S, R\right)$ existiert nach Gleichung (4.9) der Zusammenhang

$$I_\alpha^S\left(S, R\right) \;=\; \frac{I_\alpha\left(S, R\right)}{E_\alpha\left(H_S\right)}. \tag{4.24}$$

Unter Verwendung von Definition (2.30) kann dies umgeformt werden zu

$$I_\alpha^S(S,R) = \frac{E_\alpha(H_S) + E_\alpha(H_R) - E_\alpha(H_{SR})}{E_\alpha(H_S)} \tag{4.25}$$

$$= 1 + \frac{E_\alpha(H_R) - E_\alpha(H_{SR})}{E_\alpha(H_S)} \tag{4.26}$$

$$= 1 - \frac{E_\alpha(H_{SR}) - E_\alpha(H_R)}{E_\alpha(H_S)}. \tag{4.27}$$

Aus Gleichung (2.23) folgt

$$E_\alpha(H_{SR}) - E_\alpha(H_R) \leq E_\alpha(H_S). \tag{4.28}$$

Durch Abschnitt 2.2.5 ist bekannt, dass für beliebige Signale X immer $E_\alpha(H_X) \geq 0$ gilt. Aus dieser Tatsache ergibt sich in Verbindung mit Gleichung (4.28) der Zusammenhang

$$0 \leq \frac{E_\alpha(H_{SR}) - E_\alpha(H_R)}{E_\alpha(H_S)} \leq 1. \tag{4.29}$$

Somit gilt

$$0 \leq I_\alpha^S(S,R) \leq 1. \tag{4.30}$$

$$\square$$

Satz: Der Wertebereich der signalnormierten Transinformation $\hat{I}_\alpha^S(S,R)$ ist beidseitig beschränkt und liegt im Intervall $[0,1]$.

Beweis. Für die signalnormierte Transinformation $\hat{I}_\alpha^S(S,R)$ herscht nach Gleichung (4.13) der Zusammenhang

$$\hat{I}_\alpha^S(S,R) = \frac{I_\alpha(S,R)}{E_\alpha(H_R)} \tag{4.31}$$

Nach Definition (2.30) kann dies umgeformt werden zu

$$\hat{I}_\alpha^S(S,R) = \frac{E_\alpha(H_S) + E_\alpha(H_R) - E_\alpha(H_{SR})}{E_\alpha(H_R)} \tag{4.32}$$

$$= 1 + \frac{E_\alpha(H_S) - E_\alpha(H_{SR})}{E_\alpha(H_R)} \tag{4.33}$$

$$= 1 - \frac{E_\alpha(H_{SR}) - E_\alpha(H_S)}{E_\alpha(H_R)} \tag{4.34}$$

Aus Gleichung (2.23) folgt

$$E_\alpha(H_{SR}) - E_\alpha(H_S) \le E_\alpha(H_R).$$ (4.35)

Analog zum vorherigen Beweis ergibt sich somit

$$0 \le \frac{E_\alpha(H_{SR}) - E_\alpha(H_S)}{E_\alpha(H_R)} \le 1,$$ (4.36)

wodurch letztendlich auch

$$0 \le \hat{I}_\alpha^S(S,R) \le 1$$ (4.37)

gilt.　　　　　　　　　　　　　　　　　　　　　　　　　　　　　□

Satz: Der Wertebereich der signalnormierten Transinformation $\tilde{I}_\alpha^S(S,R)$ ist beidseitig beschränkt und liegt im Intervall $\left[\frac{1}{2}, 1\right]$.

Beweis. Für die signalnormierte Transinformation $\tilde{I}_\alpha^S(S,R)$ ergibt sich auf Basis der Gleichung (4.20) der Zusammenhang

$$\tilde{I}_\alpha^S(S,R) = \frac{1}{2}\tilde{I}_\alpha(S,R),$$ (4.38)

welcher unter Verwendung der Definition (2.34) aufgelöst werden kann zu

$$\tilde{I}_\alpha(S,R) = \frac{1}{2}\frac{E_\alpha(H_S) + E_\alpha(H_R)}{E_\alpha(H_{SR})}.$$ (4.39)

Unter Ausnutzung der Gleichung (2.23) kann die untere Schranke über

$$\frac{E_\alpha(H_{SR})}{E_\alpha(H_{SR})} \le \frac{E_\alpha(H_S) + E_\alpha(H_R)}{E_\alpha(H_{SR})}$$ (4.40)

abgeschätzt werden als

$$\frac{1}{2} \le \tilde{I}_\alpha^S(S,R).$$ (4.41)

Da die Gleichheit $E_\alpha(H_S) + E_\alpha(H_R) = E_\alpha(H_{SR})$ nur für unabhängige Signale gilt, wird der Wert der unteren Schranke nur von unabhängigen Signalen erreicht. Für vollständig abhängige Signale muss per Definition der Zusammenhang

$$E_\alpha(H_S) = E_\alpha(H_R) = E_\alpha(H_{SR})$$ (4.42)

gelten, wodurch sich folglich aus Gleichung (4.39) eine obere Schranke von 1 ergibt. Somit resultiert für die signalnormierte Transinformation $\tilde{I}_\alpha(S, R)$ der Zusammenhang

$$\frac{1}{2} \leq \tilde{I}_\alpha^S(S, R) \leq 1. \tag{4.43}$$

$\square$

Es sei an dieser Stelle darauf hingewiesen, dass im Folgenden der Wertebereich der signalnormierten Transinformation $\tilde{I}_\alpha(S, R)$ zur besseren Vergleichbarkeit mit den anderen signalnormierten Transinformationen auf den Wertebereich $[0, 1]$ skaliert wird.

4.3.1.2. Signalklassifikation

Basierend auf den in Abschnitt 2.2.3 vorgestellten Sachverhalten können Verbundwahrscheinlichkeiten herangezogen werden, um die Ähnlichkeit zweier Signale zu klassifizieren. Wie bereits in vorangegangen Abschnitten erwähnt wurde, ist bei einer perfekten Übereinstimmung der beteiligten Signale in einem zweidimensionalen Histogramm lediglich die Diagonale belegt. Je stärker sich die Signale unterscheiden, desto weiter sind die Einträge über die gesamte Fläche des Histogramms verteilt. Dieser Sachverhalt ist bei einem quadratischen Histogramm mit $x_{\min} = y_{\min}$ und $x_{\max} = y_{\max}$ leicht nachzuvollziehen. Bei identischen Signalverläufen ($X = Y$) ist die Menge der Elementarereignisse des Verbundraums Q_{XX} durch $Q_{XX} = \{(i, i) \mid x_{\min} \leq i \leq x_{\max} \wedge i \in X\}$ gegeben, was der Diagonalen des Histogramms entspricht. Bei abweichenden Signalverläufen (mit gleichbleibenden Rahmenbedingungen) wandern die Einträge im Histogramm mit ansteigender Differenz weiter von der Diagonalen weg.

Abbildung 4.5 zeigt den generellen Aufbau eines zweidimensionalen Histogramms, bei dem zwei Signale X und Y gegeneinander aufgetragen sind. Die Werte $x_{\min}$ und $x_{\max}$ stellen den minimalen und den maximalen Wert des Signals X dar und entsprechend ist das Signal Y durch $y_{\min}$ und $y_{\max}$ beschränkt. Zusätzlich ist die Spanne über den jeweiligen Wertebereich der beiden Signale gegeben als

$$\triangle x = x_{\max} - x_{\min} \tag{4.44}$$

$$\triangle y = y_{\max} - y_{\min}. \tag{4.45}$$

Ein auf diese Weise definiertes Histogramm ist so aufgebaut, dass kein vordefinierter Wertebereich existiert, sondern der Wertebereich durch die beteiligen Signale definiert wird.

Da die beteiligten Signale nicht den gleichen Wertebereich und somit nicht die gleiche Spanne besitzen müssen, sind auch rechteckige Histogramme möglich. Außerdem ist die Diagonale nicht mehr über Elementarereignisse mit identischen Werten definiert, wodurch die Wertebereiche der beteiligten Signale mittels Streckung oder Stauchung aufeinander abgebildet werden. Dies kommt einer Analyse der Signalcharakteristika ohne die Betrachtung von absoluten Werten entgegen.

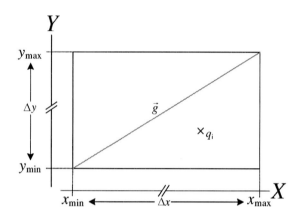

ABBILDUNG 4.5.: Gezeigt ist der generelle Aufbau eines zweidimensionalen Histogramms, bei dem die Signale X und Y gegeneinander aufgetragen sind. Die jeweiligen minimalen beziehungsweise maximalen Werte eines Signals sind über v_{min} und v_{max} für $v \in \{x, y\}$ gegeben. Die jeweilige Spanne beider Signale ist mit $\triangle x$ und $\triangle y$ bezeichnet.

Da sich die Elementarereignisse des Verbundraums zweier Signale durch das kartesische Produkt der Elementarereignisse der Signale ergeben, kann jedem Element des Verbundraums $q_i \in Q_V$ eine eindeutige Position (x_i, y_i) in einer kartesischen Ebene (dem Histogramm) zugeordnet werden. Die Diagonale des Histogramms $\vec{g}$ wird von den Punkten $q_{min} := (x_{min}, y_{min})$ und $q_{max} := (x_{max}, y_{max})$ aufgespannt, wobei $q_{min}, q_{max} \in Q_{XY}$ gilt. Die Gerade $\vec{g}$ ist somit definiert als

$$\vec{g} = \begin{pmatrix} x_{min} \\ y_{min} \end{pmatrix} + \lambda \begin{pmatrix} \triangle x \\ \triangle y \end{pmatrix}. \tag{4.46}$$

Alternativ kann die Gerade $\vec{g}$ auch als eine unendliche Menge G von Punkten betrachtet werden, wobei G durch

$$G = \left\{ g_i \ \middle| \ \begin{pmatrix} x_{min} \\ y_{min} \end{pmatrix} + \lambda \begin{pmatrix} \triangle x \\ \triangle y \end{pmatrix}, \forall \lambda \right\} \tag{4.47}$$

definiert ist.

Aufbauend auf einem zweidimensionalen Histogramm ist es möglich, für jeden Punkt q_i seine minimale euklidische Distanz $\left| \vec{d_i} \right|$ zur Geraden $\vec{g}$ zu bestimmen. Abbildung 4.6 veranschaulicht die Herleitung zur Bestimmung von $\left| \vec{d_i} \right|$.

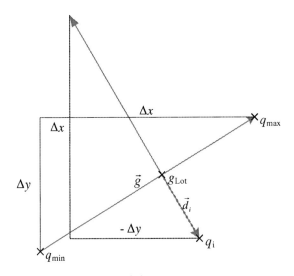

ABBILDUNG 4.6.: Die kürzeste Distanz $\left| \vec{d_i} \right|$ zwischen einem Punkt q_i und einer Geraden $\vec{g}$ befindet sich entlang des Lots des Punkts q_i auf der Geraden.

Die kürzeste Distanz zwischen einem Punkt der Geraden $\vec{g}$ und dem Punkt q_i ergibt sich, wenn es sich bei q_i um den Lotfußpunkt g_{Lot} des Lots zu Punkt q_i auf der Geraden $\vec{g}$ handelt. Da das Lot $\vec{l}$ eine orthogonal auf $\vec{g}$ stehende Gerade darstellt, kann $\vec{l}$ ausgehend von q_i durch

$$\vec{l} \ = \ q_i + \mu \begin{pmatrix} -\triangle y \\ \triangle x \end{pmatrix} \tag{4.48}$$

bestimmt werden.

Der Punkt g_{Lot} ist folglich als der Schnittpunkt zwischen $\vec{g}$ und $\vec{l}$ gegeben. Zur Bestimmung dieses Punkts kann Abbildung 4.7 zusammen mit dem nachfolgenden Satz herangezogen werden.

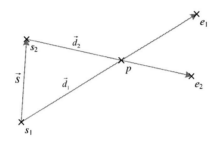

ABBILDUNG 4.7.: Geometrische Rahmenbedingungen zur Bestimmung des Schnittpunkts p zweier beliebiger Geraden.

Satz: Ein möglicher Schnittpunkt p zweier Geraden $\vec{a}$ und $\vec{b}$, die über die Gleichungen

$$\vec{a} = s_1 + t_1\vec{d_1}, \forall t_1 \qquad (4.49)$$

$$\vec{b} = s_2 + t_2\vec{d_2}, \forall t_2 \qquad (4.50)$$

mit

$$\vec{d_i} = \begin{pmatrix} (e_i)_x - (s_i)_x \\ (e_i)_y - (s_i)_y \end{pmatrix}, \forall i \qquad (4.51)$$

gegeben sind, kann über die Bestimmung der Parameter t_1 und t_2 durch

$$t_1 = \frac{s_x(d_2)_y - s_y(d_2)_x}{\tau} \qquad (4.52)$$

$$t_2 = \frac{s_x(d_1)_y - s_y(d_1)_x}{\tau} \qquad (4.53)$$

mit

$$\vec{s} = \begin{pmatrix} (s_2)_x - (s_1)_x \\ (s_2)_y - (s_1)_y \end{pmatrix} = \begin{pmatrix} s_x \\ s_y \end{pmatrix} \qquad (4.54)$$

und

$$\tau = (d_1)_x(d_2)_y - (d_2)_x(d_1)_y \qquad (4.55)$$

ermittelt werden.

Hierbei ist zu beachten, dass für $\tau = 0$ zwei Spezialfälle auftreten, bei denen eine Ermittlung des Schnittpunkts nicht möglich ist. Der erste Fall, in dem die Geraden parallel zueinander liegen, ergibt sich für $\left(s_x(d_i)_y - s_y(d_i)_x\right) \neq 0, \forall i$. Der zweite Fall, bei dem die Geraden koinzident zueinander liegen, tritt für $\left(s_x(d_i)_y - s_y(d_i)_x\right) = 0$ mit $i \in \{1,2\}$ ein.

Beweis. Sofern ein Schnittpunkt p der beiden Geraden $\vec{a}$ und $\vec{b}$ existiert, muss

$$\exists t_1, t_2 : s_1 + t_1 \vec{d_1} = s_2 + t_2 \vec{d_2} \tag{4.56}$$

gelten. Zerlegt in die einzelnen Richtungskomponenten, ergeben sich die Gleichungen

$$(s_1)_x + t_1(d_1)_x = (s_2)_x + t_2(d_2)_x \tag{4.57}$$

$$(s_1)_y + t_1(d_1)_y = (s_2)_y + t_2(d_2)_y. \tag{4.58}$$

Hierauf aufbauend kann Gleichung (4.57) zu

$$t_1 = \frac{s_x + t_2(d_2)_x}{(d_1)_x} \tag{4.59}$$

aufgelöst und in Gleichung (4.58) eingesetzt werden, was

$$(s_1)_y + \frac{s_x + t_2(d_2)_x}{(d_1)_x}(d_1)_y = (s_2)_y + t_2(d_2)_y \tag{4.60}$$

liefert.

Wird Gleichung (4.60) nach t_2 aufgelöst, so ergibt sich

$$t_2 = \frac{s_x + t_2(d_2)_x}{(d_1)_x}\frac{(d_1)_y}{(d_2)_y} - \frac{s_y}{(d_2)_y} \tag{4.61}$$

$$= \frac{s_x(d_1)_y}{(d_1)_x(d_2)_y} + t_2\frac{(d_2)_x(d_1)_y}{(d_1)_x(d_2)_y} - \frac{s_y}{(d_2)_y}, \tag{4.62}$$

was anschließend zu

$$\frac{s_x(d_1)_y}{(d_1)_x(d_2)_y} - \frac{s_y(d_1)_x}{(d_1)_x(d_2)_y} = t_2 - t_2\frac{(d_2)_x(d_1)_y}{(d_1)_x(d_2)_y} \tag{4.63}$$

$$= t_2\left(1 - \frac{(d_2)_x(d_1)_y}{(d_1)_x(d_2)_y}\right) \tag{4.64}$$

umgeformt werden kann. Abschließend folgt für t_2 somit

$$t_2 = \frac{s_x(d_1)_y - s_y(d_1)_x}{(d_1)_x(d_2)_y} \frac{1}{\left(1 - \frac{(d_2)_x(d_1)_y}{(d_1)_x(d_2)_y}\right)} \tag{4.65}$$

$$= \frac{s_x(d_1)_y - s_y(d_1)_x}{(d_1)_x(d_2)_y - (d_2)_x(d_1)_y}. \tag{4.66}$$

Für die Bestimmung von t_1 kann t_2 in Gleichung (4.58) eingesetzt und nach t_1 aufgelöst werden, sodass sich

$$t_1 = \frac{s_y}{(d_1)_y} + \frac{(d_2)_y}{(d_1)_y} \frac{s_x(d_1)_y - s_y(d_1)_x}{(d_1)_x(d_2)_y - (d_2)_x(d_1)_y} \tag{4.67}$$

$$= \frac{s_y\left[(d_1)_x(d_2)_y - (d_2)_x(d_1)_y\right] + (d_2)_y\left[s_x(d_1)_y - s_y(d_1)_x\right]}{(d_1)_y\left[(d_1)_x(d_2)_y - (d_2)_x(d_1)_y\right]} \tag{4.68}$$

$$= \frac{s_x(d_2)_y - s_y(d_2)_x}{(d_1)_x(d_2)_y - (d_2)_x(d_1)_y} \tag{4.69}$$

ergibt.   □

Basierend auf dem zuvor vorgestellten Geradenschnitt lässt sich der Lotfußpunkt g_{Lot} ermitteln, über den sich die Abweichung zwischen der Geraden $\vec{g}$ und dem Punkt q_i zu

$$|\vec{d_i}| = \left| g_{\text{Lot}} + \gamma \begin{pmatrix} -\triangle y \\ \triangle x \end{pmatrix} \right| \tag{4.70}$$

$$= \sqrt{(x_i - x_{\text{Lot}})^2 + (y_i - y_{\text{Lot}})^2} \tag{4.71}$$

ergibt. Eine solche Interpretation der Abweichung hat jedoch zur Folge, dass abhängig von der Position des Lotfußpunkts unterschiedliche Maxima möglich sind. Abbildung 4.8 zeigt diesen Sachverhalt anhand eines Beispiels. Es ist klar zu erkennen, dass für die maximalen Distanzen $\vec{l_i}$ und $\vec{l_j}$ zweier unterschiedlicher Lotfußpunkte die Relation $|\vec{l_i}| < |\vec{l_j}|$ gilt. Für eine Bestimmung der Abweichungen ist ein solches Verhalten nicht wünschenswert, da jedes Element mit dem gleichen Faktor in der Gesamtbetrachtung berücksichtigt werden sollte. Um diesen Effekt zu verdeutlichen sein angenommen, dass im Zuge einer Klassifikation mehrere Elementarereignisse q_d Betrachtung finden, die auf Geraden $\vec{d}$ liegen. Somit gilt nach der vorliegenden Interpretation der Abweichung

$$|d_i| = |d_j| \quad \forall i, j \mid q_i, q_j \in D, \tag{4.72}$$

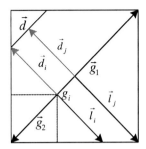

ABBILDUNG 4.8.: Elementarereignisse q_d, die auf der Geraden $\vec{d}$ liegen, weisen die gleiche Distanz zur Geraden $\vec{g}$ auf. Werden jedoch die jeweils maximal möglichen Abweichungen $\vec{l}_i$ und $\vec{l}_j$ mit in Betracht gezogen, zeigt sich eine relationale Abweichung zwischen $\left|\vec{d}_i\right|$ und $\left|\vec{d}_j\right|$. Somit ist es für eine bessere Vergleichbarkeit der einzelnen Abweichungen sinnvoll, die Distanzen relativ zur maximal möglichen Abweichung anzugeben.

wobei D die Punktmenge des Vektors $\vec{d}$ darstellt. Zwar ist Gleichung (4.72) für die Betrachtung absoluter Werte korrekt, jedoch entspricht sie nicht zwingend einem intuitiven Verständnis der Abweichung.

Um einer intuitiven Betrachtung der Abweichung entgegenzukommen, ist eine relationale Auswertung erforderlich. Eine solche Relation wird erreicht, wenn die absolute Distanz $\left|\vec{d}_i\right|$ mittels der korrespondierenden Maximaldistanz $\left|\vec{l}_i\right|$ zur relativen Abweichung

$$n_i := \frac{\left|\vec{d}_i\right|}{\left|\vec{l}_i\right|} \tag{4.73}$$

normiert wird. Die zur Normierung benötigte Maximaldistanz eines Lotfußpunkts g_i kann dabei über den Zusammenhang

$$\left|\vec{l}_i\right| \stackrel{!}{=} \min\left(\left|\vec{g}_1\right|, \left|\vec{g}_2\right|\right) \tag{4.74}$$

bestimmt werden, wobei $\vec{g}_1$ durch

$$\vec{g}_1 = \begin{pmatrix} x_{\min} - (g_i)_x \\ y_{\min} - (g_i)_y \end{pmatrix} \tag{4.75}$$

und $\vec{g}_2$ durch

$$\vec{g}_2 = \begin{pmatrix} x_{\max} - (g_i)_x \\ y_{\max} - (g_i)_y \end{pmatrix} \tag{4.76}$$

gegeben sind.

Es sei an dieser Stelle darauf hingewiesen, dass der Zusammenhang in Gleichung (4.74) nur für quadratische Histogramme mit $\triangle x = \triangle y$ korrekt ist.

Abbildung 4.9 veranschaulicht das Streckenverhältnis eines asymmetrischen Histogramms. Abhängig von der Position des Elementarereignisses q_i treten Über- beziehungsweise Unterabschätzung auf. Im konkreten Fall erfolgt die Normierung mittels des Vektors $\vec{g}_2$ und stellt somit eine Unterabschätzung dar.

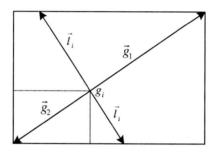

ABBILDUNG 4.9.: Wie die Darstellung zeigt, ist die Bestimmung der maximal möglichen Distanz in asymmetrischen Histogrammen nicht mehr über die vom Lotfußpunkt g_i ausgehenden Vektoren $\vec{g}_1$ und $\vec{g}_2$ bestimmbar. Allerdings liefert das bekannte Vorgehen eine Unter- oder Überabschätzung, die zur Leistungssteigerung als Näherung einer korrekten Lösung genutzt werden kann.

Theoretisch ist auch in Histogrammen mit $\triangle x \neq \triangle y$ eine korrekte Bestimmung der Maximaldistanz möglich, jedoch ist diese deutlich komplexer als die zuvor vorgestellte Bestimmung der Maximaldistanz. Da die Bestimmung des Gesundheitszustands durchaus sehr zeitkritisch sein kann, nutzt die Signalklassifikation aus Laufzeitgründen im Folgenden unabhängig von der Art des Histogramms immer die Gleichung (4.74) zur Bestimmung der Maximaldistanz.

Aufbauend auf den vorangegangen Betrachtungen ist die Ähnlichkeit zweier Signale klassifizierbar als die gewichtete Summe aller relativen Abweichungen der Signale

$$C\left(X,Y\right) \quad := \quad \sum_{i=0}^{n-1} \left(n_i p_i\right), \qquad (4.77)$$

wobei $p_i \in P_{XY}$ über den Verbundraum der beteiligten Signale $H_{xy} = (Q_V, P_{XY})$ gegeben ist. Als Erweiterung dieser Darstellung bietet sich die normierte Version der Signalklassifikation

$$C_\omega(X,Y) := \frac{C(X,Y)}{\omega} \qquad (4.78)$$

an, bei der $C(X,Y)$ mittels eines vorgegebenen Werts ω normiert wird. Dies hat den Vorteil, dass der variierende Wertebereich der Funktion $C(X,Y)$ auf ein gewünschtes Intervall eingeschränkt werden kann. Für eine besser Vergleichbarkeit mit den traninformationsbasierten Gesundheitssignalen ist es sinnvoll, ω so zu belegen, dass der Wertebereich W der Funktion $C_\omega(X,Y)$ als $W = [0,1]$ gegeben ist.

4.3.2. Modellierung von ORCA

Je nach Anwendungsgebiet kann ORCA in Hard- oder Software umgesetzt werden, was ein weites Spektrum an möglichen Realisierungen mit sich bringt. Im Rahmen dieser Arbeit wurde ORCA in Software umgesetzt, wobei die BCUs und die OCUs als (typisierte) Schnittstellen und Gesundheitssignale als Klasse umgesetzt sind. Abbildung 4.10 zeigt das UML Klassendiagramm des eingesetzten ORCA Designs.

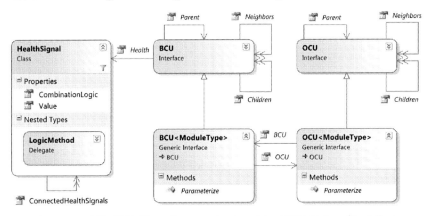

ABBILDUNG 4.10.: UML-Klassendiagramm des eingesetzten ORCA-Designs. (Darstellung entnommen aus [MMG12].)

BCUs und OCUs können mit Objekten des selben Typs in Form einer Sammlung von Nachbarn (*Neighbors*) assoziiert sein. Dies entspricht einer Verknüpfung von ORCA-Modulen auf der selben ORCA-Ebene, wie sie in Abschnitt 2.1.1 vorgestellt wurde. Um den geschichteten Aufbau von ORCA-Ebenen zu ermöglichen, können BCUs, wie auch

OCUs, mit Objekten auf über- oder untergeordneten Ebenen verknüpft werden. Dabei ist zu beachten, dass ein ORCA-Objekt nur ein übergeordnetes Elternteil (*Parent*), jedoch beliebig viele untergeordnete Kinder (*Children*) besitzen kann. Auf die Möglichkeit, mehrere Elternteile zu definieren, wurde bewusst verzichtet, um die Stabilität des Systems nicht zu gefährden. Wäre eine Vielzahl von übergeordneten Objekten erlaubt, so bestünde die Möglichkeit, dass ein untergeordnetes Objekt mit unterschiedlichen Zielsetzungen kontrolliert wird. In einem solchen Szenario ist eine gegenseitige Behinderung der kontrollierenden Objekte nicht auszuschließen.

Im Kontext eines ORCA-basierten Differentialantriebs soll analog zu Abschnitt 2.1.1 der Zusammenhang zwischen ORCA-Modell und objektorientiertem Design veranschaulicht werden. In diesem Beispiel stellt der Differentialantrieb das Elternteil des Motortreibers dar. Dies bedeutet gleichzeitig, dass der Motortreiber ein Teil des Differentialantriebs ist. Der Antrieb ist somit aus mehreren Teilen (den Kindern) zusammengesetzt. Diese Assoziationen sind nicht typisiert, da Objekte unterschiedlichen Typs miteinander assoziiert werden müssen.

Um die beiden Teilmengen von BCUs und OCUs zu vereinen, ist eine explizite Assoziation zwischen BCUs und OCUs erforderlich. Dies wird durch die Typisierung der entsprechenden Schnittstellen erreicht. Die Typisierung erfolgt über den *Modultyp* (`ModuleType`) und ist an dieser Stelle erforderlich, um zu garantieren, dass BCUs nur mit adäquaten OCUs für eine Verhaltensüberwachung assoziierbar sind. Eine BCU-Klasse, die die BCU-Schnittstelle implementiert, muss die Schnittstelle folglich auf ihren eigenen Modultyp anpassen. Entsprechend ist die implementierte Schnittstelle einer OCU-Klasse auf den Modultyp der zu überwachenden BCU-Klasse zu typisieren. Auf diese Weise werden lediglich sinnvolle Assoziationen zwischen BCUs und OCUs zugelassen. Im Kontext des zuvor angesprochen Differentialantriebs bedeutet dies, dass eine OCU des Modultyps `<MotorController>` nur mit einer BCU des Modultyps `<MotorController>` assoziiert werden kann, jedoch nicht mit einer BCU des Modultyps `<DifferentialDrive>`. Listing 4.3 veranschaulicht die erforderliche Typisierung der Schnittstellen anhand eines Programmausschnitts in C#. Die Klasse `Motortreiber` stellt dabei die BCU dar, die von der OCU `OrganicMotorController` überwacht wird. Da beide den identischen Modultyp `<MotorController>` aufweisen, können sie miteinander assoziiert werden.

Die BCU wird mittels der in Abbildung 4.10 dargestellten und in Listing 4.3 skizzierten *Parameterize*-Methode an die jeweilige Situation angepasst. Die Methode akzeptiert eine BCU vom selben Modultyp der implementierenden Klasse und liefert eine gegebenenfalls

modifizierte Version der übergebenen Instanz zurück. Für den beispielhaften Motortreiber innerhalb des Differentialantriebs erwartet die Parameterize-Methode eine BCU des
Modultyps <MotorController> und liefert eine modifizierte BCU desselben Modultyps
zurück. Innerhalb der BCU ist diese Methode nur aktiv, wenn keine OCU assoziiert ist.
Ansonsten wird der Kontrollfluss an die Parameterize-Methode der OCU weitergereicht,
wodurch es der OCU möglich ist, die überwachte BCU zu modifizieren.

LISTING 4.3: Typisierung von implementierten ORCA Schnittstellen.

```
1
2  partial class MotorController  : BCU<MotorController>
3  {
4    public MotorController Parameterize(MotorController BCU)
5    {
6      if (OCU != null) return OCU.Parameterize(BCU);
7      else return this;
8    }
9  }
10
11 partial class OrganicMotorController : OCU<MotorController>
12 {
13   public MotorController Parameterize(MotorController BCU)
14   {
15     // Anpassung durchführen
16   }
17 }
```

Listing 4.4 zeigt eine mögliche Umsetzung der Adaption mittels der Parameterize-
Methode. Die beispielhafte Robot-Klasse verfügt über eine Drive-Methode, die zur Ansteuerung des beiden Räder des Differentialantriebs genutzt werden kann. Innerhalb dieser Methode kann vor der eigentlichen Ansteuerung der Motortreiber die Parameterize-
Methode aufgerufen werden, um die Motortreiber der Situation entsprechend zu parame-
trisieren.

Es ist häufig wünschenswert, unterschiedliche Gesundheitssignale von Teilsystemen zu
kombinieren, oder Abhängigkeiten zwischen Gesundheitssignalen zu definieren. Unter anderem ist dies beispielsweise bei einem Differentialantrieb der Fall, da dort der Gesundheitszustand des gesamten Systems abhängig von den Gesundheitszuständen der einzelnen
Motortreiber ist. Dieser Zusammenhang ergibt sich, weil ein Differentialantrieb nicht fehlerfrei arbeiten kann, wenn seine Komponenten beschädigt sind. Die in Abbildung 4.10 angegebene HealthSignal-Klasse repräsentiert solche (hierarchischen) Gesundheitssignale.

Als Erweiterung der zuvor in Abschnitt 2.1.1.2, 2.2 und 4.3.1 vorgestellten, grundlegenden Berechnungen von Gesundheitssignalen repräsentiert und aggregiert diese Klasse ein oder mehrere Gesundheitssignale. Über die Eigenschaftssammlung `ConnectedHealthSignals` kann eine Instanz dieser Klasse mit anderen Instanzen assoziiert werden. Dies erlaubt die hierarchische Organisation von mehreren Gesundheitssignalen. Die Aggregation der assoziierten Gesundheitssignale erfolgt dabei über die frei definierbare `CombinationLogic`-Methode, welche als Delegat des Typs `LogicMethod` vorliegt. Die Standardbelegung der `CombinationLogic` berechnet den Mittelwert der assoziierten Gesundheitssignale. Die Eigenschaft `Value` verwaltet den eigentlichen Wert des Gesundheitssignals als eine prozentuale Angabe, wobei eine Abfrage des Werts das Minimum des eigenen Gesundheitszustands und der assoziierten Gesundheitszustände zurückgeliefert. Abbildung 4.11 zeigt ein Beispiel anhand von unterschiedlichen `HealthSignal`-Instanzen. In diesem Instanzdiagramm beträgt das interne Gesundheitssignal des Differentialantriebs und des rechten Motortreibers 100 %, jedoch ist der linke Motortreiber leicht beschädigt und weist ein auf 75 % reduziertes Gesundheitssignal auf. Das eigentliche Differentialantriebsmodul arbeitet also, abgesehen von seinen Komponenten, fehlerfrei. Der resultierende Wert seines Gesundheitssignals ergibt sich somit zu $Value = \min\left(100, \frac{75+100}{2}\right) = 87,5$.

LISTING 4.4: Adaption mittels der Parameterize-Methode.

```
1  partial class Robot
2  {
3    MotorController left ,right ;
4    public void Drive(int speedLeft , int speedRight )
5    {
6      left = left.Parameterize(left);
7      right = right.Parameterize(right);
8      // ...
9    }
10 }
```

4.4. Dokumentation des Frameworks

Die Dokumentation einer Softwarearchitektur stellt eine wichtige Anforderung an Softwareprojekte dar. Nach [Zör12] existieren die drei Aspekte

- Architekturarbeit unterstützen
- Architektur nachvollziehbar und bewertbar machen

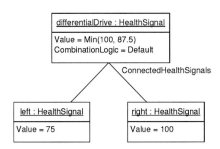

ABBILDUNG 4.11.: Beispielhafte, hierarchische Anordnung von unterschiedlichen HealthSignal-Instanzen eines Differentialantriebs in UML. Der resultierende Wert des Gesundheitssignals differentialDrive beträgt 87,5.

- Umsetzung und Weiterentwicklung leiten

als zentraler Bestandteil einer umfassenden Dokumentation und dienen auch als Orientierungspunkte für die Dokumentation des vorliegenden Frameworks.

Der Dokumentationsprozess des Frameworks [Maa13] erfolgte mittels Sandcastle [Mic10] und dem Sandcastle Help File Builder[Woo12]. Bei Sandcastle handelt es sich um einen Dokumentationsgenerator, der anhand von kompilierten .NET Assemblies und XML-Kommentardateien teilautomatisiert eine Referenzdokumentation erstellt. Die Assemblies werden benötigt, um mittels Reflexion/Introspektion die internen Strukturen, wie beispielsweise Rückgabetypen, der zu dokumentierenden Software zu erkennen. Die Kommentardateien können automatisch aus speziellen XML-Dokumentationskommentaren [Mic12b] im Quelltext generiert werden. Der Vorteil bei dieser Art der Dokumentation liegt darin, dass Dokumentationskommentare direkt in den Quelltext geschrieben werden und somit keine zusätzliches Dokument gepflegt werden muss. Außerdem können die Kommentare im Quelltext auch von einer IDE analysiert werden, um dem Benutzer mit einer automatischen Textvervollständigung und kontextbezogener Hilfe beim Schreiben von Quelltext zu unterstützen.

Es wurde bewusst diese Art der Dokumentation gewählt, da sie in ihrer Erscheinungsform starke Ähnlichkeiten zu den API-Dokumentationen und Sprachbeschreibungen des „Microsoft Developer Network" (MSDN) aufweist. Dies ist von Vorteil, da unter anderem auch die API-Referenz des .NET Frameworks und die Sprachreferenz für C# Bestandteil des MSDN sind. Somit ist ein leichter Einstieg in das als Teil dieser Arbeit entwickelte

Framework zur Robotersteuerung möglich, da auf diese Weise ein einheitliches mentales Modell [Her94] der unterschiedlichen API Referenzen begünstigt wird.

Neben einem einheitlichen mentalen Modell ist es für die Dokumentation eines Frameworks hilfreich, wenn innerhalb der Referenz nicht nur die einzelnen Komponenten für sich betrachtet werden. Erstrebenswert ist eine Darstellung die das Zusammenspiel unterschiedlicher Komponenten widerspiegelt. Geeignet sind hierfür einfache Beispielanwendungen, bei denen besonders auf eine Struktur geachtet werden sollte, die ein intuitives Verständnis der Beispiele erlaubt [Mar12]. Außerdem bieten sich UML-Diagramme [Fow03], wie Klassen- oder Sequenzdiagramme, als Teil der Dokumentation an, um die Architektur des Frameworks visuell zu repräsentieren.

„Das also war des Pudels Kern!"

Johann Wolfgang von Goethe in *Faust. Der Tragödie erster Teil*, Vers 1323

KAPITEL 5

Bewertung des Frameworks

In diesem Kapitel erfolgt eine dreistufige Bewertung des zuvor vorgestellten Frameworks. Die erste Stufe (Abschnitt 5.1) umfasst dabei die Präsentation von Anwendungsfällen und Bereichen, in denen das Framework erfolgreich eingesetzt wurde. Zusätzlich legt der entsprechende Abschnitt die subjektiven Eindrücke der jeweiligen Nutzer in aggregierter Form dar.

Als nächste Stufe (Abschnitt 5.2) erfolgt, aufbauend auf den Metriken aus Abschnitt 2.4, eine qualitative Bewertung des Frameworks. Dies geschieht, aufgrund des Umfangs aller Komponenten, in komprimierter Form. Dabei wird die initiale Betrachtung auf den zusammengefassten Wartbarkeitsindex eingeschränkt. Ein detaillierterer Einblick erfolgt anschließend exemplarisch am Beispiel der in Kapitel 4 vorgestellten Klassen zur Generierung von Gesundheitssignalen. Diese Vorgehensweise wird verfolgt, da eine umfassende klassen- oder methodenzentrierte Betrachtung der Metriken des gesamten Frameworks außerhalb des Fokus dieser Arbeit liegt.

Abgeschlossen wird dieses Kapitel mit einer detaillierten Betrachtung der im Framework vorhandenen Methoden zur Generierung von Gesundheitssignalen in Abschnitt 5.3. Hierzu erfolgt in einer Vielzahl von unterschiedlichen Szenarien die Bestimmung der jeweiligen Gesundheitssignale, welche anschließend mit einem Referenzmaß verglichen und bewertet werden. Somit stellt dieser Abschnitt auch den Kernbereich der eigentlichen Bewertung dar.

5.1. Anwendungen in der Praxis

Das Framework und die in Kapitel 3 vorgestellte Hardware werden seit 2009 kontinuierlich für Lehrtätigkeiten an der Universität zu Lübeck eingesetzt. Eines der Hauptanwendungsgebiete stellt in diesem Zusammenhang die Vorlesung „Mobile Roboter" [Mae13] dar, im Zuge derer Studenten vorlesungsbegleitend unterschiedliche Algorithmen auf Basis des Frameworks eigenständig implementieren. Dies beinhaltet unter anderem verhaltensbasierte Programmierung bei Verwendung von Verhaltensarbitrierung sowie die Berechnung von Vektorfeldern im Bereich des Motorschemas [Ark98]. Weitere Aufgaben decken das kamerabasierte Erkennen von strukturierten Landmarken und die kooperative beziehungsweise kompetitive Interaktion mehrerer Roboter ab. Durch vorlesungsbegleitende Evaluationsprozesse und persönliche Befragungen von Studenten konnte wiederholt die Akzeptanz der Studenten verifiziert werden. Grundsätzlich erzielte das Framework in diesem Zusammenhang positive Rückmeldungen. Größtenteils erfreuten sich dabei die Klarheit des Frameworks sowie die kurzen Einarbeitungszeiten, die erforderlich sind um unterschiedliche Aufgaben zu bewältigen, großer Beliebtheit.

Des Weiteren wurden ähnlich positive Resultate während eines praktischen Tutoriums im Zuge der Veranstaltung „Cooperating Objects Network Of Excellence Summer School 2010" auf Schloss Dagstuhl erzielt. Das Thema dieses Tutoriums war die Einführung in die Kontrolle und Steuerung mobiler Roboter und die Kooperation von Robotern und Sensornetzen. Die zu erfüllende Aufgabe bestand darin, einen mit einem Sensorknoten ausgestatteten Roboter bestimmte Bereiche patrouillieren zu lassen, sofern zuvor vom Sensornetz ein Alarm ausgelöst wurde.

Neben den oben genannten Einsatzgebieten wurden mehrere Roboter in einem größeren Projekt von Studenten, unter Verwendung des Frameworks, programmiert. Die Aufgabe bestand darin die Roboter als Team in einer vorab definierten Formation zu steuern. Der vorgegebene Lösungsansatz orientierte sich an dem in [FM02] vorgestellten Verfahren.

Somit stellt ein Sensor, der die Distanz und den Winkel zu einem gegebenen Ziel bestimmen kann, eine grundlegende Anforderung dar. Im konkreten Fall wird eine Kombination aus Distanzsensoren und einer Kamera auf einem Schwenk-Neigekopf in Verbindung mit speziellen Farbmarkern eingesetzt. Über den Schwenkwinkel wird die Winkellage des Ziels α bestimmt, wobei der Neigewinkel eine grobe Näherung der Distanz zum Ziel δ liefert. Zusätzlich kann diese gegebenenfalls mittels der Distanzsensoren verfeinert werden.

In Abbildung 5.1 wird die Definition von unterschiedlichen Formationen anhand zweier Beispiele veranschaulicht. Die Roboter sind schematisch als Kreise mit einer Kennung dargestellt, wobei die Orientierung der Roboter durch eine gestrichelte Linie angedeutet ist. Teilabbildung 5.1(a) zeigt eine Kolonne, bei der alle folgenden Roboter die gleiche Distanz zu ihrem Vordermann halten und direkt auf diesen ausgerichtet sind ($\alpha = 0$). Der Aufbau einer Keilformation ist der Teilabbildung 5.1(b) zu entnehmen. Auch in diesem Fall halten alle folgenden Roboter die gleiche Distanz zum direkten Vorgänger, jedoch wird die eigene Bewegung so geregelt, dass das Ziel unter Winkel $\pm\alpha$ wahrgenommen wird.

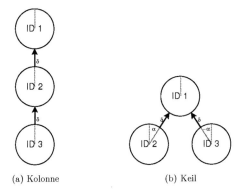

(a) Kolonne   (b) Keil

ABBILDUNG 5.1.: Die beiden Teilabbildungen (a) und (b) zeigen unterschiedliche Formationen, die sich ergeben, wenn für jeden Roboter die Parameter $\phi \in \{\text{ID 1}, \text{ID 2}, \dots\}$, $\delta \in \mathbb{R}^+$ und $-\pi \le \alpha \le \pi$ entsprechend gesetzt werden.

Um eine beliebige Formation zu definieren, muss für jeden Roboter das Tupel

$$\begin{pmatrix} \phi \\ \delta \\ \alpha \end{pmatrix}$$

festgelegt werden, wobei $\phi \in \{\text{ID 1}, \text{ID 2}, \ldots\}$, $\delta \in \mathbb{R}^+$ und $-\pi \leq \alpha \leq \pi$ gilt. Physikalische Eigenheiten, wie die Auflösung beziehungsweise Reichweite der Distanzsensoren oder der Arbeitsbereich des Schwenk-Neigekopfs, schränken δ und α in der Praxis meist weiter ein.

Abbildung 5.2 zeigt, wie die Formationen aus Abbildung 5.1 von realen Robotern eingenommen werden. In beiden Fällen folgt der anführende Roboter einem speziellen Marker, der von einem Menschen getragen wird. Die Teilabbildungen 5.2(a), 5.2(c) und 5.2(e) zeigen eine Kolonnenformation. Dabei folgt der Roboter mit der roten Markierung (2) dem Roboter mit der grünen Markierung (1), welcher wiederum dem Marker folgt, der von einem Menschen getragen wird. Die Teilabbildungen 5.2(b), 5.2(d) und 5.2(f) zeigen eine Keilformation, bei der die Roboter (1) und (3) dem Rot markierten Roboter (2) folgen.

Neben den bereits genannten Beispielen, die eher in dem Bereich einer weichen Evaluation einzuordnen sind, werden im folgenden Abschnitt 5.2 Ergebnisse von ausgewählten Softwaremetriken betrachtet. Daran anschließend erfolgt in Abschnitt 5.3 eine detaillierte Auswertung der in Abschnitt 4.3.1 vorgestellten Verfahren zur Bestimmung des Gesundheitszustands. Im Gegensatz zur metrikgestützten Betrachtung, mit der die Qualität des Frameworkdesigns bewertete wird, steht in Abschnitt 5.3 eine experimentelle Betrachtung der entwickelten Verfahren im Vordergrund.

5.2. Softwaremetriken der Systemarchitektur

Wie bereits erwähnt wurde, ist an dieser Stelle lediglich eine stark aggregierte Betrachtung der Metrikwerte des Frameworks sinnvoll, da ein höherer Detailgrad außerhalb des Fokus dieser Arbeit liegt. Als Kompromiss zwischen Abstraktion und Detailgrad erfolgt eine etwas ausführlichere Betrachtung der Metriken am Beispiel des in Abschnitt 4.3 vorgestellten ORCA-Teilbereichs des Frameworks.

Für eine schnellere Eingruppierung der Ergebnisse werden im Folgenden farbliche Kodierungen verwendet. Hierfür kommen die drei Farben Grün, Gelb und Rot zum Einsatz. In Tabelle 5.1 sind die verwendeten Schwellwerte für die betrachteten Metiken angegeben. Die Kategorie Grün steht für Quelltext, der als unbedenklich im Sinne der Metriken angesehen werden kann. Bereiche, die als Gelb bewertet werden, sollten in den meisten Fällen noch einmal überprüft werden, da möglicherweise Entwurfsfehler vorliegen könnten. In der Praxis sind vereinzelte Vorkommen dieses Typs durchaus vertretbar, sofern sie

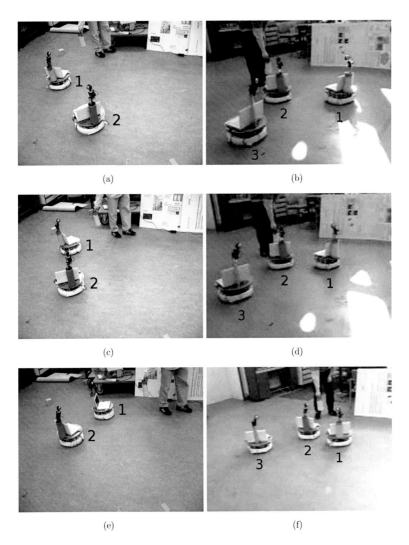

ABBILDUNG 5.2.: Der zeitliche Verlauf zweier beispielhafter Formationen, die von einem Roboterteam eingehalten werden. Teilabbildung (a), (c) und (e) zeigen eine Kolonnenformation und (b), (d) und (f) zeigen eine Keilformation. Der Anführer beider Teams folgt einem Farbmarker, der von einem Menschen getragen wird. (Darstellung entnommen aus [MM12a].)

noch einmal verifiziert wurden und es einen vernünftigen Grund für den erhöhten Wert gibt. Die Bewertung Rot sollte durchgängig vermieden werden, da bei dieser Klasse fast zwingend von zukünftigen Problemen auszugehen ist.

TABELLE 5.1.: Auflistung der zur Bewertung des Frameworks eingesetzten Schwellwerte. Grün stellt dabei eine unbedenklichen Bereich dar, in dem der Quelltext keine offensichtlichen Schwachstellen aufweist. Gelb beschreibt einen Bereich, der in vielen Fällen noch unbedenklich sein kann, jedoch eine kritischere Überprüfung nach sich ziehen sollte. Die Klasse Rot steht für Quelltext, bei dem von zukünftigen Problemen auszugehen ist.

Metrik	Grün	Gelb	Rot
Zyklomatische Komplexität (CC)	0-10	11-20	≥ 21
Kopplung zwischen Objekten (CBO)	0-9	10-30	≥ 31
Vererbungstiefe (DIT)	0-2	3-4	≥ 5
Wartbarkeitsindex (MI)	20-100	10-19	≤ 9

Bei einer Betrachtung der jeweiligen Metriken ist ersichtlich, dass sich die einzelnen Wertebereiche grundsätzlich an den in Abschnitt 2.4 vorgestellten Schwellwerten orientieren. Aufbauend auf der Tabelle 2.3 sind beispielsweise die CC-Schwellwerte für geringes und mittleres Risiko direkt auf die Kategorien Grün und Gelb übertragbar, jedoch wurden hohes und sehr hohes Risiko in der Klasse Rot zusammengefasst. Im Fall des MI sind die Werte sogar exakt identisch zu den in Abschnitt 2.4.6 vorgestellten Stufen. Bei der CBO lieferte die Literaturstudie lediglich Schwellwerte für gute Werte, die in diesem Fall der Klassifikation Grün entsprechen. Die hier angegebenen Bereiche für die Kategorien Gelb und Rot orientieren sich am Code Metrics Viewer Projekt [Fri13]. An der selben Quelle orientieren sich die Bereiche der DIT, für die in der Literatur keine allgemeingültigen Schwellwerte bekannt sind.

Da der MI auf den Ergebnissen mehrerer Metriken aufsetzt, dient er im Rahmen der nachfolgenden Auswertung als die höchste Abstraktionsebene der metrikgestützten Bewertung. Tabelle 5.2 zeigt die MI-Werte für die unterschiedlichen Bereiche (*Namensraum*) des Frameworks. Grundsätzlich ist zu erkennen, dass sich die MI-Wert aller Namensräume in einem sehr hohen Bereich bewegen, was somit für eine gute Wart- und Erweiterbarkeit des gesamten Frameworks spricht.

Für ein besseres Verständnis der Namensräume, denen teilweise deren abstrakte Bezeichner gegenüberstehen, wird an dieser Stelle ein kurzer Überblick über den Inhalt der einzelnen Namensräume gegeben. Der Robot-Namensraum stellt die Wurzel der vorhandenen Bereiche des Frameworks dar und beinhaltet lediglich einige Definitionen für Schnittstellen

TABELLE 5.2.: Überblick über die MI-Werte aller im Framework vorkommenden Namensräume. Die deutlich im grünen Bereich angesiedelten Ergebnisse der Metrik weisen auf eine gute Wart- und Erweiterbarkeit des gesamten Frameworks hin.

Namensraum	MI
Robot	99
Robot.CustomInterfaces	92
Robot.Geometry	86
Robot.ORCA	85
Robot.Sensing	80
Robot.Simulation	93
Robot.Tools	79

und Delegaten. In Robot.CustomInterfaces finden sich Klassen, die eine Kommunikation mittels bestimmter Protokolle oder Schnittstellen realisieren. Dies beinhaltet unter anderem die Datenübertragung zum UID (siehe Kapitel 3). Darauf aufbauend hält dieser Namensraum auch Klassen zur Kommunikation mit den dort vorgestellten Sensoren und Aktoren sowie der mobilen Roboterplattform bereit. Aufgaben, wie das Verwalten und Erstellen von Hüllkörpern, die Berechnung von geometrischen Schnitten zwischen Linien und Kreisen sowie komplexeren Strukturen, Vektorarithmetik und Verwaltung von Posen werden durch die Klassen des Robot.Geometry-Namensraums abgedeckt. Unter dem Bezeichner Robot.ORCA werden unter anderem die bereits in Abschnitt 4.3 vorgestellten Klassen zur Umsetzung ORCA-spezifischer Funktionen (wie z.B. OCUs, BCUs oder die Bestimmung von Gesundheitssignalen) zusammengefasst. Im Robot.Sensing-Namensraum finden sich Klassen zur Bildverarbeitung und allgemeineren Aggregation von Sensordaten. Dies umfasst auch die zeitliche Koordination der sensorischen Komponenten. Zum jetzigen Zeitpunkt beinhaltet der Robot.Simulation-Namensraum größtenteils Schnittstellendefinitionen und einige Basisklassen, die eine Grundlage für die zweidimensionale Simulation von differentialgetriebenen Robotern und deren Sensoren bilden können. Abschließend werden unter Robot.Tools alle Klassen zusammengefasst, die grundlegende Funktionen für das gesamte Framework bereitstellen. Dies beinhaltet Klassen zur Datenverwaltung, Interpolation, Extrapolation, Arbitrierung, Reflexion/Introspektion und der Verwaltung von konkurrierenden Programmabläufen.

Da die Bewertung ganzer Namensräume einen vergleichsweise hohen Abstraktionsgrad aufweist, findet an dieser Stelle zusätzlich eine detaillierte Betrachtung des Robot.ORCA-Namensraums statt. Diese gesonderte Aufschlüsselung erfolgt, um somit einen beispielhaf-

ten Einblick in die weniger abstrakten Metriken zu gewähren. Dieser spezifische Namensraum eignet sich für ein solches Beispiel, da die meisten der von ihm beinhalteten Klassen
bereits aus Abschnitt 4.3 bekannt sind. Auf eine detaillierte Betrachtung aller Namensräume wird im Folgenden jedoch verzichtet, da ansonsten zu weit vom eigentlichen Fokus
der Arbeit abgewichen wird.

Tabelle 5.3 zeigt MI, CC, DIT und CBO für die einzelnen Klassen des `Robot.ORCA`-
Namensraum. Bis auf die Klassen `ORCATools` und `ORCATools<T>`, die das Verknüpfen
von BCUs und OCUs vornehmen, sind die bewerteten Klassen bereits aus Abschnitt 4.3
bekannt. Insgesamt deckt der betrachtete Namensraum somit die Generierung und Verwaltung von Gesundheitssignalen sowie die Verwaltung und Orchestrierung von ORCA-
Modulen ab.

TABELLE 5.3.: Gezeigt ist ein metrikgestützter Überblick über den `Robot.ORCA`-
Namensraum. Bis auf zwei erklärbare Ausreißer (gelb) liegen die präsentierten Metriken
deutlich im grünen Bereich. Diese detailliertere Betrachtung des Namensraums liefert somit eine ähnliche Qualitätseinstufung, wie Tabelle 5.2 und unterstreicht somit die positive
Bewertung des Frameworkdesigns.

Klasse	MI	CC	DIT	CBO
`Distribution<T>`	89	10	1	8
`HealthSignal`	77	44	1	4
`JointDistribution<T>`	65	51	2	21
`MutualInformation<T>`	88	14	1	5
`ORCATools`	63	6	1	4
`ORCATools<T>`	68	3	1	2
`SingleDistribution<T>`	68	17	2	18

Bei einer Betrachtung der klassenspezifischen MI-Werte fällt auf, dass sie teils über und
teils unter der Bewertung des gesamten Namensraums liegen. Dies lässt sich über die
Definition des Wartbarkeitsindex erklären. Wie bereits in Gleichung (2.52) angegeben,
basiert der MI unter anderem auf den Programmzeilen und dem Halstead-Volumen, welches seinerseits aus den verwendeten Operatoren und Operanden hervorgeht. In diesem
Zusammenhang gilt für alle Klassen eines Namensraums, dass deren Werte nicht größer
als die Werte des Namensraums sein können, da alle Klassen jeweils Teilmengen des Namensraums sind. Da über die Klassen jedoch keine Gleichverteilung der Programmzeilen
und der Operatoren des Namensraums vorliegt, kommt es folglich zu leichten Variationen
der jeweiligen MI-Werte.

Offensichtlich sind die dargestellten CC-Werte größtenteils außerhalb des Intervalls $[0, 10]$, jedoch trotzdem als Grün markiert. Dies mag auf den ersten Blick widersprüchlich erscheinen, allerdings stellt die CC-Bewertung von Klassen eine Besonderheit dar. Üblicherweise findet die CC eher bei der Betrachtung einzelner Methoden Verwendung, da jede Methode einen logisch zusammenhängenden Teilbereich einer Klasse darstellt, der einzeln nachvollzogen werden muss. In diesem Sinne stellen die Methoden einer Klasse ihre atomaren Bestandteile dar. Theoretisch können diese als weitere Verzweigungen im möglichen Programmfluss interpretiert werden. Dieser Interpretation folgend, ergibt sich der CC-Wert einer Klasse aus der Summe der einzelnen Methoden. Da dies jedoch nur in den seltensten Fällen dem tatsächlichen Programmfluss entspricht, ist eine Betrachtung auf dieser Ebene meist nicht sonderlich sinnvoll. Der in der Tabelle angegebene Wert bezieht sich daher zwar auf die Summe der CC-Werte aller Methoden, jedoch gibt die farbliche Markierung das Maximum der einzelnen Werte an. Somit kann aus der Tabelle 5.3 herausgelesen werden, dass die zyklomatische Komplexität sämtlicher Methoden der betrachteten Klassen im grünen Bereich liegt.

Insgesamt unterstreicht die klassenbasierte Betrachtung des `Robot.ORCA`-Namensraums den positiven Eindruck, der sich bereits bei der abstrakteren Betrachtung in Tabelle 5.2 ergab. Die einzigen Auffälligkeiten der detaillierteren Betrachtungsebene sind leicht erhöhte CBO-Werte im Bereich der Wahrscheinlichkeitsverteilungen (`SingleDistribrution<T>` und `JointDistribution<T>`). Diese Werte lassen sich dadurch erklären, dass beide betroffenen Klassen das Zeichnen von Histogrammen unterstützen, was eigentlich über den Fokus ihrer Zuständigkeit hinausgeht. Die logische Konsequenz wäre daher ein Refaktorierungsschritt, bei dem diese Funktionalität in dedizierte Klasse ausgelagert wird. Auf diesen Schritt wurde im vorliegenden Fall jedoch verzichtet, da das Zeichnen von Histogrammen prinzipiell keine Notwendigkeit für das Framework oder ORCA darstellt. Vielmehr wurde diese Funktionalität im Zuge der vorliegenden Arbeit erforderlich, da gewisse Zusammenhänge besser mit entsprechenden Histogrammen visualisiert werden können. In einer weiteren Iteration des Frameworks wäre daher das Entfernen der besagten Funktionen sinnvoll. Durch das Wegfallen der entsprechenden Funktionen würde folglich die Abhängigkeit zu anderen Klassen gesenkt (zum Beispiels Bilddatenverarbeitung), was in gesenkten CBO-Wert resultieren würde.

Zusammenfassend lässt sich sagen, dass die Metriken deutliche Kennwerte liefern, die für die Wart- und Erweiterbarkeit des Frameworks sprechen. Somit kann das Frameworkdesign insgesamt als positiv bewertet werden.

5.3. Qualität der Gesundheitssignalgenerierung

Im Folgenden wird eine Auswertung der in Abschnitt 4.3.1 vorgestellten Verfahren zur Generierung von Gesundheitssignalen präsentiert. Diese stützt sich dabei sowohl auf artifizielle, als auch auf natürliche Signalverläufe.

In neun Basisszenarien gruppiert werden die Ergebnisse von insgesamt über 160 Experimenten mit variierenden Parametern präsentiert. Die einzelnen Szenarien unterscheiden sich durch unterschiedliche Situationen und variierende Charakteristika der beteiligten Signale. Abhängig von ihrer Länge werden zwei Szenarien mit vier Parametersätzen, sechs Szenarien mit 20 Parametersätzen und ein Szenario mit 34 Parametersätzen betrachtet, wobei jeder Versuchsdurchlauf 24 Signalverläufe beinhaltet. Somit basieren die folgenden Betrachtung auf ungefähr 4000 Signalverläufen. Da eine Präsentation sämtlicher Resultate den Rahmen dieser Arbeit bei weitem überschreiten würde, erfolgt die Vorstellung der Ergebnisse anhand von ausgewählten Beispielen.

Neben den zuvor erwähnten Untersuchungen werden in Abschnitt 5.3.15 weitere Ergebnisse präsentiert, die auf der Bewertung von Bilddatenströmen basieren. Hierbei erfolgt die Bestimmung der Gesundheitssignale anhand zweier aufeinanderfolgender Bilder, die als Signale interpretiert und zur Bestimmung des Gesundheitszustands genutzt werden.

Um die möglichen Alternativen zur Generierung von Gesundheitssignalen nicht nur untereinander zu vergleichen, wird in Abschnitt 5.3.1 zunächst die *Summe absoluter Differenzen* als Referenzmaß zur Bewertung der generierten Gesundheitssignale vorgestellt. Diese bietet sich für die Aufgabe an, da sie eine vergleichsweise simple, jedoch effiziente Methode zur Bewertung der Ähnlichkeit zweier Signalverläufe darstellt. Anschließend wird der generelle Aufbau aller Szenarien in Abschnitt 5.3.2 im Detail beschrieben. Außerdem wird in diesem Zusammenhang auf die Belegung des Normierungsparameters ω eingegangen, der bei der Signalklassifikation und dem Referenzmaß zum Einsatz kommt. Im weiteren Verlauf werden die in Abschnitt 2.2 vorgestellten Transinformationen mit signalnormierten Transinformationen aus Abschnitt 5.3.3 verglichen und bewertet. Als Nächstes erfolgt in Abschnitt 5.3.4 eine Betrachtung der generellen Einschränkungen, die in der Konstruktion der Transinformation begründet liegen und als negativer Effekt in mehreren Szenarien auftreten. Die Abschnitte 5.3.5 bis 5.3.13 gehen detailliert auf die einzelnen Szenarien mit ihren jeweiligen Signalverläufen ein und bewerten die unterschiedlichen Methoden zur Generierung von Gesundheitssignalen. Die Menge der bewerteten Signale setzt sich dabei aus generierten und real gemessenen Daten zusammen. Szenarioübergreifend findet in Abschnitt 5.3.14 eine Betrachtung der Auswirkung der Fenstergröße (siehe Abschnitt 5.3.2) auf die Gesundheitssignale statt. Zusätzlich zu den vorangegangenen Szenarien betrachtet Abschnitt 5.3.15 die Einsetzbarkeit der Gesundheitssignale zur Detektion von Änderungen in Bilddatenströmen. Abschließend liefert Abschnitt 5.3.16 einen aggregierten Überblick über die zuvor gemachten Beobachtungen.

5.3.1. Referenzmaß: Summe absoluter Differenzen

Die Ähnlichkeit zweier Signale kann bestimmt werden, indem über die beteiligten Messwertpaare eine Summe absoluter Differenzen (SAD) gebildet wird. Für zwei Signale $S = (s_0, s_1, \ldots, s_{t-1})$ und $R = (r_0, r_1, \ldots, r_{t-1})$ ist die SAD (S, R) der beiden Signale definiert als

$$\text{SAD}(S, R) := \sum_{i=0}^{t-1} |s_i - r_i|. \tag{5.1}$$

Teilweise sind außerdem normierte Varianten der SAD üblich, die auch als normalisierter absoluter Fehler (Englisch „Normalized Absolute Error", NAE) bezeichnet und beispielsweise in [DR11] eingesetzt werden. Der NAE (S, R) zweier Signale S und R ist über

$$\text{NAE}(S, R) := \frac{\text{SAD}(S, R)}{\sum_{i=0}^{t-1} |s_i|} \tag{5.2}$$

gegeben.

Es ist leicht ersichtlich, dass der Wertebereich der SAD lediglich einseitig beschränkt ist und den Bereich $[0, \infty)$ abdeckt. Beim NAE wird das Wachstum der SAD zwar gemindert, jedoch wird der Wertebereich nicht eingeschränkt. Die Minderung des Funktionswachstums erleichtert zwar den Vergleich von mehreren Alternativen im Bezug zu einer Referenz, jedoch sind sowohl SAD, als auch NAE in dieser Form für einen direkten Vergleich mit Gesundheitssignalen ungeeignet. Es sei in diesem Zusammenhang auch darauf hingewiesen, dass für entsprechend gewählte ω_1 und ω_2 trivialerweise die Gleichung

$$\frac{\text{SAD}(S, R)}{\omega_1} = \frac{\text{NAE}(S, R)}{\omega_2} \tag{5.3}$$

gilt. Daher wird aufbauend auf der SAD und analog zur Klassifikation aus Abschnitt 4.3.1.2, eine auf ω normierte Version der SAD als

$$\text{SAD}_\omega(S, R) := \frac{\text{SAD}(S, R)}{\omega} \tag{5.4}$$

definiert, die in den weiteren Betrachtungen Verwendung findet.

5.3.2. Beschreibung des allgemeinen Aufbaus der Szenarien

Ein Szenario betrachtet jeweils den Verbund dreier unterschiedlich belegter Signale S, R_1 und R_2. Dabei stellte das Signal S jeweils das festgelegte Optimum in der gegeben Situation dar, das Signal R_1 ein zu S ähnliches, fehlerfreies Signal und R_2 zeichnete sich durch ein von S abweichendes Fehlverhalten aus, welches jeweils ungefähr nach der Hälfte des Signalverlaufs auftritt. Abbildung 5.3 veranschaulicht diesen Sachverhalt anhand eines Beispiels. Es ist zu sehen, wie die beiden Werte der fehlerfreien Signale um einen gewissen Pegel herum rauschen. Auch für das fehlerhafte Signal ist dies anfangs der Fall, jedoch fallen dessen Werte nach der Hälfte der Signaldauer auf einen geringeren Pegel ab.

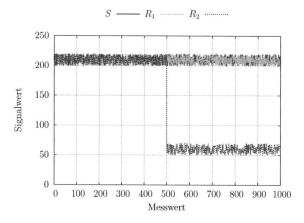

ABBILDUNG 5.3.: Die drei Signale S, R_1 und R_2 werden gleichzeitig betrachtet. Signal S und R_1 sind fehlerfrei und zeigen ein ähnliches Verhalten, wohingegen das Signal R_2 nach der Hälfte des Signalverlaufs (500. Messwert) ein Fehlverhalten offenbart, bei dem das Signal auf einen niedrigeren Pegel abfällt.

Die Anzahl der Messwerte in einem Szenario hängt davon ab, ob es sich um ein artifizielles oder ein reales Szenario handelt. In einem realen Szenario ist die Anzahl durch den eigentlichen Versuch limitiert, wohingegen in den artifiziellen Szenarien die Messwerte durch Funktionen generiert werden und die Anzahl somit frei belegbar ist. Für die folgenden Betrachtungen ist die Anzahl der Messwerte bei artifiziellen Signalen auf 1000 festgesetzt. Die realen Szenarien variieren zwischen 210 und 1716 Messwerten pro Signal.

Da reale Daten nahezu immer einen bestimmten Rauschfaktor beinhalten, erfolgt die Signalgenerierung bei artifiziellen Signalverläufen mit einem verrauschten Anteil. Für diese

Aufgabe sei für die folgenden Betrachtungen die pseudozufällige Rauschfunktion r mit

$$r : (l, u) \mapsto x \mid l \leq x \leq u \tag{5.5}$$

angenommen, die Pseudozufallszahlen mit gleicher Wahrscheinlichkeit aus einer endlichen Menge von Zahlen auswählt. Eine mögliche Realisierung der benötigten Funktion r stellt die C#-Klasse *Random* [Mic13c] dar, die auf einem subtraktiven Zufallszahlengenerator [Knu81] basiert. Somit sind die durch r generierten Zahlen nicht völlig zufällig, da sie durch einen endlichen mathematischen Algorithmus erzeugt werden, jedoch im Rahmen der folgenden Betrachtung ausreichend. Als Kurzform wird im Folgernden auch der Ausdruck

$$p \pm n\% = r\left(p - p * \frac{n}{100}, p + p\frac{n}{100}\right) \tag{5.6}$$

verwendet, wobei p einen gewissen Grundwert angibt und n die maximal mögliche prozentuale Abweichung um p darstellt. Es sei an dieser Stelle außerdem darauf hingewiesen, dass ein gewisser Rauschanteil nicht als grundsätzlicher Fehler angesehen wird, sofern es sich dabei um ein charakteristisches Rauschen handelt. Dies bedeutet, dass Rauschen nur als Fehler interpretiert wird, wenn es eine Abweichung vom Normalzustand darstellt.

Im Zuge einer zeitlichen Betrachtung des Verlaufs der Gesundheitssignale ist es erforderlich, jeweils begrenzte Intervalle der Signalverläufe zu bewerten. Ein solches Intervall wird auch als Fenster und der gesamte Vorgang entsprechend als Fensterung bezeichnet. Die Bestimmung der relevanten Daten erfolgt dabei lediglich anhand der Messwerte, die sich momentan im Fenster befinden. Werte, die außerhalb des gefensterten Bereichs liegen, finden keine Beachtung. Abbildung 5.4 veranschaulicht das Prozedere anhand eines einfachen Beispiels. Die Fenstergröße F ist in diesem Fall auf $F = 3$ festgelegt. Es ist zu beobachten, dass das erste Resultat erst mit einem Versatz von $F - 1$ Zeiteinheiten verfügbar ist, wenn ein Messwert pro Zeiteinheit bestimmt wird. Dies ist darin begründet, dass das Fenster erst vollständig mit Werten befüllt werden muss, bevor die eigentlichen Resultate berechnet werden können. Für ein Fenster der Größe F und ein Signal $S = (s_0, s_1, \ldots, s_{t-1})$ mit $F \leq t$ ergeben sich folglich $t - F + 1$ Teilsignale S_i mit $(F - 1) \leq i \leq (t - 1)$.

Mit der Ausnahme von einigen Sonderfällen wird im Folgenden auf die explizite Angabe des Fensterindex i verzichtet, da prinzipiell nur gefensterte Daten Betrachtung finden. Es wird daher lediglich die Fenstergröße F explizit angegeben, da sich der Fensterindex i implizit aus den vorangegangen Ausführungen ergibt. Eine Bewertungsfunktion $P \in \left\{ I_\alpha^S, \hat{I}_\alpha^S, \tilde{I}_\alpha^S, \bar{C}_\omega, \mathrm{SAD}_\omega \right\}$ wird für eine gegebene Fenstergröße F folglich redefiniert zu

$$P(S, R) := (P(S_{F-1}, R_{F-1}), \ldots, P(S_{t-1}, R_{t-1})), \tag{5.7}$$

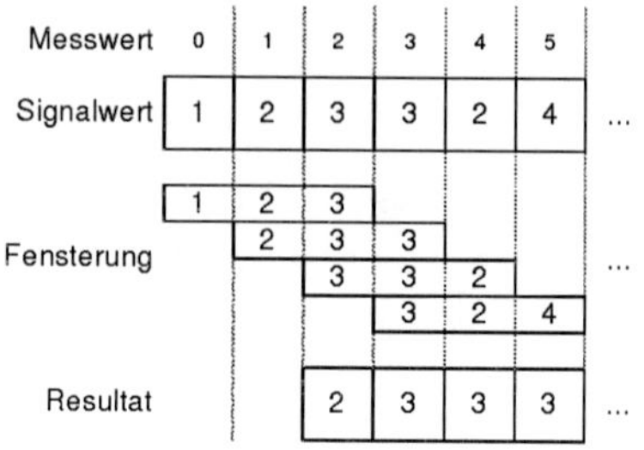

Messwert	0	1	2	3	4	5	
Signalwert	1	2	3	3	2	4	...
		1	2	3			
Fensterung			2	3	3		
				3	3	2	...
					3	2	4
Resultat			2	3	3	3	...

ABBILDUNG 5.4.: Fensterung von Signalwerten. Die Fenstergröße F beträgt $F = 3$. Erste Resultate werden erst mit einem Versatz von $F - 1$ Einheiten bereitgestellt.

mit $S = (s_0, \ldots, s_{t-1})$ und $R = (r_0, \ldots, r_{t-1})$. Eine solche Funktion liefert somit einen Ergebnisvektor zurück, der jedem Fenster i seine Bewertung zuweist und gibt somit den Gesundheitszustand über die Zeit wieder.

5.3.2.1. Parameterbelegung

Wie bereits zuvor erwähnt, ist es für den Vergleich von Gesundheitssignalen unvorteilhaft, wenn die betrachteten Werte in einem unbeschränkten Wertebereich liegen. Aus diesem Grund wurden in Abschnitt 4.3.1.1 entsprechend angepasste Varianten der Transinformation vorgestellt.

Da die Beschränkung des Wertebereichs der Signalklassifikation nicht ohne den Faktor ω möglich ist (siehe Abschnitt 4.3.1.2), wird im Folgenden die Belegung von ω für die betrachteten Szenarien beschrieben.

In Abschnitt 4.3.1.2 wurde die Signalklassifikation so definiert, dass der Wert von $C_\omega(X, Y)$ anwächst, wenn die Signale weiter voneinander abweichen. Da dies nicht dem logischen Verhalten von Gesundheitssignalen entspricht, wird für die weiteren Betrachtungen die Signalklassifikation zu

$$\bar{C}_\omega(X, Y) := 1 - C_\omega(X, Y) \tag{5.8}$$

definiert.

Abbildung 5.5 veranschaulicht ein mögliches Vorgehen zur Bestimmung von ω. Dabei zeigt 5.5(a) den Verlauf der drei unterschiedlichen Signale S, R_1 und R_2. Die Signalverläufe der anderen Teilabbildungen basieren auf einer Fensterung von $F = 550$.

Die optimale Darstellung der Signalklassifikation in 5.5(d) ergibt sich, wenn ω als

$$\omega = \max\left(C\left(S_{F-1}, X_{F-1}\right), C\left(S_F, X_F\right), \dots\right) \tag{5.9}$$

$$= \max_{\forall i}\left(C\left(S_i, X_i\right)\right), \tag{5.10}$$

mit $X \in \{S, R_1, R_2\}$ belegt wird. Der zeitliche Verlauf des Maximums von $C\left(S, X\right)$ ist mathematisch durch

$$\omega_k := \max_{\forall k}\left(C\left(S_k, X_k\right)\right), \tag{5.11}$$

mit $k \leq i, \forall i$ gegeben.

Teilabbildung 5.5(b) stellt den Verlauf von ω_k graphisch dar. Wie ersichtlich ist, kann der Maximalwert dieses Verlaufs nicht a priori ermittelt werden, weshalb eine alternative Belegung von ω erforderlich ist.

In 5.5(c) ist der Verlauf des Signalklassifikation für $\omega = \omega_k$ ohne zeitliche Rückwirkung abgebildet. Es ist deutlich, dass sich die Graphen in 5.5(c) und 5.5(d) über den zeitlichen Verlauf von ω_k annähern und zum Ende hin identisch verlaufen. In beiden Varianten ist zu erkennen, dass sich die jeweiligen Bewertungen von R_1 und R_2 anfangs gleich verhalten und ungefähr ab dem 800. Messwert divergieren. Dies ist auch der Bereich, in dem das Signal R_2 seine Abweichung vom Normalzustand offenbart.

Ein Kompromiss zwischen diesen beiden Varianten kann erreicht werden, wenn die nicht normierten Rohdaten $C\left(S_k, X_k\right)$ aufgezeichnet und bei jeder Erhöhung von ω_k neu normiert werden. Teilabbildung 5.5(e) und 5.5(f) zeigen zwei Momentaufnahmen dieses Prozesses. In 5.5(e) ist zu erkennen, wie die vorab aufgezeichneten Werte $C\left(S_j, X_j\right)$ zu $\bar{C}_\omega\left(S_j, X_j\right)$ mit $j \leq 1200$ und $\omega = \omega_{1200}$ reklassifiziert wurden, wobei sich eine teilweise Verbesserung der Signalverläufe im Vergleich zu 5.5(c) bemerkbar macht. In 5.5(f) wurde dieser Vorgang für $\omega = \omega_{1407}$ und $j \leq 1407$ wiederholt. Zu diesem Zeitpunkt sind die Signalverläufe von 5.5(d) und 5.5(f) bereits soweit angenähert, dass sie fast identisch verlaufen.

Ein möglicher Nachteil dieses Vorgehens ist die Tatsache, dass es durch die Reklassifikation zu einer leicht verspäteten Detektion eines Fehlverhaltens kommen kann. In diesem konkreten Beispiel ist nach dem 1407. Messwert eine nahezu optimale Signalklassifikation durchführbar. Das Fehlverhalten in R_2 zeigte sich nach 858 Messwerten. Somit liegt eine Verzögerung der Klassifikation um 549 Messwerte vor. Die Abfrage der Messwerte erfolgte in diesem Fall mit einer Frequenz von ungefähr 25 Hz. Somit ergibt sich eine zeitliche Verzögerung von etwa 22 s. Dies stellt durchaus eine vertretbare Reaktionszeit dar. Des

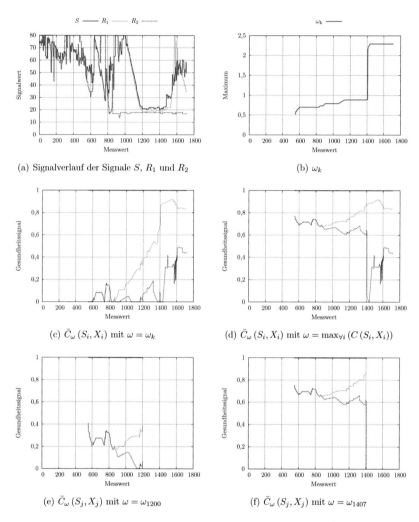

(a) Signalverlauf der Signale S, R_1 und R_2

(b) ω_k

(c) $\bar{C}_\omega\left(S_i, X_i\right)$ mit $\omega = \omega_k$

(d) $\bar{C}_\omega\left(S_i, X_i\right)$ mit $\omega = \max_{\forall i}\left(C\left(S_i, X_i\right)\right)$

(e) $\bar{C}_\omega\left(S_j, X_j\right)$ mit $\omega = \omega_{1200}$

(f) $\bar{C}_\omega\left(S_j, X_j\right)$ mit $\omega = \omega_{1407}$

ABBILDUNG 5.5.: Veranschaulichung der neu definierten Signalklassifikation $\bar{C}_\omega\left(S_i, X_i\right)$, $\forall i$ und $X_i \in \{S, R_1, R_2\}$ und variierende Belegung von ω. Teilabbildung (a) zeigt den Verlauf der analysierten Signale und (b) den daraus nach Gleichung (5.11) resultierenden Verlauf von ω_k. In (c) bis (f) die Auswirkungen unterschiedlicher Normierungen veranschaulicht. In diesem Zusammenhang stellt (c) eine grundlegende und (d) eine optimale Signalklassifikation dar. Bei (e) und (f) handelt es sich um iterative Zwischenschritte. Die Fenstergröße beträgt $F = 550$.

Weiteren ist zu berücksichtigen, dass erste Indikatoren eines Fehlverhaltens bereits vorab vorliegen. Zur Erinnerung sei darauf hingewiesen, dass bei allen betrachteten Belegungen für ω die Signalklassifikationen der Signale R_1 und R_2 stark divergieren, wodurch zwar eine anfängliche Betrachtung der absoluten Gesundheitswerte nicht ratsam erscheint, jedoch eine relative Bewertung durchaus sinnvoll sein kann.

Aufgrund der vorangegangenen Ausführungen erfolgt aus Gründen der Übersichtlichkeit eine Auswertung der Signalklassifikation $\bar{C}_\omega(S_i, X_i)$, $\forall i$ und $X_i \in \{S, R_1, R_2\}$ in den nachfolgenden Betrachtungen immer für die in Gleichung (5.9) und (5.10) vorgestellte Normierung $\omega = \max_{\forall i}(C(S_i, X_i))$. Analog wird mit dem Referenzmaß SAD_ω verfahren.

5.3.3. Vergleich: Transinformation und signalnormierte Transinformation

Wie bereits in Abschnitt 4.3.1.1 dargelegt wurde, ist es nicht wünschenswert, wenn die Transinformation eines Signals über sich selbst mit der Zeit abfällt. Aus diesem Grund wurde in dem genannten Abschnitt auch die signalnormierte Transinformation vorgestellt, die ein solches Verhalten per Definition nicht zeigt. Ein weiterer Vorteil ist die Tatsache, dass die signalnormierte Transinformation gleichzeitig auch auf den Wertebereich $[0, 1]$ beschränkt ist, was besonders im Kontext von Gesundheitssignalen sehr positiv ist, da dies einer prozentualen Interpretation entgegenkommt.

Abbildung 5.6 zeigt einen Vergleich zwischen der gebräuchlichen Form der Transinformation $I_\alpha(S, X)$ (vergleiche [HQ95, PMV03]) und der in Abschnitt 4.3.1.1 vorgestellten signalnormierten Transinformationen $I_\alpha^S(S, X)$. Außerdem findet eine Gegenüberstellung der in [LJE+07] zur Bestimmung von Gesundheitssignalen eingesetzten Transinformation $\hat{I}_\alpha(S, X)$ mit der in Abschnitt 4.3.1.1 vorgestellten signalnormierten Transinformationen $\hat{I}_\alpha^S(S, X)$ statt. In 5.6(a) sind die jeweiligen Verläufe von drei betrachteten Signalen S, R_1 und R_2 dargestellt. Die Teilabbildungen 5.6(b) und 5.6(d) zeigen den Verlauf der Transinformationen ohne Signalnormierung. Im Gegensatz dazu sind 5.6(c) und 5.6(e) die jeweiligen signalnormierten Äquivalente abgebildet.

Im direkten Vergleich wird der positive Effekt der Signalnormierung auf die Unterscheidbarkeit der generierten Gesundheitssignale deutlich. In den nicht signalnormierten Varianten der Transinformation (5.6(b) und 5.6(d)) sind die resultierenden Gesundheitsverläufe

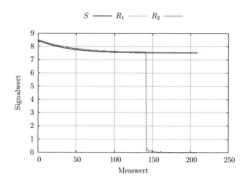

(a) Signalverlauf der Signale S, R_1 und R_2

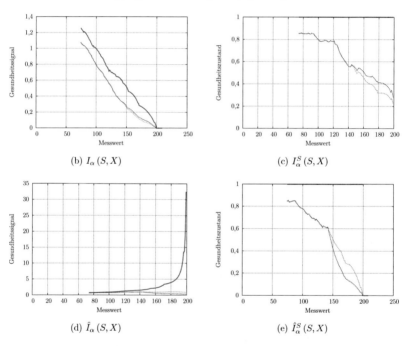

(b) $I_\alpha(S, X)$ (c) $I_\alpha^S(S, X)$

(d) $\hat{I}_\alpha(S, X)$ (e) $\hat{I}_\alpha^S(S, X)$

ABBILDUNG 5.6.: Dargestellt ist der Verlauf dreier Signale $X \in \{S, R_1, R_2\}$, die mit Hilfe der Transinformation in (b) und (d) beziehungsweise der signalnormierten Transinformation in (c) und (e) bewertet werden. Zu erkennen ist, dass die signalnormierte Transinformation Ergebnisse liefert, die eine Auswertung erleichtern. Die Fenstergröße beträgt $F = 75$.

der Signale R_1 und R_2 nur schwer unterscheidbar. Dominiert werden beide Darstellungen von dem Verlauf der Entropie des Referenzsignals (beziehungsweise deren Kehrwert), die aus der Transinformation des Referenzsignals über sich selbst resultiert. Wie bereits in Abschnitt 4.3.1.1 dargelegt wurde, ist gerade bei der Generierung von Gesundheitssignalen ein solches Verhalten in keiner Weise wünschenswert. Im Gegensatz dazu sind die Signalverläufe der signalnormierten Transinformationen (5.6(c) und 5.6(e)) klar zu differenzieren und außerdem auf den Wertebereich $[0, 1]$ beschränkt.

Insgesamt zeigt die Gesamtheit der im Rahmen dieser Arbeit durchgeführten Versuche, dass die signalnormierten Transinformationen eine vergleichbare oder bessere Bewertung des derzeitigen Gesundheitszustands zulassen als die nicht normierten Varianten. Aus diesem Grund werden in den folgenden Betrachtungen der einzelnen Szenarien nur signalnormierte Transinformationen für eine Bewertung herangezogen.

Eine Besonderheit, die unabhängig von der Signalnormierung in Abbildung 5.6(b) und 5.6(c) auffällt, ist der Sachverhalt, dass das fehlerhafte Signal durch die Transinformation besser bewertet wird als das fehlerfreie Signal. Da dieser Effekt auch vereinzelt in anderen Szenarien auftritt, wird im folgenden Abschnitt kurz auf diesen Effekt eingegangen.

5.3.4. Einschränkungen der transinformationsbasierten Signalbewertung

Der Effekt, dass fehlerhafte Signale durch die Transinformation besser bewertet werden können als fehlerfreie Signale, hängt von der Signalcharakteristik der betrachten Signale ab. Dies lässt sich über die Definition der Transinformation

$$I_\alpha (S, R) := \underbrace{E_\alpha (H_S) + E_\alpha (H_R)}_{A} - \underbrace{E_\alpha (H_{SR})}_{B} \tag{5.12}$$

erklären, die bereits in Gleichung (2.30) vorgestellt wurde. Die Entropie eines Signals ist höher, je breiter die Wahrscheinlichkeitsverteilung über die Menge der Elementarereignisse verteilt ist (siehe Abschnitt 2.2.5). Daher führen plötzliche Signalsprünge, die den Bereich der bisherigen Elementarereignisse verlassen, zu einer Erhöhung der Entropie. Dies gilt besonders dann, wenn das fehlerfreie Signal eine sehr geringe Entropie aufweist. Zwar betrifft ein plötzlicher Signalsprung auch die Verbundentropie, allerdings in abgemildertem Maße. Abbildung 5.7 veranschaulicht dies.

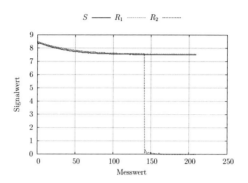

(a) Signalverlauf der Signale S, R_1 und R_2

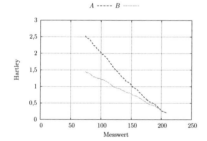

(b) Entropiemaße des fehlerfreien Signals

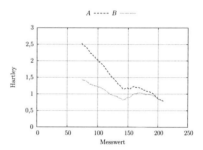

(c) Entropiemaße des fehlerhaften Signals

ABBILDUNG 5.7.: Bei Signalverläufen mit geringer Entropie können Signalsprünge zu einem plötzlichen Anstieg des Informationsgehalts führen, sodass fehlerhafte Signale besser bewertet werden als fehlerfreie Signale. Dieser Effekt liegt in der Konstruktion der Transinformation begründet. In (b) und (c) ist das zeitliche Verhalten der in Gleichung 5.12 definierten Anteile der Transinformation gezeigt. Die in diesem Beispiel betrachtete Fenstergröße beträgt $F = 75$.

In Teilabbildung 5.7(a) sind erneut die Signalverläufe S, R_1 und R_2 dargestellt. Wie zu erkennen ist, verlaufen alle Signale, abgesehen vom plötzlichen Abfall des fehlerhaften Signals, sehr stetig in einem relativ kleinen Wertebereich. Da die Signale asymptotisch auf einen Pegel zulaufen, nimmt die bereits zu Anfang geringe Entropie über den Signalverlauf sogar weiter ab. Dies kann in 5.7(b) anhand des Verlaufs von A nachvollzogen werden. Anfänglich gilt der gleiche Zusammenhang auch für das fehlerhafte Signal R_2, jedoch ist in 5.7(c) klar zu erkennen, wie der Verlauf von A in diesem Fall ansteigt, was durch den Informationszuwachs, der mit dem Signalabfall einhergeht, begründet ist. Ein ähnlicher Anstieg lässt sich auch bei der Verbundentropie des fehlerhaften Signals beobachten, jedoch ist dieser Anstieg durch den Aufbau der Verbundentropie abgemildert, was zu einer Dominanz des Parameters A bei der Bestimmung der Transinformation führt.

Es lässt sich somit zusammenfassen, dass der beschriebene Effekt auftritt, wenn der Informationsgehalt der betrachteten Signale vergleichsweise gering ist und eine plötzliche Signalveränderung sich demzufolge positiv auf den Informationsgehalt auswirkt. Da die Transinformation die Strukturiertheit eines System anhand des Informationsgehalts bestimmt, ist auch die bessere Bewertung des fehlerhaften Signals ersichtlich. Daher ist die transinformationsbasierte Generierung von Gesundheitssignalen für Signale mit den beschriebenen Eigenschaften per Definition nur bedingt nützlich. Trotzdem repräsentieren Signalverläufe, wie in 5.7(a), typische Situationen, in denen Fehlerfälle erkannt werden müssen. Aus diesem Grund kann das beschriebene Verhalten teilweise auch in den nachfolgenden Szenarien beobachtet werden. Allerdings werden im Folgenden auch entsprechende Alternativen präsentiert, die eine korrekte Klassifikation zwischen fehlerhaften und fehlerfreien Signalen erlauben.

5.3.5. Szenario 1: Generierte Signalverläufe, Pegelabfall 1

In diesem Szenario werden artifizielle Signale verglichen, die von einem festen Pegel geprägt sind. Bei den fehlerfreien Signalen bleibt der Pegel über die Zeit bestehen, wohingegen das fehlerhafte Signal nach der Hälfte der Betrachtungsdauer auf einen geringeren Pegel abfällt. Die gehaltenen Pegel stellen durch Rauscheinflüsse keine einzelnen Werte, sondern Wertebereiche dar. Der Wertebereich der fehlerfreien Signalverläufe ist durch $W_1 = [200, 220]$ gegeben und der Wertebereich des fehlerhaften Signals nach dem Auftreten des Fehlers ist durch $W_2 = [50, 70]$ belegt. Daraus ergeben sich die Pegel $P_1 = 210 \pm 4,76\,\%$ und $P_2 = 60 \pm 16,\overline{6}\,\%$. Die soeben beschriebenen Signalverläufe von Szenario 1 sind in Abbildung 5.8 in beispielhafter Form dargestellt.

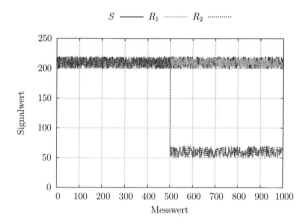

$$S \text{———} R_1 \text{ ········· } R_2 \text{ ············}$$

ABBILDUNG 5.8.: Signalverläufe von Szenario 1. Signal S und R_1 sind fehlerfrei und zeigen ein Rauschen von $\pm 4,76\,\%$ um den Wert 210. Das Signal R_2 offenbart nach der Hälfte des Signalverlaufs (500. Messwert) ein Fehlverhalten, bei dem das Signal auf einen niedrigeren Pegel abfällt, wobei das Rauschen betragsmäßig beibehalten wird. Dies stellt bei einer relativen Betrachtungsweise jedoch eine Erhöhung dar.

In Abbildung 5.9 sind exemplarische Verläufe der unterschiedlichen Bewertungsfunktionen für eine Fenstergröße $F = 200$ dargestellt. Es ist zu erkennen, dass die auf der Transinformation beruhenden Bewertungsfunktionen in 5.9(b), 5.9(c) und 5.9(d) keine zufriedenstellende Detektion des Fehlverhaltens zulassen. Zusätzlich kann bei anderen Fenstergrößen außerdem der Effekt eintreten, dass das fehlerhafte Signal aufgrund des Entropieanstiegs besser bewertet wird als das fehlerfreie Signal. Somit erweisen sich transinformationsbasierte Ansätze in diesem Szenario als ungeeignet.

Besser zur Fehlerdetektion geeignet sind in diesem Szenario die SAD in 5.9(e) und die Signalklassifikation in 5.9(f). Der auffälligste Unterschied zwischen diesen beiden Klassifikationen ist der Umstand, dass bei der Signalklassifikation nur dann eine Abweichung zum Sollzustand festgestellt wird, solange die unterschiedlichen Pegelbereiche des fehlerhaften Signals innerhalb des Fensters liegen. Dieses Verhalten tritt auf, weil die Signalklassifikation die Elementarereignisse der beteiligten Signale aufeinander abbildet und nicht die absoluten Werte betrachtet. Somit unterscheidet sich ein Rauschen mit einem geringeren Grundpegel nicht von einem Rauschen auf einem höheren Grundpegel. Im Gegensatz zu SAD wird das Fehlverhalten in diesem Fall also nicht durch die absolute Veränderung der Werte detektiert, sondern es wird der Sprung an sich detektiert. Auch mittels

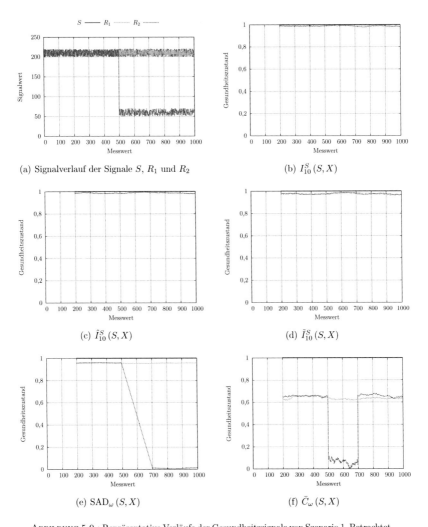

ABBILDUNG 5.9.: Repräsentative Verläufe der Gesundheitssignale von Szenario 1. Betrachtet werden die Signale $X \in \{S, R_1, R_2\}$ bei einer Fenstergröße von $F = 200$. Es ist zu erkennen, dass die Gesundheitssignale in (b)–(d) zur Bewertung dieses Szenarios ungeeignet sind. Die Teilabbildungen (e) und (f) zeigen gute bis sehr gute Ergebnisse. Vorteilhaft ist in (f) der sofortige und starke Ausschlag als Reaktion auf das Fehlverhalten in R_2, wohingegen (e) eine langsamere Reaktion zeigt.

der Signalklassifikation kann eine anhaltende Fehlerdetektion erreicht werden, sofern die Fenstergröße F fortlaufend angepasst wird. Auf dieses Vorgehen wird in Abschnitt 5.3.14 genauer eingegangen.

5.3.6. Szenario 2: Generierte Signalverläufe, Pegelabfall 2

Dieses Szenario ähnelt Szenario 1 (siehe Abschnitt 5.3.5), jedoch bleibt in diesem Szenario das Rauschen nicht betragsmäßig sondern relativ erhalten. Der Wertebereich der fehlerfreien Signalverläufe ist durch $W_1 = [200, 220]$ gegeben und der Wertebereich des fehlerhaften Signals nach dem Auftreten des Fehlers ist durch $W_2 = [50, 55]$ belegt. Somit ergeben sich die Pegel $P_1 = 210 \pm 4,76\,\%$ und $P_2 = 52,5 \pm 4,76\,\%$. Die hieraus folgenden Signalverläufe von Szenario 2 sind in Abbildung 5.10 dargestellt.

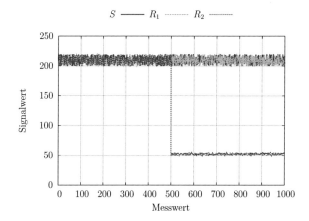

ABBILDUNG 5.10.: Signalverläufe von Szenario 2. Signal S und R_1 sind fehlerfrei und zeigen ein Rauschen von $\pm 4,76\,\%$ um den Wert 210. Das Signal R_2 offenbart nach der Hälfte des Signalverlaufs (500. Messwert) ein Fehlverhalten, bei dem das Signal auf einen niedrigeren Pegel abfällt und auch das Rauschen betragsmäßig geringer wird. Der relative Wert von $\pm 4,76\,\%$ wird jedoch beibehalten.

In Abbildung 5.11 sind exemplarische Verläufe der unterschiedlichen Bewertungsfunktionen für $F = 200$ dargestellt. Ähnlich wie in Szenario 1 sind die transinformationsbasierten Bewertungsfunktionen in 5.11(b), 5.11(c) und 5.11(d) gar nicht oder nur bedingt zur Fehlerdetektion geeignet.

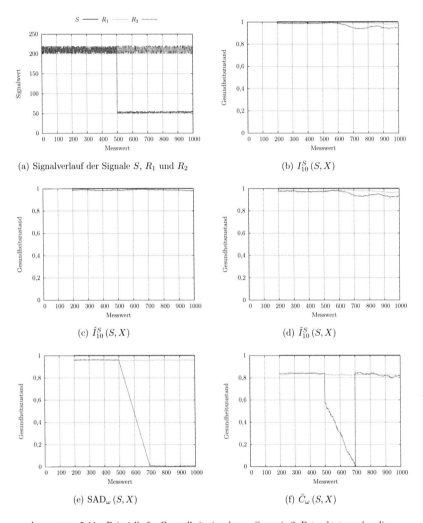

(a) Signalverlauf der Signale S, R_1 und R_2

(b) $I_{10}^S (S, X)$

(c) $\hat{I}_{10}^S (S, X)$

(d) $\tilde{I}_{10}^S (S, X)$

(e) $\mathrm{SAD}_\omega (S, X)$

(f) $\bar{C}_\omega (S, X)$

ABBILDUNG 5.11.: Beispielhafte Gesundheitssignale von Szenario 2. Betrachtet werden die Signale $X \in \{S, R_1, R_2\}$ bei einer Fenstergröße von $F = 200$. Zu erkennen ist, dass die Signale in (c) zur Bewertung dieses Szenarios ungeeignet sind. Die Signale in (b) und (d) sind aufgrund der vergleichsweise geringen Reaktion auf das Fehlverhalten nur von sehr stark eingeschränktem Nutzen. Die Teilabbildungen (e) und (f) zeigen gute bis sehr gute Ergebnisse. Vorteilhaft ist in (f) der sofortig Sprung als Reaktion auf das Fehlverhalten in R_2, wohingegen (e) eine langsamere Reaktion zeigt.

Zwar sind auch in diesem Szenario die transinformationsbasierten Ansätze nicht zur Generierung von Gesundheitssignalen geeignet, jedoch zeigen I_α^S und $\tilde{I}_\alpha^S$ aufgrund des betragsmäßig geringeren Rauschens und der damit verbundenen Entropieveränderung eine leichte Reaktion auf das Fehlverhalten in Signal R_2. Das Verhalten von SAD_ω und $\bar{C}_\omega$ ist nahezu identisch zu Szenario 1. Der langsamere Abfall bei der Signalklassifikation liegt darin begründet, dass das betragsmäßig geringere Rauschen eine zusätzliche Abweichung darstellt, die entsprechend klassifiziert wird. Somit entspricht der erste Sprung im Gesundheitssignal von R_2 der Detektion der Pegelveränderung und die fortlaufende Dekrementierung des Gesundheitssignals der Detektion des betragsmäßig veränderten Rauschens.

5.3.7. Szenario 3: Generierte Signalverläufe, Strukturverlust 1

In diesem Szenario werden stark strukturierte Signale betrachtet, die mit einem leichten Rauschen belegt sind. Das Signal R_2 verliert im Fehlerfall sämtliche Struktur und wechselt auf ein vergleichsweise starkes Rauschen. Die Signalgenerierung der drei Signale $S = (s_0, \ldots, s_{t-1})$, $R_1 = \left((r_1)_0, \ldots, (r_1)_{t-1}\right)$ und $R_2 = \left((r_2)_0, \ldots, (r_2)_{t-1}\right)$ erfolgt nach den Formeln

$$s_i = 200 + 5\sin\left(i * 0,1 + r\left(-n, n\right)\right) \tag{5.13}$$

$$(r_1)_i = 200 + 5\sin\left(i * 0,1 + r\left(-n, n\right)\right) \tag{5.14}$$

$$(r_2)_i = \begin{cases} 200 + 5\sin\left(i * 0,1 + r\left(-n, n\right)\right) & \text{für } i < \left\lfloor \frac{t-1}{2} \right\rfloor \\ 200 \pm 10\,\% & \text{sonst} \end{cases}, \tag{5.15}$$

mit $0 \leq i \leq (t-1)$ und $n = 0,2$. Die Elementarereignisse der fehlerfreien Signale entstammen folglich dem Wertebereich $W_1 = [195, 205]$. Im fehlerhaften Fall wechselt das Signal auf einen verrauschten Pegel von $200 \pm 10\,\%$, was einem Wertebereich von $W_2 = [180, 220]$ entspricht. Abbildung 5.12 veranschaulicht die resultierenden Signalverläufe.

In Abbildung 5.13 sind die unterschiedlichen, repräsentativen Gesundheitssignale für die Betrachtung dieses Szenarios abgebildet. Im dargestellten Fall findet eine Betrachtung der Fenstergröße $F = 200$ statt. Zu erkennen ist, dass leider auch in diesem Szenario eine Bestimmung des Gesundheitszustands nicht über I_α^S, $\hat{I}_\alpha^S$ oder $\tilde{I}_\alpha^S$ erfolgen kann, da entweder kein Fehler festgestellt wird oder eine falsche relative Zuordnung zwischen dem fehlerfreien und dem fehlerhaften Signal vorgenommen wird. Eine Vergrößerung des Fensters verstärkt diesen Effekt zusätzlich.

Die Signalklassifikation $\bar{C}_\omega$ zeigt eine zum Referenzsignal SAD_ω vergleichbare Qualität. Generell ist zu erkennen, dass alle Gesundheitssignale mehr oder weniger stark auf den

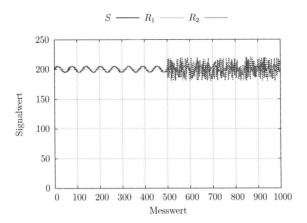

ABBILDUNG 5.12.: Signalverläufe in Szenario 3. Im fehlerfreien Fall zeigen die Signale eine leicht verrauschte Sinusschwingung um den Wert 200 mit einer Amplitude von 5. Das Signal R_2 wechselt nach 500 Messwerten in den Fehlerfall und nimmt ein unstrukturiertes Rauschen mit $200 \pm 10\,\%$ an.

verrauschten Anteil $\pm n$ aus Gleichung (5.15) reagieren. Am stärksten ausgeprägt ist dies bei der Signalklassifikation in 5.13(f) und am wenigsten wahrnehmbar bei SAD_ω in 5.13(e). Eine Betrachtung über alle Parametersätze des Szenarios zeigt, dass die Reaktion auf Rauschen durch steigende Fenstergrößen abgemildert werden kann.

Ein Aspekt, der abhängig von den jeweiligen Anforderungen als negativ eingestuft werden könnte, ist die leicht verzögerte Reaktion von SAD_ω und $\bar{C}_\omega$. Obwohl bei beiden Signal-verläufen eine direkte Reaktion auf das Fehlverhalten von R_2 zu erkennen ist, stellt sich das initiale Ausmaß der Reaktion als vergleichsweise gering dar. Erst mit weiteren Mess-werten wächst dieser Ausschlag an, sodass es eine gewisse Zeit dauern kann, bis eine klare Unterscheidung möglich ist.

5.3.8. Szenario 4: Generierte Signalverläufe, Strukturverlust 2

Aufbauend auf Szenario 3 werden abermals stark strukturierte Signale mit leichtem Rauschen betrachtet, jedoch liegen die fehlerfreien Signale diesmal auf unterschiedlichen Grundpegeln. Somit fokussiert die Betrachtung stärker auf die Signalcharakteristik und

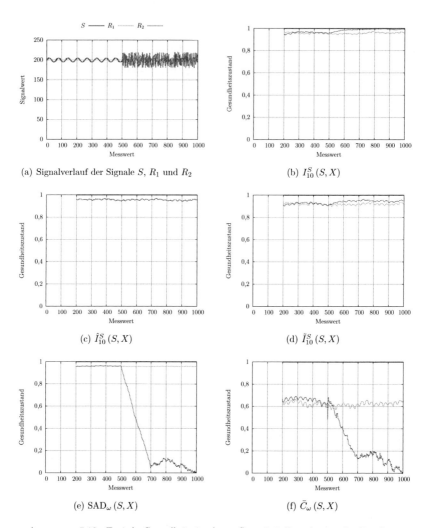

(a) Signalverlauf der Signale S, R_1 und R_2 (b) $I_{10}^S(S, X)$

(c) $\hat{I}_{10}^S(S, X)$ (d) $\bar{I}_{10}^S(S, X)$

(e) $\mathrm{SAD}_\omega(S, X)$ (f) $\bar{C}_\omega(S, X)$

ABBILDUNG 5.13.: Typische Gesundheitssignale von Szenario 3. Betrachtet werden hier die Signale $X \in \{S, R_1, R_2\}$ bei einer Fenstergröße von $F = 200$. Es ist zu erkennen, dass die Gesundheitssignale in (b)–(d) zur Bewertung dieses Szenarios ungeeignet sind. Außerdem zeigen (b) und (d) eine falsche Relation der Gesundheitssignale untereinander. Die Teilabbildungen (e) und (f) zeigen gute Ergebnisse.

weniger auf den absoluten Wertebereichen der Signale. Analog zum vorangegangen Szenario verliert das Signal R_2 im Fehlerfall sämtliche Struktur und ändert seine Charakteristik hin zu einem vergleichsweise starken Rauschen. Die Signalgenerierung der drei Signale $S = (s_0, \ldots, s_{t-1})$, $R_1 = \big((r_1)_0, \ldots, (r_1)_{t-1}\big)$ und $R_2 = \big((r_2)_0, \ldots, (r_2)_{t-1}\big)$ erfolgt nach den Formeln

$$s_i = 200 + 5\sin\left(i \cdot 0,1 + r\left(-n, n\right)\right) \tag{5.16}$$

$$(r_1)_i = 50 + 5\sin\left(i \cdot 0,1 + r\left(-n, n\right)\right) \tag{5.17}$$

$$(r_2)_i = \begin{cases} 200 + 5\sin\left(i \cdot 0,1 + r\left(-n, n\right)\right) & \text{für } i < \left\lfloor \frac{t-1}{2} \right\rfloor \\ 200 \pm 10\,\% & \text{sonst} \end{cases}, \tag{5.18}$$

mit $0 \leq i \leq (t-1)$ und $n = 0,2$. Somit liegt das Signal S im Wertebereich $W_S = [195, 205]$ und das Signal R_1 im Wertebereich $W_{R_1} = [45, 55]$. Anfänglich hat das Signal R_2 den selben Wertebereich wie S. Im fehlerhaften Fall wechselt das Signal R_2 auf einen verrauschten Pegel von $200 \pm 10\,\%$, was einem Wertebereich von $W_{R_2} = [180, 220]$ entspricht. Abbildung 5.14 veranschaulicht die resultierenden Signalverläufe.

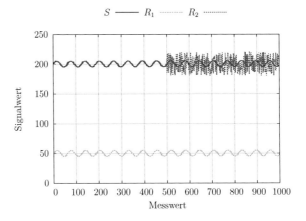

ABBILDUNG 5.14.: Signalverläufe in Szenario 4. Im fehlerfreien Fall zeigen die Signale eine leicht verrauschte Sinusschwingung mit einer Amplitude von 5. Das fehlerfreie Signal R_1 besitzt mit einem Basispegel von 50 einen erheblich geringeren Wert als das Referenzsignal S mit einem Grundwert von 200. Das Signal R_2 weist zu Beginn eine vergleichbare Charakteristik zu S auf, wechselt jedoch nach 500 Messwerten in den Fehlerfall und nimmt ein unstrukturiertes Rauschen mit $200 \pm 10\,\%$ an.

Eine exemplarische Betrachtung der Gesundheitssignale mit einer Fenstergröße von $F = 200$ ist in Abbildung 5.15 dargestellt. Wie aufgrund des vorangegangen Szenarios bereits vermutet werden kann, eignen sich auch in diesem Szenario die unterschiedlichen Formen der Transinformation (Teilabbildungen 5.15(b) bis 5.15(d)) nicht für die Generierung von Gesundheitssignalen.

Sehr aufschlussreich ist ein Vergleich der Abbildungen 5.15(e) und 5.15(f). Dabei zeigen sich erstmals gravierende Unterschiede zwischen SAD_ω und $\bar{C}_\omega$. Zwar ist SAD_ω im Fehlerfall in der Lage, zumindest eine gewisse Abweichung festzustellen, jedoch wird das fehlerfreie Signal mit einem resultierenden Wert von nahezu 0% durchgehend erheblich schlechter bewertet. An dieser Stelle ist die Dominanz der Betrachtung von absoluten Werten bei dieser Metrik deutlich zu erkennen. Da das Signal R_1 weiter von S entfernt liegt als das fehlerhafte Signal R_2, wird es schlechter bewertet. Die eigentlich Struktur des Signals, nämlich die leicht verrauschte Sinusschwingung, tritt dabei in den Hintergrund und wird von SAD_ω vernachlässigt. Erfreulicherweise zeigt $\bar{C}_\omega$ eine deutlich bessere Bewertung der beteiligten Signale. Durch die, implizit in der Konstruktion des des zweidimensionalen Histogramms enthaltene, Abbildung der beteiligten Wertebereiche aufeinander treten die absoluten Differenzen in den Hintergrund und die Bewertung der Signale basiert primär auf der eigentlichen Signalcharakteristik. Diese Tatsache wird auch beim Vergleich der Abbildungen 5.13(f) und 5.15(f) deutlich. Obwohl das Signal R_1 in den beiden Szenarien 3 und 4 unterschiedliche Wertebereiche aufweist, sind die resultierenden Verläufe der Signalklassifikation nahezu identisch.

Wie bereits im vorangegangenen Szenario erwähnt wurde, kann eine leicht verspätete Reaktion auf ein Fehlverhalten in manchen Situationen nachteilig sein, was demzufolge auch in diesem Szenario einen möglichen Negativaspekt darstellt.

5.3.9. Szenario 5: Generierte Signalverläufe, Strukturverlust 3

Auf der Grundlage von Szenario 3 und 4 erfolgt nun eine erneute Betrachtung stark strukturierte Signale mit leichtem Rauschen. Diesmal verändern sowohl das fehlerfreie Signal R_1 als auch das fehlerhafte Signale R_2 ihre Charakteristik. Die Veränderung in R_1 stellt sich dabei als Erhöhung der Amplitude dar, wobei die Grundstruktur des Signals erhalten bleibt. Das Signal R_2 wechselt im Fehlerfall auf ein unstrukturiertes, jedoch vergleichsweise geringes Rauschen um einen festen Wert. Somit liegt diesmal der Fokus noch stärker auf der Auswertung der Signalcharakteristik und weniger auf den absoluten Wertebereichen der Signale. Die Signalgenerierung der jeweiligen Signale $S = (s_0, \ldots, s_{t-1})$,

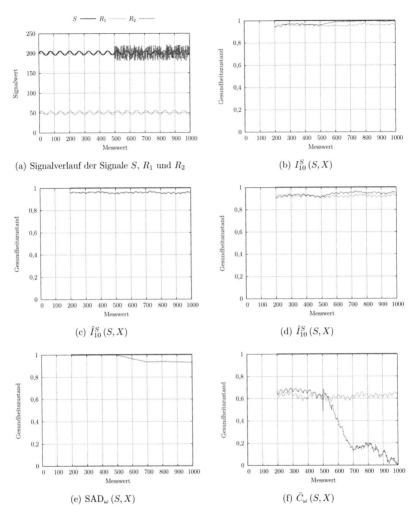

(a) Signalverlauf der Signale S, R_1 und R_2

(b) $I_{10}^S(S, X)$

(c) $\hat{I}_{10}^S(S, X)$

(d) $\tilde{I}_{10}^S(S, X)$

(e) $\mathrm{SAD}_\omega(S, X)$

(f) $\bar{C}_\omega(S, X)$

ABBILDUNG 5.15.: Repräsentative Gesundheitssignale von Szenarios 4. Betrachtet werden hier die Signale $X \in \{S, R_1, R_2\}$ bei einer Fenstergröße von $F = 200$. Zu erkennen ist, dass die Gesundheitssignale in (b)–(e) zur Bewertung dieses Szenarios ungeeignet sind. Zwar zeigt (e) eine gewisse Reaktion auf das Fehlverhalten in R_2, jedoch wird R_1 mit einem resultierenden Wert von nahezu $0\,\%$ grundsätzlich sehr schlecht bewertet, wodurch es zu einer gestörten relative Ordnung der Gesundheitssignale kommt. Eine fehlerhafte Relation der Gesundheitssignale ist auch in (b) und (d) zu beobachten. Die Teilabbildung (f) zeigt gute Ergebnisse.

$R_1 = \left((r_1)_0, \ldots, (r_1)_{t-1}\right)$ und $R_2 = \left((r_2)_0, \ldots, (r_2)_{t-1}\right)$ erfolgt nach den Formeln

$$s_i = 200 + 5\sin\left(i \cdot 0, 1 + r\left(-n, n\right)\right) \tag{5.19}$$

$$(r_1)_i = \begin{cases} 200 + 5\sin\left(i \cdot 0, 1 + r\left(-n, n\right)\right) & \text{für } i < \left\lfloor \frac{t-1}{2} \right\rfloor \\ 200 + 10\sin\left(i * 0, 1 + r\left(-n, n\right)\right) & \text{sonst} \end{cases} \tag{5.20}$$

$$(r_2)_i = \begin{cases} 50 + 5\sin\left(i \cdot 0, 1 + r\left(-n, n\right)\right) & \text{für } i < \left\lfloor \frac{t-1}{2} \right\rfloor \\ 51 \pm 1,96\,\% & \text{sonst} \end{cases} , \tag{5.21}$$

mit $0 \le i \le (t-1)$ und $n = 0, 2$. Somit liegt das Signal S im Wertebereich $W_S = [195, 205]$. Das Signal R_1 weist anfangs den Wertebereich $W_{R_1} = [195, 205]$ und später den Wertebereich $W_{R_1} = [190, 210]$ auf. Anfänglich besitzt das Signal R_2 den Wertebereich $W_{R_2} = [45, 55]$. Im fehlerhaften Fall wechselt das Signal R_2 auf einen verrauschten Pegel von $51 \pm 1, 96\,\%$, was einem Wertebereich von $W_{R_2} = [50, 52]$ entspricht. Abbildung 5.16 veranschaulicht die resultierenden Signalverläufe.

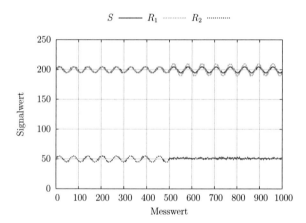

ABBILDUNG 5.16.: Signalverläufe in Szenario 5. Im fehlerfreien Zustand beschreiben alle Signale eine leicht verrauschte Sinusschwingung mit einer Amplitude von 5. Das Signal R_2 weißt dabei mit einem Wert von 50 einen geringeren Basispegel als die Signale S und R_1 auf, die einen Grundpegel von 200 besitzen. Beim 500. Messwert verändern sich die Signale R_1 und R_2. R_1 behält die zugrundeliegende Signalcharakteristik bei und verändert lediglich seine Amplitude, wohingegen R_2 seine Struktur verliert und in ein Rauschen mit $51 \pm 1, 96\,\%$ übergeht.

Ein typischer Verlauf der Gesundheitssignale mit einer Fenstergröße von $F = 200$ ist in Abbildung 5.17 zu sehen. Auf den ersten Blick fällt auf, dass die Gesundheitssignale in

5.17(c) und 5.17(e) nicht zur Bewertung des Quellsignale geeignet sind. Bei der Bewertung mittels $\hat{I}_{10}^{S}$ liegt dies in der grundlegenden Normierung von $\hat{I}_{10}$ begründet, durch die der unterschiedliche Verlauf der Gesundheitssignale von R_1 und R_2 nicht mehr differenzierbar ist. Die SAD$_\omega$-Referenz liefert unbrauchbare Ergebnisse, da die absoluten Beträge der beteiligten Signale betrachtet werden und R_2 somit von Anfang an zu weit entfernt liegt.

Eine Fehlerdetektion mittels Teilabbildung 5.17(b) oder 5.17(d) ist theoretisch möglich, jedoch nur eingeschränkt zu empfehlen, da die Reaktion auf den den Strukturverlust von R_2 vergleichsweise gering ausfällt. Die Funktion $\bar{C}_\omega$ erlaubt eine deutlich bessere Bewertung der beteiligten Signale. Auch in diesem Szenario profitiert die Signalklassifikation von der relationalen Betrachtung der beteiligten Signale, die eine Fokussierung auf die eigentliche Signalcharakteristik erlaubt. Zum einen betrifft dies die Betrachtung von Signalen auf unterschiedlichen Grundpegeln, zum anderen wird eine relative Auswertung der absoluten Amplituden ermöglicht.

Analog zu den beiden vorangegangenen Szenarien sei darauf hingewiesen, dass eine leicht verspätete Reaktion auf das Fehlverhalten beobachtet werden kann, welches in manchen Situationen möglicherweise zu Nachteilen führen könnte.

5.3.10. Szenario 6: Generierte Signalverläufe, Strukturverlust 4

In diesem Szenario werden artifizielle Signale verglichen, die den Positionsverlauf von Servomotoren nachbilden. Grundlegend wechseln die Signale zwischen zwei festgelegten Extrempositionen, wobei diese für eine gewisse Zeitdauer gehalten werden. Nach der Hälfte der Betrachtungsdauer des Szenarios bleibt das fehlerhafte Signal auf einer Extremposition stehen. Grundsätzlich sind die absoluten Signalwerte lediglich leicht verrauscht. Einen erheblich größeren Einfluss hat in diesem Szenario die zeitliche Fluktuation (Englisch: „Jitter") der betrachteten Signale. Der Wertebereich der fehlerfreien Signalverläufe ist durch $W_1 = [100, 206]$ gegeben und der Wertebereich des fehlerhaften Signals nach dem Auftreten des Fehlers ist durch $W_2 = [100, 103]$ gegeben. Die somit resultierenden Signalverläufe von Szenario 6 sind in Abbildung 5.18 dargestellt.

Abbildung 5.19 zeigt einen repräsentativen Verlauf der Gesundheitssignale mit einer Fenstergröße von $F = 200$. Erstmals in den bis jetzt betrachteten Szenarien zeigen alle Alternativen zur Bestimmung des Gesundheitszustands eine merkliche Reaktion auf das Fehlverhalten. Allerdings weisen die in 5.19(b) bis 5.19(e) dargestellten Signale bereits vor

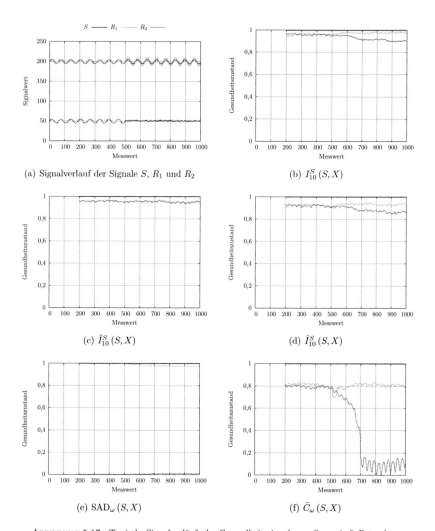

(a) Signalverlauf der Signale S, R_1 und R_2

(b) $I_{10}^S(S, X)$

(c) $\hat{I}_{10}^S(S, X)$

(d) $\bar{I}_{10}^S(S, X)$

(e) $\mathrm{SAD}_\omega(S, X)$

(f) $\bar{C}_\omega(S, X)$

ABBILDUNG 5.17.: Typische Signalverläufe der Gesundheitssignale von Szenario 5. Betrachtet werden die Signale $X \in \{S, R_1, R_2\}$ bei einer Fenstergröße von $F = 200$. Es ist zu erkennen, dass die Gesundheitssignale in (c) und (e) nicht zur Bewertung dieses Szenarios geeignet sind. Die Signalverläufe in (b) und (d) zeigen zumindest eine gewisse Reaktion auf das Fehlverhalten in R_2. Die Teilabbildung (f) zeigt gute Ergebnisse.

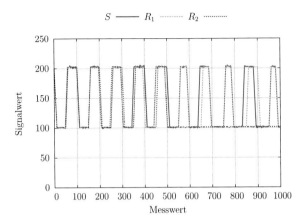

$$S \quad\text{———}\quad R_1 \quad\text{·······}\quad R_2 \quad\text{··········}$$

ABBILDUNG 5.18.: Signalverläufe in Szenario 6. Im fehlerfreien Zustand weisen alle Signale einen Verlauf auf, der an die Bewegung eines Servomotors angelehnt ist. Dabei wechseln die Signale zwischen zwei Extrema und verharren kurzzeitig bei diesen. Das fehlerhafte Signal R_2 bleibt im Fehlerfall bei einer Extremposition stehen. Grundsätzlich weisen alle Signale ein relativ geringes Rauschen der absoluten Werte auf. Deutlich sind in diesem Kontext jedoch die durch zeitliche Fluktuationen verursachten Abweichungen in den Signalverläufen.

dem Auftreten des eigentlichen Fehlers relativ deutliche Abweichungen der Gesundheitssignale von R_1 und R_2 auf. Dies hebt die vergleichsweise geringe Toleranz der betroffenen Maße gegenüber einer zeitlichen Fluktuation der beteiligten Signale hervor. Die Signale in 5.19(f) weisen eine sehr deutliche Reaktion auf das Fehlverhalten von Signal R_2 auf, wobei vorherige Abweichungen sehr gering ausfallen.

Die Reaktion der einzelnen Bewertungsfunktionen auf das Fehlverhalten ist im Allgemeinen leicht verzögert. Die transinformationsbasierten Maße und das Referenzsignal zeigen eine sofortige, jedoch anfänglich geringe Reaktion. Erst nach ungefähr 200 Messwerten ist der volle Ausschlag zu erkennen. Im Gegensatz dazu stellt die Reaktion der Signalklassifikation einen deutlichen Sprung dar, der jedoch auch erst nach circa 200 Messwerten auftritt.

Grundsätzlich weisen die in Teilabbildung 5.19(b) bis 5.19(e) gezeigten Signalverläufe eine deutliche Ähnlichkeit auf. Dieser Effekt gilt ebenso für alle betrachteten Variationen der Fenstergröße. Die Signalklassifikation hebt sich von diesem Verlauf maßgeblich durch zwei Eigenheiten ab. Als Erstes ist zu erkennen, dass der Signalverlauf des Gesundheitssignals beim fehlerfreien Signal R_1 nahezu konstant verläuft. Der zweite Unterschied ist in diesem

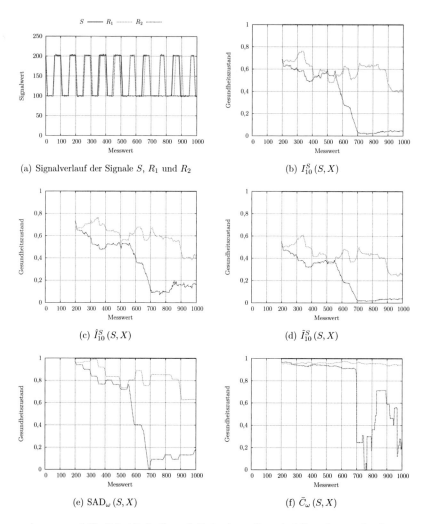

(a) Signalverlauf der Signale S, R_1 und R_2

(b) $I_{10}^S(S, X)$

(c) $\hat{I}_{10}^S(S, X)$

(d) $\tilde{I}_{10}^S(S, X)$

(e) $\mathrm{SAD}_\omega(S, X)$

(f) $\bar{C}_\omega(S, X)$

ABBILDUNG 5.19.: Beispielhafte Gesundheitssignale von Szenario 6. Betrachtet werden die Signale $X \in \{S, R_1, R_2\}$ bei einer Fenstergröße von $F = 200$. Alle Varianten der Gesundheitssignale zeigen mehr oder weniger gute Ergebnisse. Die Signalverläufe in (b)–(e) weisen allerdings bereits vor dem eigentlichen Fehlverhalten erkennbare Abweichungen auf. Dies rührt aus einer geringeren Toleranz gegenüber der Fluktuation der betrachteten Signale. Die Teilabbildung (f) liefert deutliche, wenn auch leicht verzögerte Ergebnisse.

Beispiel der spätere Anstieg des Gesundheitssignals im Fehlerfall. Diesem Effekt kann jedoch durch eine angepasste Fenstergröße entgegengewirkt werden.

5.3.11. Szenario 7: Reale Signalverläufe, Pegelabfall 1

In diesem Szenario liegen den Signalen reale Messdaten zugrunde. Die Basis dieser Daten stellen zwei separat aufgezeichnete Verläufe der Spannungsversorgung des in Abschnitt 3.2 beschriebenen Schwenk-Neigekopfs dar. Diese beiden Verläufe werden als die fehlerfreien Signale S und R_1 herangezogen. Das fehlerhafte Signal R_2 wird auf Basis des Signals R_1 generiert. Insgesamt besteht jedes der beteiligten Signale aus 210 Messwerten. Anfänglich (fehlerfreier Zustand) gilt hierbei $(r_2)_i = (r_1)_i$, wobei das Signal im Fehlerfall sprunghaft abfällt und anschließend $(r_2)_i = 0$ gilt. Somit stellt die in diesem Szenario betrachtete Situation den Verlust einer Spannungsquelle dar, wie sie zum Beispiel durch eine unterbrochene Verbindung auftreten kann. Die jeweiligen Wertebereiche der Signale S, R_1 und R_2 sind durch $W_S = [(7,53),(8,46)]$, $W_{(R_1)} = [(7,57),(8,5)]$ und $W_{(R_2)} = [0,(8,5)]$ gegeben. In Abbildung 5.20 sind die betrachteten Signalverläufe dieses Szenarios dargestellt.

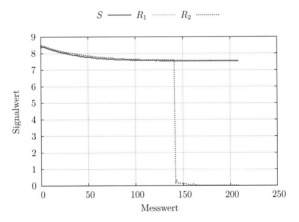

ABBILDUNG 5.20.: Signalverläufe in Szenario 7. Die gezeigten Signale S und R_1 basieren auf zwei Messungen des Verlaufs der Spannungsversorgung eines Schwenk-Neigekopfs. Das fehlerbehaftete Signal R_2 entspricht dem Verlauf von R_1, bis es durch eine künstliche Fehlerinjektion sprunghaft auf den Wert 0 gesetzt wird.

In Abbildung 5.21 sind typische Gesundheitssignalverläufe dieses Szenarios für eine Fenstergröße von $F = 100$ gezeigt. Generell ist an dieser Stelle anzumerken, dass die geringe

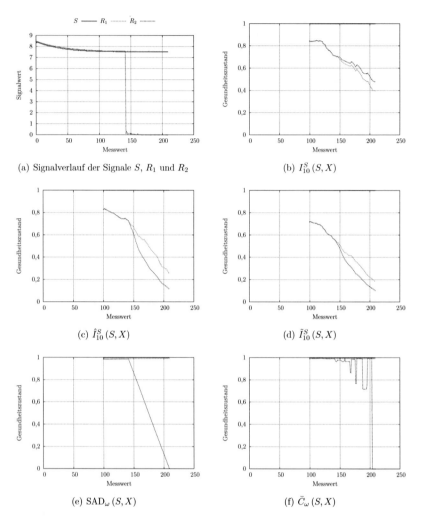

ABBILDUNG 5.21.: Beispielhafte Gesundheitssignale von Szenario 7. Betrachtet werden die Signale $X \in \{S, R_1, R_2\}$ bei einer Fenstergröße von $F = 100$. Die Signale in (b) sind aufgrund der verletzten Relation der Gesundheitssignale nicht für eine Auswertung geeignet. Eine Detektion des Fehlverhaltens ist mittels (c) und (d) zwar möglich, jedoch stellt der stetige Abfall des Gesundheitssignals des fehlerfreien Signals R_1 einen unerwünschten Effekt dar. Die Signale in (e) und (f) erlauben nach einer kurzen Verzögerung eine klare Bewertung der jeweiligen Gesundheitszustände.

Entropie der Signale S und R_1 bei ungünstig gewählten Fenstergrößen zu Problemen bei der transinformationsbasierten Ermittlung des Gesundheitszustands führen kann. Dies liegt darin begründet, dass die Entropie zur Normierung der Transinformation eingesetzt wird. Sofern die Entropie den Wert 0 annimmt, kann folglich die Transinformation nicht mehr bestimmt werden. Der konstante Signalverlauf, der mit diesem Entropiewert einhergeht, stellt auch für die Signalklassifikation ein eigenes Problem dar. Dies liegt darin begründet, dass ein konstantes Signal abgesehen vom eigentlichen Grundpegel keine charakteristischen Merkmale aufweist. Da die Signalklassifikation Wertebereiche aufeinander abbildet, kann dies bei ungünstigen Fenstergrößen zu stark alternierenden Gesundheitszuständen führen. Eine mögliche Lösungsstrategie, die beide genannten Probleme abdeckt, wird in Abschnitt 5.3.14 vorgestellt.

Aufgrund der verletzten Relation der Gesundheitssignale sind die in Teilabbildung 5.21(b) gezeigten Signale für eine Auswertung ungeeignet. Zwar zeigen die Gesundheitssignale in 5.21(c) und 5.21(d) mit dem Auftreten des Fehlverhaltens eine wahrnehmbare Abweichung, jedoch sind die dargestellten Signale an sich eher ungeeignet, da auch der Gesundheitszustand des fehlerfreien Signals stetig abnimmt. Die mittels SAD_ω bestimmte Referenz liefert anfangs nur einen geringen Ausschlag, jedoch ist nach einer gewissen Verzögerung eine klare Signalbewertung möglich. Die in 5.21(f) gezeigte Signalklassifikation weist kurz nach dem Fehlerfall eine alternierenden Bewertung des fehlerhaften Signals in abgeschwächter Form auf. Abschließend ist jedoch eine deutliche Klassifikation des Fehlerzustands möglich, wobei die zeitliche Verzögerung vergleichbar mit der aus Abbildung 5.21(e) ist.

5.3.12. Szenario 8: Reale Signalverläufe, Strukturverlust

Dem Szenario 8 liegen abermals reale Messdaten zugrunde, die zusammen mit einem künstlich generierten Fehler betrachtet werden. Analog zum vorherigen Szenario stellen die zwei separat aufgezeichnete Verläufe der Spannungsversorgung die fehlerfreien Signale S und R_1 dar. Die Generierung des fehlerhaften Signals R_2 erfolgt abermals auf Basis des Signals R_1. Im fehlerfreien Zustand wird R_2 somit durch $(r_2)_i = (r_1)_i$ belegt. Im Fehlerfall erfolgt die Generierung von $(r_2)_i$ mittels $(r_2)_i = 4,25 \pm 100\,\%$. Dieses Szenario betrachtet folglich eine Situation, in der die bereitgestellte Spannung der Spannungsquelle nicht mehr korrekt ermittelt werden kann. Ein solches Verhalten kann beispielsweise beim Versagen des A/D-Wandlers auftreten. Die jeweiligen Wertebereiche der Signale S, R_1 und R_2 sind durch $W_S = [(7, 53), (8, 46)]$, $W_{(R_1)} = [(7, 57), (8, 5)]$ und $W_{(R_2)} = [0, (8, 5)]$ gegeben. In Abbildung 5.22 sind die betrachteten Signalverläufe dieses Szenarios dargestellt.

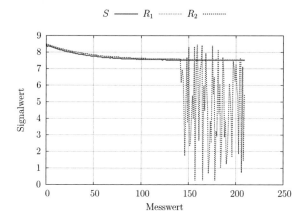

ABBILDUNG 5.22.: Signalverläufe in Szenario 8. Die dargestellten Signale S und R_1 protokollieren den Verlauf der Spannungsversorgung eines Schwenk-Neigekopfs. Bis zum Fehlerfall weisen die Signale R_1 und R_2 einen identischen Verlauf auf. Im Zuge der Fehlerinjektion wechselt R_2 auf ein Rauschen mit $4, 25 \pm 100\,\%$.

In Abbildung 5.23 sind repräsentative Gesundheitssignalverläufe dieses Szenarios abgebildet. Die Fenstergröße, die zur Generierung der Gesundheitssignale benutzt wurde, beträgt $F = 100$. Da dieses Szenario ähnlich zu dem Vorangegangenem ist, kann auch hier zum Teil das zuvor beschriebene Problem der minimalen Entropie auftreten.

Die in Teilabbildung 5.21(b) gezeigten Signale widersprechen einer gültigen Relation von fehlerhaften und fehlerfreien Signalen und sind daher für eine Auswertung ungeeignet. Im Gegensatz dazu zeigen die Gesundheitssignale in 5.21(c) und 5.21(d) zwar eine gültige Relation und auch eine erkennbare Reaktion auf das Fehlverhalten, jedoch sind die dargestellten Signale aufgrund der stetig fallenden Signalpegel ebenfalls eher ungeeignet. Die Signalverläufe in 5.23(e) liefern direkt mit dem Eintreten des Fehlverhaltens nur einen geringen Ausschlag, jedoch steigert sich diese Reaktion fortlaufend. Die Signalklassifikation in 5.21(f) zeigt in diesem Szenario ein ähnliche Leistung wie die SAD-basierte Referenz, jedoch stellen sich die Signalverläufe von $\bar{C}_\omega$ im direkten Vergleich etwas unruhiger dar. Dieser Umstand lässt sich über den sehr geringen Wertebereich des Vergleichssignals S in Verbindung mit der klassifikationstypischen Bereichsstreckung erklären.

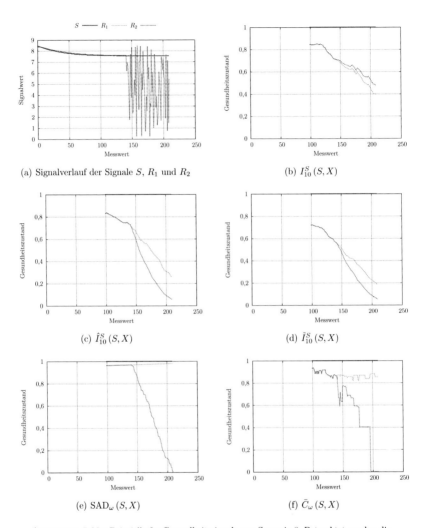

(a) Signalverlauf der Signale S, R_1 und R_2

(b) $I_{10}^S (S, X)$

(c) $\hat{I}_{10}^S (S, X)$

(d) $\tilde{I}_{10}^S (S, X)$

(e) $\mathrm{SAD}_\omega (S, X)$

(f) $\bar{C}_\omega (S, X)$

ABBILDUNG 5.23.: Beispielhafte Gesundheitssignale von Szenario 8. Betrachtet werden die Signale $X \in \{S, R_1, R_2\}$ bei einer Fenstergröße von $F = 100$. Die Signale in (b) eignen sich aufgrund der ungültigen Relation der Gesundheitssignale nicht für eine Auswertung. Zwar ist eine Detektion des Fehlers mittels der Signale in (c) und (d) möglich, allerdings ist der stetig abfallende Signalverlauf des Gesundheitssignals von R_1 problematisch. Die Signale in (e) und (f) verlaufen recht ähnlich und ermöglichen eine deutliche Unterscheidung der jeweiligen Gesundheitswerte.

5.3.13. Szenario 9: Reale Signalverläufe, Pegelabfall 2

Dieses Szenario betrachtet den Ausfall eines IR-Sensor des in Kapitel 3 vorgestellten Roboters. Während der Ermittlung der Sensordaten bewegt sich der Roboter mittels Motorschema [Ark98] in einer beschränkten Umgebung. Die Bewegung des Roboters resultiert dabei aus der Überlagerung zweier Vektorfelder. Das erste Feld wird dabei durch einen statischen Vektor beschrieben, was in einer Vorwärtsbewegung des Roboters resultiert. Als zweiter Anteil kommt ein repulsives Feld zum Einsatz, wodurch der Roboter Hindernissen (wie Wänden) ausweicht.

Ausgewertet wird im Zuge dieses Szenarios der frontal ausgerichtete IR-Sensor. Dabei wird zum einen die fehlerfreie Distanzbestimmung (R_1) und zum anderen die ab einem gewissen Zeitpunkt fehlerbehaftete Distanzbestimmung (R_2) betrachtet. Da eine physikalische Fehlerinjektion bei einem mobilen Roboter problematisch ist, erfolgt die Herbeiführung des fehlerhaften Systemzustands, indem der Roboter ab einem gewissen Zeitpunkt nicht mehr den frontalen IR-Sensor auswertet. Stattdessen wird auf die Auswertung eines nicht belegten A/D-Anschlusses umgeschaltet. Da der Roboter mit redundanten Distanzsensoren ausgestattet ist, kann das Referenzsignal S aus den Distanzinformationen der beiden vorderen US-Sensoren ermittelt werden. Es werden zwei US-Sensoren ausgewertet, da die beiden Sensorsysteme des Roboters mit einem gewissen Winkelversatz zueinander montiert sind. Somit ist einer direkte Abbildung von einem US- auf einen IR-Sensor nicht möglich. Das Referenzsignal S wird im Folgenden aus dem Mittelwert der beiden US-Sensoren generiert, die dem betroffenen IR-Sensor am nächsten liegen.

In der Abbildung 5.24 ist eine schematische Darstellung des kreisförmigen Roboters und der Umgebung zu sehen. Die Vorderseite des Roboters ist durch einen kleinen Pfeil in seinem Inneren markiert. Hervorgehoben sind die zwei US-Sensoren (graue Flächen), die zur Bestimmung von S herangezogen werden sowie der überwachte IR-Sensor (rote Linie). Der gestrichelte Pfeil zeigt die approximative Trajektorie, die der Roboter bei der Bestimmung der Messdaten beschrieb.

Da sich der Roboter während der Distanzbestimmung durch seine Umgebung bewegt, kommt es neben dem normalen Sensorrauschen außerdem zu stark alternierenden Messwerten, die aus der Umgebung und der jeweiligen Pose des Roboters resultieren. Der zuletzt genannte Effekt ist gerade bei den Daten der US-Sensoren besonders stark, da hier ein viel breiteres Messfeld abgedeckt wird und Hindernisse somit einen erheblich gesteigerten Einfluss auf die ermittelten Distanzwerte ausüben. Somit sind die Werte des

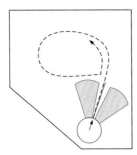

ABBILDUNG 5.24.: Schematische Darstellung der Umgebung, in der die Daten für Szenario 9 ermittelt wurden. Die frontale Ausrichtung des Roboters ist durch einen kleinen Pfeil markiert. Der untersuchte IR-Sensor ist als rote Linie dargestellt. Die Ermittlung des Referenzsignals erfolgt über den Mittelwert der beiden nächstgelegenen US-Sensoren (graue Flächen). Als gestrichelter Pfeil ist die approximative Trajektorie dargestellt, die während der Ermittlung der Distanzdaten vom Roboter beschrieben wurde.

US-Sensors nicht direkt mit den Werten des IR-Sensors vergleichbar. Um diesem Problem ein wenig entgegenzuwirken, kommt bei allen Signalen ein Medianfilter der Größe 11 zum Einsatz, der die Signalverläufe auf die eigentliche Analyse des Gesundheitszustands vorbereitet. Außerdem werden die Signalwerte der weiter reichenden US-Sensoren ($\approx 1\,\text{m}$) virtuell auf die maximale Messdistanz der IR-Sensoren ($\approx 80\,\text{cm}$) beschränkt.

Abbildung 5.25 zeigt die auf diese Weise gewonnenen Messdaten für Szenario 9. Jedes der beteiligten Signale besteht aus 1716 Messwerten. Es ist zu erkennen, dass die fehlerfreien IR- (R_1) und US-Daten (S) einen entfernt ähnlichen Verlauf aufweisen, wobei das Signal der Ultraschallsensoren im Allgemeinen erheblich unruhiger ist. Das fehlerhafte IR-Signal zeichnet sich durch einen nahezu konstanten Pegel mit einem geringen Rauschen aus. Der Wertebereich des Signals S beträgt $W_S = [20, 80]$ und der Wertebereich von R_1 ist durch $W_{(R_1)} = [16, 80]$ gegeben. Im fehlerfreien Zustand weisen die Signale R_1 und R_2 einen identischen Signalverlauf und auch einen entsprechenden Wertebereich auf. Nach dem Auftreten des Fehlers besitzt R_2 den Wertebereich $W_{(R_2)} = [13, 18]$.

Abbildung 5.26 veranschaulicht repräsentative Ergebnisse dieses Szenarios. Die Fenstergröße F ist mit $F = 500$ gegeben. Es ist klar zu erkennen, dass sämtliche Metriken in gewisser Weise auf das Fehlverhalten des IR-Sensors reagieren. Dabei kann in 5.26(c) die vergleichsweise geringste Reaktion auf den Sensorausfall beobachtet werden, wohingegen das Gesundheitssignal des fehlerfreien Signals im Vergleich zu der Bewertung mittels I_{10}^S und $\tilde{I}_{10}^S$ einen geeigneteren Pegelverlauf zeigt.

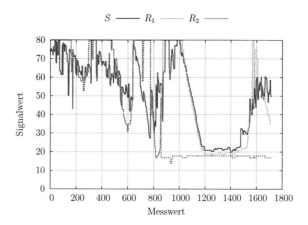

ABBILDUNG 5.25.: Signalverläufe in Szenario 9. Das Signal S ergibt sich aus dem Mittelwert der beiden vorderen US-Sensoren. Das fehlerfreie und das fehlerbehaftete Signal eines IR-Sensors sind als R_1 und R_2 dargestellt. Die gezeigten Signale sind mit einem Medianfilter der Größe 11 aufbereitet. Außerdem sind die Signalwerte von S auf einen Maximalwert von 80 beschränkt.

Die Teilabbildungen 5.26(b) und 5.26(d) weisen vergleichbar Signalverläufe auf, wobei I_{10}^S etwas höhere Werte im Signalverlauf des gesunden Signals liefert. Positiv an diesen beiden Metriken ist die deutliche Divergenz zwischen dem fehlerfreien und dem fehlerhaften Signalverlauf. Nachteilig gestaltet sich im Vergleich zu $\hat{I}_{10}^S$ die geringere Bewertung des Signalverlaufs vor dem Auftreten eines Fehlers.

Das Referenzsignal SAD$_\omega$ in 5.26(e) weist einen akzeptablen Verlauf bei der Bewertung des fehlerlosen Signals auf. Auch die Reaktion auf das Auftreten des Fehlers gestaltet sich anfangs sehr deutlich. Nachteilig ist jedoch die spätere Abmilderung dieser Reaktion im weiteren Signalverlauf, in Folge derer das fehlerhafte Signal wieder erheblich besser bewertet wird. Dieser Effekt liegt darin begründet, dass bei der Bewertung mittels SAD$_\omega$ die tatsächliche Differenz der absoluten Messwerte ausschlaggebend ist. Wie in den Signalverläufen der Messwerte (5.26(a)) beobachtet werden kann, nähren sich im Bereich von ungefähr 1150 bis 1500 die Messwerte der fehlerhaften und fehlerfreien Signale durch die Bewegung des Roboters sehr deutlich aneinander an. Somit verringert sich zeitweise die Abweichung der fehlerfreien und fehlerbehafteten Messwerte, was in einem Anstieg der Bewertung des fehlerhaften Signals resultiert.

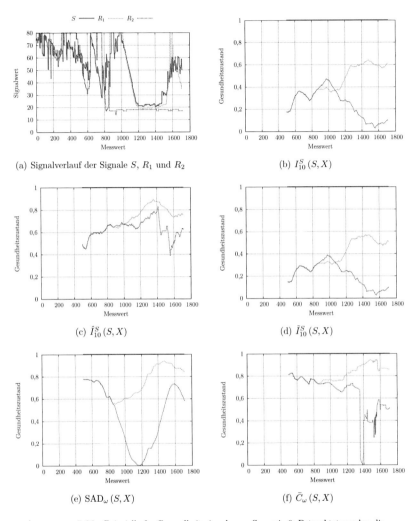

(a) Signalverlauf der Signale S, R_1 und R_2

(b) $I_{10}^S(S, X)$

(c) $\hat{I}_{10}^S(S, X)$

(d) $\tilde{I}_{10}^S(S, X)$

(e) $\mathrm{SAD}_\omega(S, X)$

(f) $\bar{C}_\omega(S, X)$

ABBILDUNG 5.26.: Beispielhafte Gesundheitssignale von Szenario 9. Betrachtet werden die Signale $X \in \{S, R_1, R_2\}$ bei einer Fenstergröße von $F = 500$. In diesem Szenario sind prinzipiell alle gezeigten Signalbewertungen zur Klassifikation des Gesundheitszustands geeignet. Die in (b) bis (e) gezeigten Verläufe weisen unterschiedliche Nachteile auf, die eine Auswertung behindern können. Eine Signalklassifikation mittel $\bar{C}_\omega$ liefert die besten Ergebnisse.

Die beste Bewertung der beteiligten Signale erfolgt in diesem Szenario mittels der in 5.26(f) veranschaulichten Signalklassifikation. Grundsätzlich wird das fehlerfreie Signal im Vergleich zu den anderen Metriken hier nahezu durchgängig auf einem sehr hohen Pegel bewertet. Das fehlerbehaftete Signal weicht außerdem deutlich vom gesunden Systemzustand ab. Zwar steigen auch die durch $\bar{C}_\omega$ bestimmten Gesundheitswerte wieder an, jedoch ist dieser Anstieg weniger ausgeprägt und somit nicht dominant.

5.3.14. Auswirkung der Fenstergröße auf den Gesundheitszustand

Wie bereits in Abschnitt 5.3.2 beschrieben, wurden die Signale in den vorangegangenen Szenarien einer Fensterung unterzogen. Aus der Notwendigkeit einer Fensterung stellt sich in diesem Kontext die Frage nach einer günstigen Fenstergröße F. Abbildung 5.27 verdeutlicht die Auswirkung der Fenstergröße auf den Verlauf der Gesundheitssignale anhand eines Beispiels, wobei 5.27(a) die zu bewertenden Signalverläufe zeigt. Wie der Darstellung zu entnehmen ist, handelt es sich dabei um Signale aus Szenario 6 (vergleiche Abschnitt 5.3.10).

Generell ist in den Teilabbildungen zu erkennen, dass eine Erhöhung von F mit einer gewissen Verzögerung bei der Reaktion auf das Fehlverhalten einhergeht. Zwar findet bereits unmittelbar einer gewisse Reaktion statt, allerdings ist deren Ausschlag gering und steigert sich erst mit der Zeit. Die maximale Reaktion wird folglich nach ungefähr F neuen Messwerten erreicht.

Neben der Verzögerung der Reaktion ist ein weiterer Effekt zu erkennen. Deutlich treten die extrem verrauschten Gesundheitssignale bei $F = 25$ (5.27(b)) hervor. Zwar kann die Grundtendenz der Bewertung erkannt werden, jedoch machen stark alternierende Signalverläufe die Gesundheitssignale quasi unbrauchbar. Eine Verdopplung von F (5.27(c)) geht zwar mit einer Verbesserung der Signalverläufe einher, allerdings alternieren die Signale immer noch sehr stark und eignen sich wenig zur Bestimmung des Systemzustands. Die in 5.27(d) gezeigten Signale mit $F = 100$ zeigen bereits akzeptable Verläufe. Auffällig sind dabei plötzliche Signalsprünge, die auf eine zu große Sensitivität hindeuten. Eine weiter Erhöhung der Fenstergröße auf $F = 200$ zeigt in 5.27(e) akzeptable Signalverläufe, die einen Kompromiss aus Sensitivitätsdämpfung und Reaktionszeit darstellen. Die Fensterung fungiert somit als Tiefpassfilter für die resultierenden Gesundheitssignale.

Im Zuge der unterschiedlichen Szenarien erfolgte im Rahmen dieser Arbeit auch eine inkrementelle Betrachtung von unterschiedlichen Fenstergrößen. Dabei lag die minima-

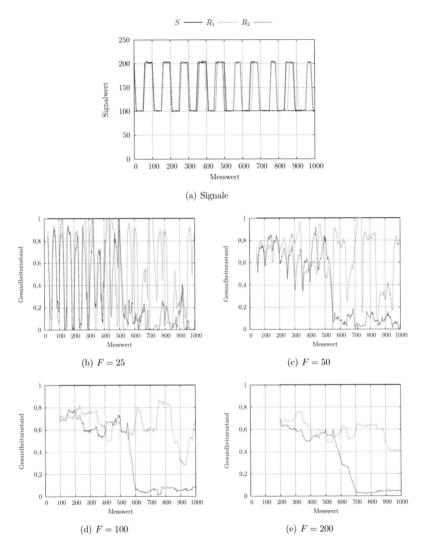

ABBILDUNG 5.27.: Auswirkung der Fenstergröße F auf den Verlauf der Gesundheitssignale bei einer Bewertung der Signale in (a). Betrachtet werden jeweils die mittels $I_{10}^{S}(S, X)$ mit $X \in \{S, R_1, R_2\}$ bestimmten Gesundheitssignale bei variierenden Fenstergrößen. Generell ist zu erkennen, dass die Vergrößerung des Fensters von 25 (b) auf 200 (e) einen positiven Effekt auf den Verlauf der Gesundheitssignale zeigt.

le Fenstergröße in jedem Szenario bei $F = 25$ und wurde in 25er-Schritten erhöht, bis das Fenster ungefähr die Hälfte der in dem jeweiligen Szenario betrachteten Messwerte aufnehmen konnte. In den Szenarien 1 bis 6 wurde somit die Menge der Fenstergrößen mit $F \in \{25, 50, \ldots, 500\}$ betrachtet. Für die beiden nachfolgenden Szenarien 7 und 8 erfolgte, aufgrund der geringeren Anzahl an Messwerten, eine Betrachtung von $F \in \{25, 50, 75, 100\}$ und im abschließenden Szenario 9 wurde F mit $F \in \{25, 50, \ldots, 850\}$ belegt.

Eine Betrachtung aller hieraus resultierender Ergebnisse, die insgesamt an die 4000 Signalverläufe umfassen, zeigt, dass eine zu gering gewählte Fenstergröße die Auswertung des Systemzustands durch starke Schwankungen erheblich erschwert. Auf der anderen Seite dämpfen größere Fenstergrößen die resultierenden Gesundheitssignale stärker und es kommt zu leichten Verzögerungen bei der Reaktionen auf Fehler. Im Zuge der Versuchsdurchführungen konnte eine Fenstergröße von 200 bis 400 als praktikabler Kompromiss ermittelt werden.

Da im praktischen Einsatz der Fehlerzeitpunkt unbekannt ist, kann nicht immer garantiert werden, dass eine festgelegte Fenstergröße zuvor mit gültigen Werten initialisiert wird. Erfolgt beispielsweise die Betrachtung der 210 Messwerte aus Szenario 7 und 8 mit $F = 200$, kann keine sinnvolle Bewertung des Systemzustand durchgeführt werden, da die Bewertung bereits von Anfang an fehlerbehaftet ist und somit keine Abweichung vom Initialzustand bestimmbar ist.

Als Alternative zu einer festen Fenstergröße bietet sich die Initialisierung des Systems mit einer stetig anwachsenden Fenstergröße an. Bei einem solchen Ansatz wird anfangs eine möglichst kleine Fenstergröße gewählt, wobei diese fortlaufen mit dem Eintreffen neuer Messwerte erhöht wird. Um diese Alternative zu analysieren, wurden die zuvor vorgestellten Szenarien 1 bis 9 abermals mit dem alternativen Ansatz bewertet. Die minimale Fenstergröße wurde dabei auf $F = 25$ festgelegt. Anschließend erfolgte eine Inkrementierung der Fenstergröße mit jedem neuen Messwert, bis sämtliche Signalwerte des betrachteten Szenarios in das Fenster passten. Auf eine visuelle Präsentation der sich so ergebenen Gesundheitssignale wird an dieser Stelle verzichtet, da die resultierenden Signalverläufe, bis auf einige Abweichungen, mit den bereits präsentierten Ergebnissen korrespondieren. Aus Gründen der Vollständigkeit finden sich diese Darstellungen jedoch als Anhang A am Ende dieser Arbeit. Die nachfolgenden Absätze geben einen kurzen Überblick über die beobachteten Abweichungen.

Generell ist bei der inkrementellen Fensterung auffällig, dass in vielen Szenarien die anwachsende Fenstergröße zu einer fallenden Tendenz bei den ermittelten Gesundheitssignalen führt. Dieser Umstand ergibt sich durch die verlängerte Gültigkeitsdauer erhaltener Messwerte. Betrachtet man beispielsweise eine durch Rauschen verursachte Abweichung, so beeinflusst diese bei einer festen Fenstergröße von $F = 100$ maximal 100 Gesundheitswerte. Wird das Fenster immer weiter vergrößert, bleibt diese Abweichung durchgehend relevant, während auch noch neue Abweichungen hinzukommen können. Es wird somit die Gesamtheit der betrachteten Abweichungen vergrößert, was besonders bei längeren Betrachtungen zu sinkenden Gesundheitssignalen führen kann.

In den Szenarien 1 bis 6 kann, neben dem eigentlichen Verlauf der Gesundheitssignale, bei den transinformations- und SAD-basierten Ansätzen mit wachsender Fenstergröße eine inkrementelle Verschlechterung der Bewertung des Systemzustands beobachtet werden. Der Grund für dieses Verhalten wurde bereits zuvor beschrieben. Abgesehen von diesem Effekt verhalten sich die genannten Maße jedoch vergleichbar, was ihre Verwendbarkeit oder Nichtverwendbarkeit angeht.

Bei der Klassifikation mittels $\bar{C}_\omega$ sind einige andere Effekte zu beobachten. In Szenario 1 und 2 wirkt sich die inkrementelle Fenstergröße positiv auf die Signalklassifikation aus, da die Bewertung des fehlerhaften Signals nicht wieder auf einen höheren Pegel zurückkehrt. Der Grund hierfür ist die verlängerte Gültigkeit von Messwerten durch die Betrachtung aller vorangegangenen Werte. In den daran anschließenden Szenarien 3 bis 5 sind die Signalverläufe vergleichbar mit den Signalverläufen, die sich bei festen Fenstergrößen ergeben. Dabei ist jedoch zu erkennen, dass die angenommenen Gesundheitswerte geringer ausfallen. Auch dieser Effekt kann durch die Betrachtung vergrößerter Bereiche erklärt werden. Besonders stark ausgeprägt ist dieser Effekt in Szenario 6, sodass an dieser Stelle von einer Verschlechterung der Bewertung gesprochen werden kann.

Prinzipiell weist die inkrementelle Fensterung in Szenario 7 und 8 einen sehr positiven Effekt auf alle Metriken zur Bestimmung des Gesundheitszustands auf. Dies lässt sich durch die geringere Anzahl an Messwerten in diesen Szenarien erklären, die eine Gesundheitssignalberechnung mit statischen Fenstergrößen eher schwierig gestaltete, da zuvor nur vergleichsweise kleine Fenster betrachtet werden konnten.

Aufgrund der großen Anzahl an Messwerten werden die negativen Effekte der inkrementellen Fensterung in Szenario 9 besonders deutlich. Die resultierenden Bewertungen zeigen vergleichsweise geringe Pegel und einen ausgeprägt absteigenden Verlauf der Gesundheitssignale.

Zusammenfassend kann festgehalten werden, dass eine inkrementelle Fensterung positive, jedoch auch negative Effekte hervorruft. Gerade bei sehr frühen Fehlverhalten dominieren die positiven Effekte und erlauben eine verbesserte Bewertung der betrachteten Signale. Mit zunehmender Fenstergröße setzen sich jedoch die negativen Aspekte durch und die Bestimmung der Gesundheitssignale gestaltet sich schlechter im Vergleich zu festen Fenstergrößen.

Somit stellt eine Kombination beider Ansätze die zu bevorzugende Strategie dar. Für die Initialisierung des Systems sollte der fortlaufende Ansatz zum Einsatz kommen und die Fenstergröße solange inkrementiert werden, bis die gewünschte Fenstergröße erreicht ist. Abbildung A.10 in Anhang A veranschaulicht dieses Vorgehen für eine initiale Fenstergröße von $F = 25$ mit einem vordefinierten Maximum von $F = 400$. Dieser Ansatz liefert deutlich besseres Ergebnisse als der zuvor diskutierte Ansatz mit einer unbeschränkten Fenstergröße. Die resultierenden Signalverläufe sind ungefähr mit den Signalverläufen vergleichbar, die sich bei einer statischen Fenstergröße von $F = 500$ ergeben, wobei bereits zu früheren Zeitpunkten Gesundheitssignale zur Verfügung stehen.

5.3.15. Bewertung von Bilddatenströmen

Die zuvor betrachteten Szenarien sind so aufgebaut, dass jeweils die zeitliche Veränderung einzelner Werte aus unterschiedlichen Quellen betrachtet wird. In einem Signal ist dabei jedem Zeitschritt ein expliziter Wert zugeordnet. So betrachtet beispielsweise das Szenario 9 Signale, die aus der zeitlichen Betrachtung unterschiedlicher Distanzsensoren resultieren. Jedem Zeitpunkt eines Signals ist dabei genau ein Distanzwert zugeordnet.

Neben der zuvor beschriebenen Signalbetrachtung sind andere Möglichkeiten der Datenakquirierung, wie beispielsweise Bilddatenströme, denkbar. In diesem Kontext wird jedem Zeitschritt eine Vielzahl an Messwerten in Form von Bildpunkten zugeordnet. Die im Rahmen dieser Arbeit durchgeführten Versuche betrachten eine Fenstergröße, die auf die Anzahl an Bildpunkte eines Bildes angepasst ist. Zur Bewertung des Gesundheitszustands werden jeweils zwei aufeinanderfolgende Bilder miteinander verglichen. Der in Kapitel 3 vorgestellte Roboter ist zum Beispiel mit einer Kamera ausgestattet, die im Regelfall Bilder mit einer Auflösung von 320×240 Bildpunkten liefert. Für eine Bewertung der Kamera beziehungsweise des von der Kamera gelieferten Bilddatenstroms, ergibt sich somit $F = 76800$.

Die Summe absoluter Differenzen eignet sich im Kontext von Bilddatenströmen besonders gut als Referenzmaß. Sie stellt ein weit verbreitetes Verfahren darstellt, dass beispielsweise auch bei der MPEG-Kodierung [Mov13] eingesetzt wird, um die Ähnlichkeit von Bildausschnitten zu beurteilen.

5.3.15.1. Versuchsbeschreibung

Um die Leistung der unterschiedlichen Bewertungsmethoden im vorliegenden Kontext zu verifizieren, wird ein aufgezeichneter Bilddatenstrom bewertet, der insgesamt 208 Einzelbilder umfasst. Jedes Bild besitzt dabei eine Dimension von 320 × 240 Bildpunkten. Die Aufzeichnung der Daten ist in diesem Fall notwendig, um so eine bessere Vergleichbarkeit bei der Betrachtung unterschiedlicher Fehlertypen sicherstellen zu können. Als Versuchsumgebung dient ein beschränkter Bereich, in dem sich ein Objekt schnell auf einer zufälligen Bahn bewegt. Bei dem mobilen Objekt handelt es sich um einen HEXBUG Ant [HEX12], der sich über den Boden bewegt. Dieser in Abbildung 5.28 gezeigte Miniroboter verfügt über sechs beinartige Räder, zwei artifizielle Fühler an der Vorderseite und einen Berührungssensor am hinteren Ende. Sobald der Roboter ein Hindernis wahrnimmt, invertiert er seine Bewegungsrichtung, um so dem Hindernis zu entfliehen.

ABBILDUNG 5.28.: Darstellung eines HEXBUG Ant.

Abbildung 5.29 veranschaulicht Kenndaten des Versuchsaufbaus und gibt exemplarische Beispiele für die unterschiedlichen Fehlerarten, die im Zuge der Versuchsdurchführung auftraten.

In 5.29(a) ist die vom HEXBUG Ant während der Versuchsdurchführung beschriebene Trajektorie innerhalb des überwachten Gebiets veranschaulicht. Der zeitliche Verlauf des Pfads ist mittels der Intensität der Grauwerte von hell nach dunkel dargestellt. Die Trajektorie wurde auf dem zu bewertenden Bilddatenstrom unter Verwendung des in Kapitel 4 vorgestellten Frameworks extrahiert.

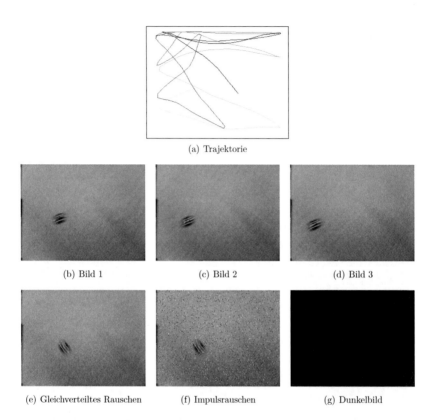

(a) Trajektorie

(b) Bild 1   (c) Bild 2   (d) Bild 3

(e) Gleichverteiltes Rauschen   (f) Impulsrauschen   (g) Dunkelbild

ABBILDUNG 5.29.: Dargestellt sind unterschiedliche Kenndaten der Versuchsdurchführung zur Bewertung von Bilddatenströmen. In (a) ist die über den Verlauf des Datenstroms resultierende Trajektorie des beweglichen Objekts dargestellt. Der zeitliche Verlauf wird über die Intensität der Linie von hell nach dunkel angezeigt. Die Abbildungen (b) – (d) zeigen die ersten drei Bilder des untersuchten Datenstroms. Die vergleichsweise hohe Geschwindigkeit des Objekts ist an der leicht verschwommen Darstellung zu erkennen. In (e) – (g) sind die unterschiedlichen Fehlertypen anhand des 150. Bilds veranschaulicht. Der erste Fehlertyp ist ein gleichverteiltes Rauschen. Bei der zweiten Fehlerart handelt es sich um ein Impulsrauschen, welches ungefähr $\frac{1}{25}$ aller Bildpunkte betrifft. Die letzte Fehlerart ist durch ein Dunkelbild gegeben.

Die Teilabbildungen 5.29(b) bis 5.29(d) zeigen die ersten drei Bilder des Datenstroms. Zu erkennen ist, wie sich der HEXBUG Ant über einen Teppichboden bewegt. Auffällig ist die, im Vergleich zur Bildwiederholfrequenz der verwendeten Kamera, hohe Geschwindigkeit des Roboters, der als Resultat leicht verschwommenen dargestellt wird.

Die während der Versuchsdurchführung betrachteten Fehlerfälle sind in Form von Beispielen in den Abbildungen 5.29(e) bis 5.29(g) dargestellt. Das erste Fehlverhalten wird durch eine Steigerung des Rauschens innerhalb der betrachteten Bilder beschrieben. Mathematisch kann dieser Fehler für alle Bildpunkte p_i eines Bilds P mit $p_i \in P$ als

$$p_i \quad = \quad \max(p_i + r(0, 24), 255), \forall i \tag{5.22}$$

beschrieben werden und stellt eine Signalverschlechterung dar, wie sie teilweise bereits durch schlechte Lichtverhältnisse eintreten kann.

Der in Abbildung 5.29(f) gezeigte Fehlerfall ist ein Impulsrauschen. Diese Art des Rauschens wird auch als „salt-and-pepper"-Rauschen bezeichnet [GW07]. Je nach eingesetztem Kameramodell kann eine schwächere Form dieses Rauschens den Normalzustand darstellen. Mathematisch ist dieses Fehlverhalten als

$$p_i \quad = \quad \max\left(\min\left(p_i + 255 \cdot \delta\left(\kappa\right), 255\right) - 255 \cdot \delta\left(\kappa\right), 0\right), \forall i \tag{5.23}$$

formulierbar, wobei p_i die Bildpunkte des Bilds P mit $p_i \in P$ darstellen und die Funktion $\delta\left(\kappa\right)$ als

$$\delta\left(\kappa\right) \quad = \quad \begin{cases} 1 & \text{für } r\left(0, \kappa\right) = \kappa \\ 0 & \text{sonst} \end{cases} \tag{5.24}$$

gegeben ist. Im Zuge der Versuchsdurchführung wurde das Impulsrauschen mittels $\kappa = 49$ generiert. Somit liefert die δ-Funktion ungefähr $\frac{1}{50}$ aller Anwendungen eine 1 zurück.

Bei der dritten Fehlervariante handelt es sich um ein Dunkelbild (Englisch: „darkframe"). Herbeigeführt wurde dieser Fehler durch eine physikalische Abdeckung der Kameralinse. Obwohl das in 5.29(g) dargestellte Bild durchgängig schwarz erscheint, ist dies nicht der Fall. Tatsächlich ist das Bild von einem ungleichmäßig verteiltem Sensorrauschen im niederen Wertebereich geprägt. Abbildung 5.30 zeigt das Resultat einer Farbraumstreckung des Bilds 5.29(g), die mit dem Verfahren aus [And11] durchgeführten wurde. Die unregelmäßige Verteilung der Rauscheinflüsse wird auf diese Weise veranschaulicht. Ein solches Dunkelbild ist charakteristisch für den verwendeten Bildsensor und wird daher häufig für eine Qualitätsverbesserung von Bildern verwendet [Buc07], indem das Dunkelbild von der eigentlichen Aufnahme subtrahiert wird, wodurch eine Rauschminderung erreicht wird.

ABBILDUNG 5.30.: Verdeutlichung der Rauscheinflüsse des Dunkelbilds aus Abbildung 5.29(f) durch eine Streckung des Farbraums.

5.3.15.2. Fehlerfreier Fall

Abbildung 5.31 zeigt die resultierenden Gesundheitssignale eines fehlerfreien Bilddatenstroms. Die dargestellten Signalverläufe wurden zuvor mit einem Medianfilter der Größe 15 geglättet. Das Referenzsignal SAD_ω liefert eine durchgängige Gesundheitsbewertung von ungefähr 0,5 und stellt damit ein solides Mittelmaß dar. Die Bewertungen mittels I_{10}^S und $\hat{I}_{10}^S$ sind mit der Referenz vergleichbar, wobei sie jedoch einen etwas ruhigeren Signalverlauf aufweisen. Deutlich ist zu erkennen, dass die Signalklassifikation im Vergleich zum Referenzsignal eine erheblich bessere Signalbewertung vollzieht. Zwar treten im Signalverlauf von $\bar{C}_\omega$ vergleichsweise stärkere Schwankungen auf, jedoch liegen diese in einem akzeptablen Bereich. Die Bewertung des Gesundheitszustands mittels $\tilde{I}_{10}^S$ erscheint aufgrund des geringen Grundpegels eher ungeeignet.

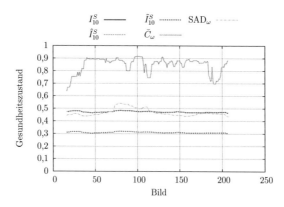

ABBILDUNG 5.31.: Bewertung eines fehlerfreien Bilddatenstroms. Die mediangefilterten Signalverläufe unterscheiden sich primär durch die absoluten Situationsbewertungen.

5.3.15.3. Gleichverteiltes Rauschen

In Abbildung 5.32 sind Gesundheitsverläufe dargestellt, die sich ergeben, wenn die Bilder des Datenstroms ab einem gewissen Zeitpunkt mit gleichverteiltem Rauschen behaftet sind (siehe Abbildung 5.29(e)). Zur Glättung der Signalverläufe kommt ein Medianfilter der Größe 15 zum Einsatz. Grundsätzlich ist zu erkennen, dass alle Alternativen zur Bestimmung des Gesundheitszustands deutlich auf die Veränderung der Bilddaten reagieren. Dabei ist zu beachten, dass eine relativ geringe Erhöhung des Rauschens sich zwar negativ auf die Qualität der Bilder auswirkt, jedoch die Bilddaten nicht völlig unbrauchbar macht. Unter diesem Gesichtspunkt stellt sich die Reaktion des Referenzsignals als zu stark dar. Die Signalverläufe von I_{10}^S und $\hat{I}_{10}^S$ befinden sich im mittleren Qualitätsbereich der Bewertung. Ähnlich wie in der vorangegangenen Betrachtung fällt der Grundpegel von $\tilde{I}_{10}^S$ zu gering aus. Die Signalklassifikation $\bar{C}_\omega$ zeigt demgegenüber eine erkennbare Reaktion auf das Fehlverhalten des Datenstroms und weist Gesundheitswerte sowie entsprechende Pegelveränderungen auf, die der Situation angemessen sind.

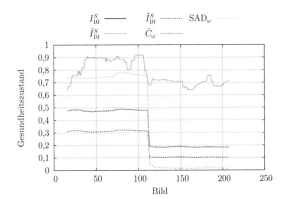

ABBILDUNG 5.32.: Bewertung eines Bilddatenstroms, in dem die Bilder ab einem gewissen Zeitpunkt von gleichverteiltem Rauschen betroffen sind. Zur Glättung der Signalverläufe kommt ein Medianfilter der Größe 15 zum Einsatz. Die unterschiedlichen Varianten der Bewertung zeigen variierende Situationsbewertungen und unterscheiden sich außerdem in ihrer Reaktionsstärke auf den Fehler. In Anbetracht der gegebenen Fehlercharakteristik reagiert besonders SAD_ω zu extrem. Die Bewertung mittels $\bar{C}_\omega$ zeichnet sich durch eine hohe Bewertung im fehlerfreien Fall aus und bewertet zudem den Fehlerfall angemessen.

5.3.15.4. Impulsrauschen

Tritt innerhalb des Bilddatenstroms Impulsrauschen auf, so ergeben sich, nach der Anwendung eines Medianfilters der Größe 15, die in Abbildung 5.33 visualisierten Signalverläufe. Auch in diesem Fall gilt, dass die Bildqualität durch diesen Störfaktor gemindert wird, eine Auswertung der Bilder jedoch weiterhin möglich ist. Die aus einer Bewertung des Gesundheitszustands resultierenden Signalverläufe sollten somit Ähnlichkeiten mit den Signalverläufen beim Auftreten von gleichverteiltem Rauschen aufweisen (vergleiche Abschnitt 5.3.15.3). Es ist jedoch zu erkennen, dass die transinformationsbasierten Metriken eine viel zu schwache Reaktion aufweisen, wohingegen die Reaktion des Referenzsignals SAD_ω, wie zuvor, erheblich zu stark ausfällt. Eine gute Reaktion auf das Fehlverhalten zeigt in diesem Kontext erneut das mittels $\bar{C}_\omega$ generierte Gesundheitssignal.

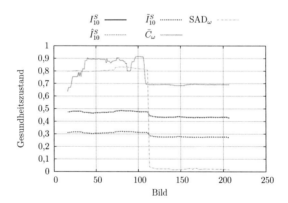

ABBILDUNG 5.33.: Bewertung eines Bilddatenstroms, in dem die Bilder ab einem gewissen Zeitpunkt von Impulsrauschen betroffen sind. Geglättet wurden die gezeigten Signalverläufe mit einem Medianfilter der Größe 15. Die unterschiedlichen Varianten der Auswertung zeigen variierende Bewertungen der Situation und unterscheiden sich außerdem in der Reaktionsstärke auf das Impulsrauschen. In Anbetracht der gegebenen Fehlercharakteristik reagiert SAD_ω zu extrem, wohingegen die transinformationsbasierten Maße eine zu geringe Reaktion zeigen. Die Bewertung mittels $\bar{C}_\omega$ zeichnet sich durch eine hohe Bewertung im fehlerfreien Fall aus und reagiert außerdem angemessen auf den Fehlerfall.

5.3.15.5. Dunkelbilder

Bei dem zuletzt betrachteten Fehlverhalten werden anstelle von korrekten Bilddaten fortlaufend Dunkelbilder des Kamerasensors zurückgeliefert. Auf ein solches Fehlverhalten sollten alle Gesundheitssignale mit einem starken Ausschlag reagieren. Die Ergebnisse dieses Versuchs sind Abbildung 5.34 zu entnehmen. Hierbei sind wieder deutlichen Unterschiede zwischen den alternativen Gesundheitssignalen zu erkennen. Als erstes fällt auf, dass das Referenzsignal SAD_ω eine inverse Reaktion von geringem Umfang auf das Fehlverhalten offenbart. Dabei steigt der Gesundheitszustand an, da die Differenz der Dunkelbilder prinzipiell geringer ist, als der Unterschied zwischen Bildern im fehlerfreien Bilddatenstrom. Lediglich beim Vergleich zwischen dem letzten fehlerfreien Bild und dem ersten Dunkelbild kommt es für einen Zeitschritt zu einer erheblichen Reaktion, die jedoch durch die Medianfilterung als Ausreißer verworfen wird. Die Klassifikationen des Gesundheitszustands durch I_{10}^S, $\hat{I}_{10}^S$ und $\tilde{I}_{10}^S$ zeigen eine wahrnehmbare Reaktion auf das Fehlverhalten, die sich jedoch geringer darstellt, als die Reaktion auf gleichverteiltes Rauschen (siehe Abschnitt 5.3.15.3). In Anbetracht der Fehlerart ist eine deutlichere Reaktion wünschenswert. Die Signalklassifikation $\bar{C}_\omega$ liefert einen guten Signalverlauf und setzt so ihr gute bis sehr gute Leistung fort. Wünschenswert wäre an dieser Stelle lediglich noch, dass die Bewertung der Dunkelbilder zu einem insgesamt noch niedrigeren Pegel führt.

5.3.15.6. Weitere Beobachtungen

Neben den zuvor vorgestellten Versuchen wurden auch weitere Datenströme mit variierenden Bildinhalten und unterschiedlichen Rahmenbedingungen analysiert. Die dabei gewonnenen Ergebnisse decken sich im Bezug auf die Qualität der Fehlerdetektion durchgängig mit den zuvor präsentierten Resultaten. Aus diesem Grund wird auf eine detaillierte Ergebnispräsentation verzichtet, da dies keine neuen Informationen liefern würde. Allerdings konnten neben der eigentlichen Detektion von Signalfehlern weitere Beobachtungen gemacht werden, die über die zuvor beschriebenen Ergebnisse hinausgehen und an dieser Stelle kurz beschrieben werden sollen.

Eine interessante Beobachtung konnte bei der Analyse eines Xvid-komprimierten [Xvi13] Videodatenstroms einer statischen Szenerie gemacht werden. In diesem Kontext zeigte sich deutlich die Sensitivität aller vorgestellten Bewertungsfunktionen. Abbildung 5.35 stellt die ungefilterten Signalverläufe der Videobewertung dar.

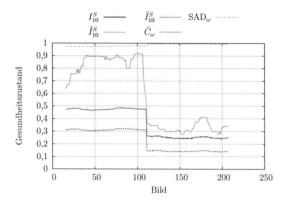

ABBILDUNG 5.34.: Bewertung eines Bilddatenstroms, in dem anstelle der normalen Bilder ab einem gewissen Zeitpunkt Dunkelbilder auftreten. Zur Glättung der Signalverläufe kommt ein Medianfilter der Größe 15 zum Einsatz. Die unterschiedlichen Varianten der Bewertung zeigen variierende Situationsbewertungen und unterscheiden sich außerdem in der Reaktionsstärke auf den Fehler. Die Referenzbewertung SAD_ω versagt bei der Detektion des Fehlverhaltens. Der Signalverlauf von $\bar{C}_\omega$ zeichnet sich durch eine hohe Bewertung im fehlerfreien Fall und deutliche Reaktion auf Fehler aus.

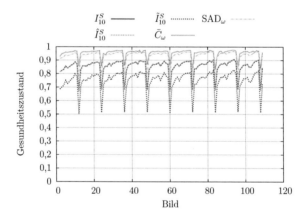

ABBILDUNG 5.35.: Bewertung eines Xvid-komprimierten Bilddatenstroms einer statischen Szene. Dargestellt sind ungefilterte Signalverläufe. Deutlich sind bei allen Alternativen zur Bewertung des Gesundheitszustands periodische Ausschläge zu erkennen, die vermutlich aus der Kompression der Daten herrühren.

Es ist klar zu erkennen, wie bei allen Signalen periodischen Bewertungseinbrüche austreten. Ein vergleichbares Phänomen lässt sich mit unkomprimierten Bilddatenströmen nicht reproduzieren. Dieser Effekt kann vermutlich durch den Aufbau MPEG-kodierter Daten [Mov13] erklärt werden, bei dem die Einzelbilder eines Datenstroms in Kompressionsklassen unterschiedlicher Stärke (sogenannte I-, B- und P-Slices) unterteilt werden. Üblicherweise entfernen Kompressionsverfahren zur Datenreduktion Redundanzen, was sich bei verlustbehafteten Verfahren auch in der Entropie der dekomprimierten Daten widerspiegelt. Somit liegt es nahe, dass die Gesundheitssignale auf periodische Übergänge zwischen hoch und niedrig komprimierten Daten reagieren.

Des Weiteren erfolgten zusätzliche Betrachtungen von Bilddatenströmen, bei denen größere Veränderungen der Bildinhalte zwischen den einzelnen Bildern auftraten. Abbildung 5.36 zeigt beispielhafte Bilder aus diesen Datenströmen und veranschaulicht somit die zugrundeliegenden Szenarien.

Das Bild 5.36(a) entstammt einem Bilddatenstrom der gewonnen wurde, während die auf einem Schwenk-Neigekopf angebrachte Kamera die beiden grün-markierten Objekte verfolgte. Die Position der Marker wurden dabei fortwährend von einer Person verändert. Durch die Verfolgung der Objekte kommt es zu kontinuierlichen Veränderungen der dargestellten Bildinhalte. Teilweise wurde außerdem einer der Marker aus dem Bild entfernt, was in schnellen Kameraschwenks zu dem verbleibenden Marker resultierte. Jedoch führt keiner der beschriebenen Effekte signifikant zu nachteiligen Veränderungen der Gesundheitsbewertung.

Um die Auswirkungen von starken Veränderungen des Bildinhalts weiter zu untersuchen, wurde ein zusätzlicher Datenstrom betrachtet, bei dem eine Person weite Teile des Bilds ausfüllt (siehe 5.36(b)). Die Person verändert dabei ihre relative Position zur Kamera, bleibt jedoch im Bild. Die Repositionierung erfolgt dabei weder besonders langsam, noch außerordentlich schnell und kann als normale Bewegungsgeschwindigkeit beschrieben werden. Der von der Person belegte Bildbereich wird über den Verlauf des Datenstroms größer und kleiner. Zusätzlich erfolgen anfangs leichte und abschließend starke Aufwärts- und Abwärtsbewegungen der Kamera, hervorgerufen durch eine Veränderung ihres Neigungswinkels. Insgesamt kann dabei beobachtet werden, dass die Bewegungen der Person keinen merklichen Effekt auf die generierten Gesundheitssignale haben. Ebenso ist dies bei den leichten Bewegungen der Kamera der Fall. Werden die Bewegungen der Kamera jedoch zu intensiv (veranschaulicht in 5.36(c)), zeigen die Gesundheitssignale eine erkennbare Reaktion, bei welcher der Gesundheitszustand um ungefähr 30 % abfällt. In Anbetracht der offensichtlichen Verschlechterung der Bildqualität, die mit der intensiven Kamerabewegung einhergeht, stellt sich diese Veränderung des Gesundheitszustands als angemessen dar.

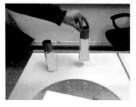  

      (a) Objektverfolgung   (b) Person   (c) Intensive Bewegung

ABBILDUNG 5.36.: Beispielhafte Bilder von weiterführend betrachteten Bilddatenströmen.

5.3.16. Gesamtauswertung

Basierend auf den vorangegangenen Szenarien gibt Tabelle 5.4 für jedes der Szenarien die Qualität der alternativen Verfahren zur Generierung von Gesundheitssignalen in kompakter Form wieder. Zur Bewertung der Qualität stehen sechs grobe Kategorien zur Verfügung. Generiert ein Verfahren Gesundheitssignale, die sowohl positive als auch negative Merkmale aufweisen, so wird es mit $\pm$ bewertet. Zeigen sich leichte Tendenzen in die positive oder negative Richtung, wird das entsprechende Verfahren mit $\oplus$ oder $\ominus$ bewertet. Sofern bestimmte Merkmale stark für oder gegen die Ergebnisse eines Verfahrens sprechen, ist dieses mit $\oplus\oplus$ oder $\ominus\ominus$ gekennzeichnet. Mittels $\otimes$ sind Verfahren gekennzeichnet, deren Ergebnisse nicht sinnvoll verwertbar sind. Dies ist beispielsweise der Fall, wenn der fehlerhafte Signalverlauf besser als der fehlerfrei Signalverlauf bewertet wird oder ein Verfahren unzureichend auf eine negative Systemveränderung reagiert.

Zusammenfassend lässt sich erkennen, dass die transinformationsbasierten Verfahren (I_α^S, $\hat{I}_\alpha^S$, $\tilde{I}_\alpha^S$) in fast allen Szenarien schlechte bis nicht nutzbare Gesundheitssignale generieren, wobei das Referenzverfahren (SAD_ω) erheblich bessere Werte liefert. Selbst im besten Fall generieren die betreffenden Verfahren lediglich durchschnittliche Gesundheitssignale, die, aufgrund ihrer schlechten Differenzierbarkeit, einer anschließenden Auswertung hinderlich gegenüber stehen können.

Erfreulicherweise zeigt die Zusammenfassung der Ergebnisse der Signalklassifikation ($\bar{C}_\omega$) in allen Szenarien gute bis sehr gute Leistungen, sodass an dieser Stelle eine klare Emp-

TABELLE 5.4.: Auswertung der vorangegangenen Szenarien 1–9. Die Eignung der einzelnen Verfahren zu Generierung von Gesundheitssignalen erfolgt über Elemente der von schlecht nach gut geordneten Menge $\{\ominus\ominus, \ominus, \pm, \oplus, \oplus\oplus\}$. Verfahren die mit $\otimes$ gekennzeichnet sind, liefern für das entsprechende Szenario keine sinnvollen Ergebnisse.

Szenario	I_α^S	$\hat{I}_\alpha^S$	$\tilde{I}_\alpha^S$	SAD_ω	$\bar{C}_\omega$
1	$\otimes$	$\otimes$	$\otimes$	$\oplus$	$\oplus\oplus$
2	$\ominus\ominus$	$\otimes$	$\ominus\ominus$	$\oplus$	$\oplus\oplus$
3	$\otimes$	$\otimes$	$\otimes$	$\oplus$	$\oplus$
4	$\otimes$	$\otimes$	$\otimes$	$\otimes$	$\oplus$
5	$\ominus\ominus$	$\otimes$	$\ominus\ominus$	$\otimes$	$\oplus$
6	$\pm$	$\pm$	$\pm$	$\pm$	$\oplus$
7	$\otimes$	$\ominus\ominus$	$\ominus\ominus$	$\oplus$	$\oplus$
8	$\otimes$	$\ominus\ominus$	$\ominus\ominus$	$\oplus$	$\oplus$
9	$\pm$	$\pm$	$\pm$	$\pm$	$\oplus$

fehlung für dieses Verfahren ausgesprochen werden kann. Diese Tatsache wird zusätzlich durch Tabelle 5.5 unterstrichen, in der die Ergebnisse der unterschiedlichen Verfahren zur Bestimmung von Gesundheitssignalen im Kontext von (fehlerbehafteten) Bilddatenströmen zusammengefasst sind. Die in der Tabelle dargestellte Klassifikation entspricht der zuvor beschriebenen Qualitätseinteilung.

TABELLE 5.5.: Auswertung der zuvor präsentierten Bilddatenströme. Die Eignung der einzelnen Verfahren zu Generierung von Gesundheitssignalen erfolgt über Elemente der von schlecht nach gut geordneten Menge $\{\ominus\ominus, \ominus, \pm, \oplus, \oplus\oplus\}$.

Bilddatenstrom	I_α^S	$\hat{I}_\alpha^S$	$\tilde{I}_\alpha^S$	SAD_ω	$\bar{C}_\omega$
Fehlerfrei	$\pm$	$\pm$	$\ominus$	$\pm$	$\oplus$
Gleichverteiltes Rauschen	$\pm$	$\pm$	$\ominus$	$\ominus$	$\oplus\oplus$
Impulsrauschen	$\ominus\ominus$	$\ominus\ominus$	$\ominus\ominus$	$\ominus\ominus$	$\oplus\oplus$
Dunkelbild	$\ominus$	$\ominus$	$\ominus$	$\ominus\ominus$	$\oplus$

Wie der vorangegangen Abschnitt bereits vermuten lässt, zeigt auch diese zusammenfassende Betrachtung, dass die Signalklassifikation gut bis sehr gut zur Generierung von Gesundheitssignalen geeignet ist. Interessanterweise liefert das Referenzverfahren in den unterschiedlichen Bilddatenströmen wesentlich schlechtere Ergebnisse als in den zuvor betrachteten Szenarien. Dies lässt sich damit erklären, dass die Fehler in den Bilddatenströmen meist mit einer Veränderung des Durchschnittswerts einhergehen. Somit zeigen die Bilddatenströme eine ähnliche Fehlercharakteristik, wie die Szenarien 4 und 5. Folglich ist die eher schlechte Leistung des Referenzverfahrens nicht mehr verwunderlich.

Außerdem sei noch erwähnt, dass die transinformationsbasierten Verfahren auch bei der Bewertung von Bilddatenströmen zwar weiterhin eher im schlechten Qualitätsbereich anzusiedeln sind, jedoch im direkten Vergleich zu den Ergebnissen der Szenarien eine etwas bessere Leistung aufweisen. Dieser Umstand lässt sich über die Entropie der Bilddatenströme erklären. So weisen beispielsweise alle Bilder durch das Rauschen des Bildsensors eine hinreichend große Grundentropie auf, die negative Entropieeffekte (siehe Abschnitt 5.3.4) abmildern kann. Somit kommt es weniger häufig zu nicht verwertbaren Signalverläufen.

Die Signalklassifikation $\bar{C}_\omega$ wurde bewusst so entworfen, dass sie lediglich auf der gemeinsamen Struktur zweier Signale arbeitet und keine absoluten Werte für eine Bewertung heranzieht. Dies stellt dabei eine grundsätzliche Annahme an tolerierbare Abweichungen dar. Am Beispiel zweier Servomotoren kann diese Entscheidung verdeutlicht werden. Es sei angenommen, dass die Servomotoren vergleichbare Bewegungssequenz in unterschiedlichen Winkelbereichen abfahren. Sofern eine Bewertung der entsprechenden Signalverläufe nur vom eigentlichen Bewegungsmuster abhängt, sind die jeweiligen Bewegungssequenzen zur gegenseitigen Bewertung nutzbar. Findet hingegen eine Beschränkung der Referenzsignale auf einen gemeinsamen Wertebereich statt, ist ein solches Vorgehen nicht mehr möglich, da dann verschiedene Grundpegel folglich als Abweichungen vom Normalzustand interpretiert werden. Ein anderes Beispiel stellen verrauschte Bilder dar. Wie in Abschnitt 5.3.15 gezeigt wurde, reagiert die aus absoluten Werten berechnete SAD_ω sehr stark auf Rauscheinflüsse. Durch die Verschiebung der Wertebereiche werden verrauschte Bilder als unbrauchbar angesehen, obwohl der eigentliche Bildinhalt noch relativ gut erkennbar ist. Dies spricht ebenfalls dafür, die Bewertung von Signalen auf ihre eigentliche Charakteristik zu beschränken.

„Viele sind hartnäckig in Bezug auf den einmal eingeschlagenen Weg, wenige in Bezug auf das Ziel."

Friedrich Nietzsche in *Menschliches, Allzumenschliches*, I, Aph. 494

KAPITEL 6

Fehlertolerante Pfadplanung

In diesem Kapitel erfolgt die Betrachtung von Ansätzen zur Pfadplanung, die sich dynamisch auf den derzeitigen Gesundheitszustand einer mobilen Einheit adaptieren. Die in den vorangegangenen Kapiteln vorgestellten und evaluierten Methoden zur Generierung von Gesundheitssignalen bilden somit eine fundamentale Grundlage für die folgenden Verfahren.

Die eigentliche Bestimmung von Gesundheitssignalen stellt einen Prozess dar, der über mehrere logische Ebenen verteilt ist. Den grundlegenden Schritt bildet in diesem Zusammenhang die Bewertung von einzelnen Signalen. Auf diese Weise können zwar einzelne Abweichungen detektiert werden, jedoch kann es schwer fallen, die Auswirkungen von einzelnen Anomalien auf das Gesamtsystem zu erkennen. Trotzdem ist bereits auf dieser Betrachtungsebene die Qualität der Gesundheitssignale ein sehr wichtiges Kriterium. Aus diesem Grund wurde die Güte von unterschiedlichen Verfahren zur Bestimmung des Gesundheitszustands in Abschnitt 5.3 bereits einer ausführlichen Analyse unterzogen.

Sofern Gesundheitssignale für einzelne Systemkomponenten vorliegen, stellt sich die Frage, wie die vorliegenden Daten beherrschbar aggregiert werden können. Wird beispielsweise

149

ein sechsbeiniger Laufroboter mit jeweils drei Servomotoren pro Bein betrachtet, so ergibt sich schnell eine Vielzahl von einzelnen Gesundheitssignalen. Die Auswirkungen von abfallenden Gesundheitssignalen sind alternativ leichter bestimmbar, wenn die einzelnen Signale in logische Gruppen zusammengefasst werden. Es ist deutlich übersichtlicher, die Gesundheit ganzer Beine zu betrachten, anstatt jeweils den Zustand einzelner Servomotoren auszuwerten. Auf höheren Ebenen kann es sogar sinnvoll sein, den gesamten Systemzustand in einem einzelnen Wert zusammenzufassen. Entsprechende Verfahren für diese Aufgabenstellung werden von dem in Abschnitt 4.3.2 vorgestellten ORCA-Framework bereitgestellt. Das dort vorgestellte ORCA-Design erlaubt es, Gesundheitssignale logisch untereinander zu verketten. Dabei werden außerdem beliebige Verfahren zur Gewichtung der Signale unterstützt. Somit sind Gesundheitssignale unterschiedlicher Komplexität und Struktur möglich, die es letztendlich auch erlauben, den gesamten Systemzustand in Form eines einzelnen Gesundheitssignals zu repräsentieren.

Zusätzlich sind neben den beschriebenen Anforderungen im Kontext einer adaptiven Pfadplanung jedoch noch weitere Voraussetzungen zu erfüllen. Dabei handelt es sich unter anderem um die Generierung von Gebietskarten, die gleichzeitig auch der Lokalisierung des Roboters dienen. Eine Karte ist erforderlich, da ohne sie keine Pfadplanung erfolgen kann. Außerdem ist es für den vorgestellten Pfadplanungsansatz notwendig, dass zusätzlich bestimmte Kenngrößen der zu durchquerenden Gebiete verfügbar sind. Bei diesen Daten handelt es sich zum Beispiel um die Steigung oder Beschaffenheit des Untergrunds. Daher stellen auch Verfahren zur Klassifizierung unterschiedlicher Geländetypen eine grundlegende Voraussetzung für die folgenden Verfahren dar.

Bei jedem der zuvor erwähnten Voraussetzungen handelt es sich einzeln betrachtet bereits um komplexe Themengebiete, weshalb im Zuge dieser Arbeit nicht auf alle Bereiche im Detail angegangen werden kann. Aus diesem Grund erfolgt in Abschnitt 6.1 ein einführender Überblick zu den Themen, die im Rahmen dieser Arbeit nicht weiter betrachtet werden. Konkret handelt es sich dabei um die Forschungsgebiete der autonomen Kartengenerierung sowie der Klassifizierung und Bewertung von Geländebereichen und Untergründen. Anschließend werden in Abschnitt 6.2 unterschiedliche Verfahren zur adaptiven Pfadplanung vorgestellt, die iterativ aufeinander aufbauen. Der grundlegende Entwurf bewertet dabei die Traversierbarkeit von Gebieten anhand von booleschen Klassifikationen, wobei der erweiterte Entwurf zusätzlich auch variable Zwischenstufen der Passierbarkeit sowie dynamische Kartenänderungen während der Pfadplanung berücksichtigt.

6.1. Überblick

Die im folgenden Abschnitt 6.2 präsentierten Betrachtungen zur adaptiven Pfadplanung konzentrieren sich auf die eigentliche Fehlertoleranz bei einer vorhandenen (Teil-)Karte. Die zusätzlich erforderliche Kartengenerierung liegt dabei nicht im Fokus dieser Arbeit. Eine geeignete Karte, die auch eine Schwierigkeitsabschätzung des Geländes bereithält, wird für die weiteren Betrachtungen als gegeben vorausgesetzt. Mögliche Ansätze zur eigenständigen und kooperativen Generierung von Karten sowie unterschiedliche Methoden zur Klassifikation von Untergründen, werden im Folgenden vorgestellt. Zwar beziehen die präsentierten Ansätze zum Teil unterschiedliche Anforderungen des Geländes (Schwierigkeitsindikator) in ihre Planung mit ein, jedoch werden die Eigenschaften des Roboters grundsätzlich als unveränderlich angenommen. Hierdurch heben sich die präsentierten Ansätze deutlich von den Verfahren ab, die im weiteren Verlauf dieses Kapitels vorgestellt werden.

6.1.1. Kartengenerierung

Ein Verfahren zur Bereichserkundung, das auf der Bestimmung der relativen Pose eines überwachten Roboters basiert, wird in [RDM97b] und [RDM97a] vorgestellt. Die Pose wird dabei über die zum überwachenden Roboter relativen Polarkoordinaten ermittelt. Die hierfür erforderliche Position und Rotation werden mittels eines sogenannten „robot tracker" bestimmt, der Roboter anhand einer eindeutigen Markierung erkennt. Ein solches System besteht zum Beispiel aus einer Kamera [RDM98] oder einem Laserscanner [RSDM01]. Das prinzipielle Vorgehen ist in Abbildung 6.1 schematisch dargestellt. Der Roboter R_1 hält ständigen Kontakt zum Roboter R_2 und kontrolliert dabei dessen Rotation und Entfernung, während sich R_2 entlang des gestrichelten Pfeils bewegt. Der direkte Sensorbereich zur Objektdetektion ist dunkelgrau dargestellt, wobei die Reichweite der Roboterüberwachung als hellgrauer Bereich markiert ist.

Zur kooperativen Kartengenerierung kann eine abwechselnde Kombination aus Roboterüberwachung und sensorbasierter Objektdetektion während der Fortbewegung genutzt werden. Sofern die Reichweite der Roboterüberwachung größer als die Reichweite der Sensoren zur Hindernisdetektion ist und alle Objekte im Einsatzgebiet eine erforderliche Mindesthöhe einhalten, kann eine beschleunigte Kartengenerierung durchgeführt werden. Hindernisse, die mindestens die Höhe des „robot trackers" erreichen, unterbrechen die

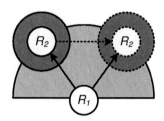

ABBILDUNG 6.1.: Roboter R_1 steht still und überwacht den fahrenden Roboter R_2, der sich entlang des gestrichelten Pfeils zur neuen Zielposition bewegt (ebenfalls gestrichelten dargestellt). Die Reichweite des „robot trackers" ist hellgrau dargestellt. Eine direkte Detektion von Objekten ist dem Roboter R_2 innerhalb des dunkelgrauen Bereichs möglich. Sofern der Sichtkontakt (durchgezogener Pfeil) zwischen R_1 und R_2 während der gesamten Fortbewegung von R_2 nicht unterbrochen wird, kann der Bereich zwischen den Pfeilen ebenfalls als erkundet angesehen werden.

Überwachung und können auf diese Weise außerhalb der Reichweite der Sensoren zur Hindernisdetektion wahrgenommen werden. Dies ermöglicht eine beschleunigte Erkundung von großflächigeren Bereichen. Eine simulationsbasierte Analyse derartiger Ansätze erfolgte in [RDM97a, RDM97b, RDM98, RDM00b]. Zusätzlich beschreibt [RDM00a] eine reale Umsetzung des Verfahrens. Allerdings wurden bei der zugehörigen Versuchsdurchführung vorrangig Parameter für Simulationsmodelle gesammelt.

Die in [DS00] vorgestellte Arbeit beschäftigt sich mit einem landmarkenbasierten Verschmelzungsalgorithmus zur kooperativen Kartengenerierung durch autonome Roboter. Die dort beschriebene Teilkartenverschmelzung basiert auf zuvor erkannten Landmarken, wie beispielsweise Kreuzungen, Sackgassen und Ecken.

Einen klassischen und weit verbreiteter Ansatz zur Generierung von Karten stellt die als „Simultaneous localization and mapping" (SLAM) bezeichnete Technik dar. Hierbei wird eine Gebietskarte generiert, während ein (unbekanntes) Terrain durchquert und die aktuelle Position innerhalb der Karte erfasst wird. Zwei Beispielhafte Vertreter dieses breiten Themenbereichs finden sich unter anderem in [MTKW02, SH10], wobei jeweils unterschiedliche Aspekte im Vordergrund stehen. Trotzdem setzt sich das prinzipielle Vorgehen aus den identischen Teilschritten *Aktualisierung* und *Vorhersage* zusammen.

Abbildung 6.2 verdeutlicht das Zusammenspiel der einzelnen Schritte anhand eines skizzenhaften Beispiels für einen SLAM-Ansatz unter Verwendung des Kalman-Filters [Kal60]. Die Bilderfolge zeigt, wie sich ein Roboter (weißer Kreis mit Richtungspfeil) innerhalb einer Ebene bewegt. Zurückgelegte Strecken sind in Form von gestrichelten Linien verdeutlicht. Vorhandene Umgebungsmerkmale (weiße Quadrate) dienen dem Roboter als natürliche Landmarken. Die Ungenauigkeit von Positionsinformationen ist anhand von grauen Ellipsen dargestellt. Deren Form steht dabei stellvertretend für den Grad der Streuung der zugeordneten Gaußverteilung.

Zu Beginn wird in Teilabbildung 6.2(a) eine initiale Messung (roter Bereich) durchgeführt. Die so bestimmte Lage des nächstgelegenen Umgebungsmerkmals wird genutzt, um die in 6.2(b) gezeigte Aktualisierung der Karte zu vollziehen. Bei diesem Vorgang kommen jedoch keine exakten Positionen zum Einsatz, sondern Positionswahrscheinlichkeiten (dunkelgraue Ellipsen), die auf dem zugrundeliegenden Messfehlermodell basiert. Nachdem sich der Roboter eine gewisse Strecke bewegt hat, erfolgt in 6.2(c) eine Vorhersage der neuen Aufenthaltswahrscheinlichkeit des Roboters (hellgraue Ellipse), der das kinematische Modell des Roboters zugrunde liegt. Anschließend erfolgt in 6.2(d) eine weitere Messung, die in 6.2(e) der Karte hinzugefügt wird. Entgegen der vorherigen Aktualisierung ist in diesem Fall zu erkennen, dass die Aufenthaltswahrscheinlichkeit der hinzugefügten Objekte deutlicher gestreut ist. Dies liegt daran, dass die Unsicherheit nach der Bewegung nicht nur auf dem Sensormodell, sondern zusätzlich auch auf der ungenauen Vorhersage der Roboterposition beruht. Durch eine weitere Bewegung nimmt die Unsicherheit der Roboterposition in 6.2(f) sogar noch weiter zu. Jedoch bewirkt das erneute Messen eines bekannten Umgebungsmerkmals in 6.2(g) eine Verbesserung der Kartenqualität in 6.2(h).

Dieser Effekt liegt darin begründet, dass der Roboter durch eine erneute Detektion einer bekannten Landmarke sein aktuelle Positionsungenauigkeit reduzieren kann. Dies setzt sich auch rückwirkend auf die zuvor besuchten Landmarken fort, selbst wenn diese im aktuellen Schritt nicht wahrgenommen wurden. Möglich ist dieses Vorgehen, da die Positionen der Landmarken durch vorangegangene Messungen stark korrelieren. Auch wenn die absoluten Positionen durch iterative Ungenauigkeiten starken Fehlern unterworfen sind, sind die relativen Positionen der Landmarken relativ gut bekannt. Eine umfassende Erklärung dieses Sachverhalts ist beispielsweise in [DWB06] zu finden.

Eine große Herausforderung bei der Anwendung von SLAM besteht im Erkennen und Schließen von Kreisen. Zwar ist diese Aufgabe im kleineren Maßstab vergleichsweise einfach zu handhaben, jedoch wird sie mit anwachsender Gebietsgröße komplexer. Abbildung 6.3 betrachtet dies anhand eines abstrakten Beispiels. Gezeigt ist ein virtueller Gebäudeabschnitt (dunkelgrau), der aus vier Korridoren besteht, die zusammen ein großes

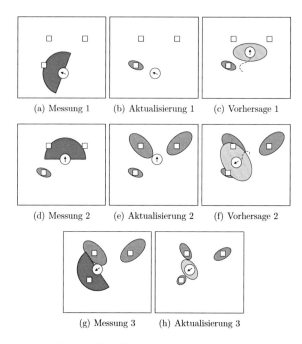

(a) Messung 1   (b) Aktualisierung 1   (c) Vorhersage 1

(d) Messung 2   (e) Aktualisierung 2   (f) Vorhersage 2

(g) Messung 3   (h) Aktualisierung 3

ABBILDUNG 6.2.: Abstrakte Darstellung des Prinzips einer Kartengenerierung mittels
SLAM. In (a) erfolgt die initiale Messung, bei welcher der Roboter (weißer Kreis mit Richtungspfeil) die Distanz zum nächstgelegenen Hindernis (weißes Quadrat) bestimmt. Daraufhin erfolgt die in (b) dargestellte Aktualisierung der Karte, wobei Aufenthaltswahrschein-
lichkeiten (graue Ellipsen) anstelle von exakten Positionen verwendet werden. Durch die in
(c) veranschaulichte Bewegung des Roboters wächst die Unsicherheit über seine Position
(hellgraue Ellipse). Dieser Prozess wiederholt sich in ähnlicher Form von (d) bis (f), wobei die Gesamtunsicherheit des Systems weiter anwächst. Durch die erneute Messung einer
bereits bekannten Landmarke (g) wird die Gesamtqualität der Karte verbessert (h).

Rechteck darstellen. Kleinere Messfehler können dazu führen, dass zyklische Gebiete nicht aufeinander abgebildet werden. Bereits geringe Ungenauigkeiten bei der Bestimmung der Eckwinkel sorgen für eine vom Rechteck abweichende Struktur (hellgrau), in der die linke obere Ecke nicht mehr auf sich selbst abgebildet wird. Außerdem ist zu erkennen, dass der beschriebene Effekt mit zunehmender Länge deutlicher wird und daher besonders beim Vermessen weitläufiger Gebiete auftritt. Das Schließen von Zyklen stellt generell ein komplexes Problem dar, dass in vielen Publikationen gesondert betrachtet wird. Einige spezialisierte Verfahren sind beispielsweise in [GK99, HBFT03, MM09] zu finden.

ABBILDUNG 6.3.: Dargestellt ist die Problematik, die beim Kartographieren von großen, zyklischen Umgebungen auftritt. Selbst kleine Messfehler an den Ecken der zu kartographierenden Struktur (dunkelgrau) werden durch die langen Strecken so verstärkt, dass der zugrundeliegende Zyklus im resultierenden Modell (hellgrau) nicht mehr wahrnehmbar ist.

Neben der klassischen Gebietserkundung eines einzelnen Roboters existieren außerdem weiterführende Ansätze, die eine kooperative Kartengenerierung unter Verwendung mehrerer Roboter betrachten. In Abbildung 6.1 wurde bereits kurz auf einen möglichen kooperativen Ansatz eingegangen. Es ist allerdings anzumerken, dass das dort gezeigte Verfahren eine relativ starke Kopplung der Roboter voraussetzt. Bei weiterführenden Ansätzen besteht die Herausforderung primär in der losen Kopplung der Roboter und damit in einer fehlerfreien Synchronisation der Teilkarten. Beispielhafte Vertreter solcher Ansätze sich unter anderem in [KSF+03, KFL+03, FKK+06, MM09] zu finden.

6.1.2. Geländeklassifikation

Mithilfe einer Stereokamera wird in [SSS+00] die Qualität der Umgebung eines Roboters bewertet. Hierbei fließt die Form und die Verteilung beziehungsweise Anhäufung, von Hindernissen in ein abstrakteres Bewertungsmaß ein. Dieses Maß kann herangezogen werden, um zu beurteilen, in wie weit sich das vor dem Roboter liegende Gelände zur Durchquerung eignet.

In [OMSM01, HCC+04, HCC+05] werden Verfahren zur Stabilisierung der Odometrie präsentiert, die auf dem Einsatz von Stereo-Kameras beruhen. Die Verfahren basieren auf der Extraktion von natürlichen Landmarken, die anschließend genutzt werden, um die Abweichung zwischen der angenommenen und der tatsächlichen Bewegung zu korrigieren. Der Abweichungsgrad kann hierbei als Maß für die Schwierigkeit des Geländes interpretiert werden. Ein möglicher Nachteil dieses Ansatzes besteht darin, dass das zu bewertende Gelände zuvor traversiert werden muss, was je nach Situation nicht wünschenswert ist.

Die Arbeit [VZ05] präsentiert statistische Ansätze zur Klassifikation von Einzelbildern mit unterschiedlichen Texturen. Mit Hilfe einer solchen Klassifizierung kann in einem weiteren Schritt jede Klasse mit bestimmten Eigenschaften assoziiert werden. Ähnliche Ansätze werden beispielsweise in [AMHP06, AMH+06] vorgestellt. Dabei handelt es sich um Verfahren, die unter anderem anhand von Kamerabildern eine visuelle Abschätzung der Sicherheit des Untergrunds der näheren Umgebung vollziehen. Gebiete in denen der Roboter mit hoher Wahrscheinlichkeit wegrutschen könnte, werden darauf aufbauend in der lokalen Teilkarte gemieden, um ein Festfahren des Roboters zu verhindern.

Der durch das „Deutsche Zentrum für Luft- und Raumfahrt e. V." (DLR) in [CH09] präsentierte Ansatz ermöglicht es dem sechsbeinigen Laufroboter DLR-Crawler unbekannte Gebiete sicherer zu durchqueren. Hierbei werden visuelle Informationen genutzt, um während der Erkundung eine Karte zu erstellen, die auch Höheninformationen der Umgebung beinhaltet. Hierdurch ist während der weiteren Bewegung möglich, zu bewerten, ob gewisse Gebiete überquert werden können oder nicht. So werden beispielsweise Gebiete, deren Höhe den Winkel der tolerierbaren Beinstellungen überschreitet, als Hindernisse bewertet.

Ein Ansatz, bei dem ein sechsbeiniger Laufroboter die Höheninformationen des ihn umgebenden Geländes mit einem Laserscanner extrahiert, wird in [BS10] vorgestellt. Hierbei werden die ermittelten Daten in eine 2,5-dimensionale Gitterkarte verwaltet, bei der jeder Zelle eines zweidimensionalen Gitters eine diskrete Höhe zugeordnet ist [KH94]. Im konkreten Ansatz wird die resultierende Umgebungskarte zur Auswahl von günstigen Fußpunkten für die Positionierung der Roboterbeine verwendet.

In [ETB+12] werden Verfahren zur dynamischen Risikobewertung präsentiert. Die Fähigkeit eines Roboters, seine Umwelt zu manipulieren, stellt dabei einen zusätzlichen Schwerpunkt der Betrachtungen dar. Da es sich um eine dynamische Bewertung handelt, existiert keine statische Risikoverteilung, die a priori gegeben ist. Das resultierende Ausmaß der momentanen Gefahr ist von der derzeitigen Tätigkeit des Roboters und seiner Umwelt abhängig. Um die Problemstellung anhand eines Beispiels zu verdeutlichen, sei folgende Situation angenommen: Ein Roboter soll einen Raum durchqueren, in dem sich ein Mensch aufhält. Grundsätzlich besteht ein gewisses Risiko, dass der Roboter mit dem Menschen zusammenstößt. Sofern sich der Roboter nicht allzu schnell fortbewegt kann davon ausgegangen werden, dass er keine größere Gefahrenquelle für den Menschen darstellt. Selbst wenn es zu einem Zusammenstoß kommt, würde lediglich eine geringe Menge kinematischer Energie übertragen werden. Anders gestaltet sich die Situation jedoch, wenn der Roboter beispielsweise eine Tasse mit heißem Kaffee transportiert, da jetzt die Möglichkeit besteht, dass der Mensch bei einem Zusammenstoß verbrüht wird. Ziel der untersuchten Ansätze ist es, für unterschiedliche Situationen das Risiko zur Laufzeit bestimmen zu können. Dabei aggregiert ein zentraler Server die im System gesammelten Daten, um so eine situationsbezogene Risikoanalyse durchführen zu können.

Abschließend sei an dieser Stelle noch einmal darauf hingewiesen, dass keiner der zuvor genannten Ansätze die Eigenschaften eines Roboters als veränderlich betrachtet. Somit wird bei etwaigen Planungen mit statischen Voraussetzungen gearbeitet. Da eine solche Einschränkung besonders im Bereich des Organic Computing nicht wünschenswert ist, werden im weiteren Verlauf dieser Arbeit Verfahren präsentiert, die veränderliche Robotereigenschaften während der Pfadplanung berücksichtigen.

6.2. Adaptive Pfadplanung

Der vorliegende Abschnitt präsentiert die Idee der *adaptiven Pfadplanung* (*APP*) und basiert auf den in Abschnitt 2.3.1 vorgestellten Grundlagen zur Pfadplanung. Diese setzen die Annahme voraus, dass die Fähigkeiten eines Roboters über die Zeit betrachtet konstant verhalten. Eine solche Voraussetzung ist jedoch im Kontext adaptiver Systeme nicht erfüllt. Hieraus resultiert die Notwendigkeit adaptiver Alternativen, die auch im Fehlerfall bei abnehmenden Fähigkeiten des Roboters valide Pfade liefern.

Den Prinzipien von ORCA entsprechend, findet bei den im Folgenden vorgestellten Systemen zur APP eine Trennung zwischen BCUs und OCUs statt. Die BCU führt dabei eine übliche Pfadplanung durch, wobei die OCU den Gesundheitszustand des Roboters überwacht und daraus ableitet, welche Zellen nicht mehr durchquert werden können. Dies geschieht, indem die OCU bestimmte BCU-Parameter verändert, die zur Klassifizierung von Hindernissen und traversierbaren Gebieten herangezogen werden. Durch eine entsprechende Anpassung dieser Parameter kann die OCU somit bewirken, dass zu schwierige Gebiete von der BCU als Hindernisse wahrgenommen werden. Da Hindernisse während der

Pfadplanung automatisch umgangen werden, kann die BCU ihre üblichen Pfadplanungsschritte durchführen ohne explizit zu wissen, dass schwierige Gebiete gemieden werden. Zusätzlich ist es der OCU auch möglich, Gebiete zu markieren, die nicht passiert werden sollen. Dies stellt zwar eine weichere Anforderung als die Unpassierbarkeit eines Gebiets darstellt, jedoch treten für die Pfadplanung hierdurch zusätzliche Probleme auf. Dies liegt darin begründet, dass diese relativ diffuse Einschränkung eine Vielzahl von alternativen Wegen ermöglicht. Um unter diesen Voraussetzungen möglichst optimale Pfade zu generieren, werden im Folgenden auch iterative Verfahren zur Pfadextraktion eingesetzt.

Der folgende Abschnitt 6.2.1 geht zunächst auf den grundlegenden Ansatz zur adaptiven Pfadplanung ein. Dabei wird die Ermittlung von gültigen Wegen primär auf eine boolesche Klassifikation der Traversierbarkeit eines Gebiets in Abhängigkeit zum derzeitigen Gesundheitszustand des Systems zurückführt. Anschließend wird das zuvor vorgestellte Vorgehen in Abschnitt 6.2.2 validiert. Hierauf aufbauend wird der grundlegende Entwurf in Abschnitt 6.2.3 erweitert. Durch die Erweiterung sind auch stufenweise Bewertungen von Gebieten möglich, sodass quasi festgelegt werden kann, wie gefährlich oder ungeeignet ein Gebiet im derzeitigen Gesundheitszustand des Systems ist. Der darauf folgende Abschnitt 6.2.4 präsentiert die Ergebnisse dieses erweiterten Ansatzes. Abschließend erfolgt in Abschnitt 6.2.5 die Betrachtung des Verfahrens im Kontext hochdynamischer Umgebungen, bei denen die Pfadplanung in der Gegenwart von einer Vielzahl mobiler Einheiten durchgeführt wird.

6.2.1. Grundlegender Entwurf

Dieser Ansatz basiert auf der in [MM11] vorgestellten Arbeit. Er stellt eine grundlegende Möglichkeit zur APP dar und dient im Folgenden als Basis für komplexere Ansätze. Zur Generierung der Adaptivität definiert die OCU bestimmte Zellen situationsabhängig zu Hindernissen, die folglich von der BCU während der Pfadplanung gemieden werden. Somit kann die OCU die Wegewahl der BCU über eine vergleichsweise einfache Schnittstelle beeinflussen.

6.2.1.1. Basisverfahren

Die BCU nutzt einen Ansatz zur Pfadplanung, der auf kürzeste Wege ausgerichtet ist und auf der in Abschnitt 2.3.1 vorgestellten wellenfrontbasierten Pfadplanung beruht.

Abbildung 6.4 zeigt ein vereinfachtes ORCA-Design des zugrundeliegenden Pfadplaners.

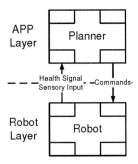

ABBILDUNG 6.4.: Vereinfachtes ORCA-Design der adaptiven Pfadplanung aus geschichteten
BCU Metamodulen. Das Planner-Modul ist in der Lage, dem Robot-Modul Kommandos zu
übermitteln, um den repräsentierten Roboter in eine bestimmte Richtung zu lenken. Der
Roboter seinerseits versorgt die Pfadplanung mit sensorischen Informationen. Außerdem ist
der Gesundheitszustand des Planner-Moduls direkt an das Gesundheitssignal des Roboters
gekoppelt. (Darstellung in Anlehnung an [MM11].)

Konzeptionell findet eine Trennung zwischen der Hardwareebene (Robot Layer) und der
Planungsebene (APP Layer) statt. Das BCU-Metamodul Robot repräsentiert in diesem
Entwurf einen mittels ORCA gesteuerten Roboter. Dieser stellt sein Gesundheitssignal
(Health Signal) dem übergeordneten Metamodul Planner zur Verfügung, welches die
eigentliche Pfadplanung durchführt. Genaugenommen ist der Gesundheitszustand dieses Moduls sogar direkt an das aggregierte Gesundheitssignal des Roboters gekoppelt
(vergleiche Abschnitt 4.3.2). Außerdem stellt das Robot Modul weitere Information, wie
beispielsweise die Position des repräsentierten Roboters, zur Verfügung. Der Planner ist
indes in der Lage, dem Roboter Steuerkommandos zu senden, um ihn entlang des ermittelten Pfads zu leiten.

Die eigentliche Pfadplanung arbeitet auf Gitterkarten des zum aktuellen Zeitpunkt bekannten (Teil-)Gebiets. Jeder Zelle

$$c_{xy} = \begin{pmatrix} x \\ y \\ d \\ s \\ \vdots \end{pmatrix} \in G \tag{6.1}$$

innerhalb der Gitterkarte G verfügt hierfür über einen *Schwierigkeitsindikator s*, welcher in abstrakter Form Informationen über die Schwierigkeit des repräsentierten Gebiets bereitstellt. Durch seine Abstraktheit entfernt sich ein solches Maß zwar einerseits von der tatsächlichen Ausprägung eines Gebiets. Andererseits offeriert die Abstraktion durch die entferntere Betrachtungsweise die Möglichkeit, unterschiedliche Situationen zu vereinheitlichen. So ist es zum Beispiel für einen Laufroboter schwieriger, eine schräge Ebene anstelle eines flachen Untergrunds zu überwinden. Genauso ist es schwieriger sich über Kies anstelle eines glatten Betonbodens zu bewegen. Durch ein abstraktes Maß ist es während der Pfadplanung bei sinkendem Gesundheitssignal möglich, schwierige Gebiete zu meiden, ohne genauere Details über den Grund der erhöhten Schwierigkeit zu benötigen.

Des Weiteren verfügt das `Planner`-Modul über einen *Hindernisindikator ψ*, der die Zellen einer Karte über s in traversierbare und blockierte Zellen klassifiziert. Im Folgenden wird dieser Hindernisindikator von einer assoziierten OCU modifiziert, um die veränderlichen Fähigkeiten des Roboters zu berücksichtigen.

Grundsätzlich wird die Pfadplanung vom `Planner`-Modul kontinuierlich vollzogen. Dies geschieht aus zwei Gründen. Zum einen kann so sichergestellt werden, dass die Pfadplanung auch auf zuvor unbekannte oder temporäre Hindernisse reagiert (siehe Abschnitt 6.2.5). Zum anderen ist dieses Vorgehen für Adaptionen von Vorteil, die in mehreren Schritten ausgeführt werden müssen (siehe Abschnitt 6.2.3).

6.2.1.2. Organisches Verfahren

Die OCU der adaptiven Pfadplanung überwacht das Gesundheitssignal, welches von dem assoziierten Roboter generiert wird und modifiziert den Hindernisindikator ψ der APP-BCU entsprechend. Daraus resultiert, dass die assoziierte BCU Zellen meidet, deren Schwierigkeitsindikator s zu hoch ist, um im aktuellen Gesundheitszustand des Roboters noch traversiert zu werden. Auf diese Weise kann sichergestellt werden, dass auch ein teilweise beschädigter Roboter seine Mission fortsetzen kann. Hierbei werden die potentiell gefährlichen Gebiete umgangen. Eine vereinfachte Repräsentation des ORCA-Designs zur adaptiven Pfadplanung ist in Abbildung 6.5 dargestellt. Die grundlegende Funktionalität des Systems wird von zwei BCU-Metamodulen realisiert, die im geschichteten Verbund agieren. Die zugeordnete OCU (grau) stellt sicher, dass der assoziierte `Planner` im Fehlerfall funktionstüchtig bleibt. Um dies zu erreichen, überwacht die OCU das Gesundheitssignal der zugehörigen BCU und führt gegebenenfalls Anpassungen von ψ durch. Wie zuvor erwähnt, ist das Gesundheitssignal des Planners dabei direkt an die Gesundheit des Roboters gekoppelt. Es sei an dieser Stelle noch einmal darauf hingewiesen, dass es sich aus Gründen der Übersichtlichkeit bei den dargestellten Modulen um Metamodule handelt, die das Zusammenspiel der beiden Teilsysteme Roboter und Pfadplanung veranschaulichen. Eine komplexere Umsetzung, die mehr Details auf der Ebene des Roboters zeigt, kann beispielsweise in [BMM05] gefunden werden.

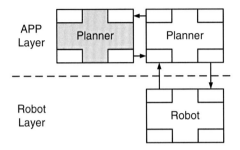

ABBILDUNG 6.5.: Der grundlegende BCU/OCU-Entwurf der Pfadplanung aus geschichteten Metamodulen über Hardware- (Robot Layer) und Planungsebene (APP Layer). Die graumarkierte OCU überwacht die assoziierte Planner-BCU und führt gegebenenfalls Anpassungen des Hindernisindikators durch. Dabei ist das Gesundheitssignal der Planner-BCU direkt an den Gesundheitszustand der Robot-BCU gekoppelt. (Darstellung in Anlehnung an [MM11].)

Die aus diesem Entwurf resultierende Reaktion auf ein sinkendes Gesundheitssignal ist in Abbildung 6.6 veranschaulicht. Die Darstellung zeigt die gitterkartenbasierte Repräsentation eines Geländes mit unterschiedlich schwierigen Geländetypen. Der Schwierigkeitsindikator einer jeden Zelle ist dabei über die Intensität des Grauwertes von weiß (leicht) nach schwarz (schwierig) angegeben. Feste Hindernisse sind als schwarze Flächen dargestellt, die von einem roten Gitter durchzogen sind. Der für den jeweiligen Gesundheitszustand resultierende Pfad zwischen dem Roboter (grüne Markierung) und dem Ziel (dunkelblaue Markierung) ist mittels hellgrün-markierter Zellen mit dunkelgrünem Zentrum hervorgehoben. Zellen, die aufgrund geminderter Fähigkeiten nicht mehr durchquert werden können, sind rot eingefärbt.

Die Teildarstellung 6.6(a) zeigt die Momentaufnahme eines gesunden Systemzustands, bei dem der Roboter jedes Terrain durchqueren kann, sofern dies nicht von einem festen Hindernis blockiert wird. Abbildung 6.6(b) stellt eine Situation mit identischem Terrain dar, jedoch beträgt der Gesundheitszustand des Roboters in diesem Fall nur noch 60 %. Es sind somit weite Teile der eingesetzten Hardware ausgefallen oder beschädigt. Folglich verfügt

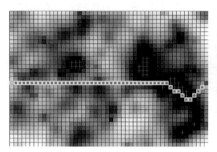 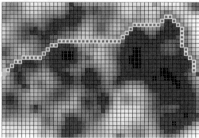

(a) Gesundheitszustand: 100 %   (b) Gesundheitszustand: 60 %

ABBILDUNG 6.6.: Gesundheitsbasierte Adaption an die sinkenden Fähigkeiten eines (defekten) Roboters. Der Roboter und das Ziel sind als grüne bezeihungsweise blaue Zelle
markiert. In (a) ist der resultierende Pfad (hellgrüne Zellen mit dunkelgrünem Zentrum)
bei voller Gesundheit dargestellt. Die schwarzen Bereiche mit rotem Muster stellen feste
Hindernisse dar, die auch von einem voll funktionsfähigen Roboter nicht überwunden werden könne. Unterschiedliche Schwierigkeitsindikatoren sind über den Grauwert der Zellen
von leicht (hell) nach schwierig (dunkel) angegeben. Die in (b) gezeigten roten Bereiche verdeutlichen Gebiete, die der Roboter aufgrund von Defekten nicht mehr passieren kann oder
sollte. (Darstellung in Anlehnung an [MM11].)

der Roboter nur noch über eingeschränkte Fähigkeiten und ist daher nicht mehr in der
Lage, sämtliches Terrain zu durchqueren. Da hergebrachte Pfadplanungsmethoden diese
Tatsache nicht berücksichtigen, besteht bei diesen die Gefahr, den Roboter in Gebiete zu
navigieren, die zu anspruchsvoll sind und den Roboter dementsprechend festsetzen. Solch
eine Situation tritt beispielsweise in der Gestalt auf, dass eine bestimmte Steigung nicht
mehr erklommen oder ein Bereich aufgrund der Beschaffenheit des Untergrunds nicht
mehr verlassen werden kann. Basierend auf der jeweiligen Schwierigkeit der einzelnen Zellen und dem aktuellen Gesundheitssignal des Roboters, ermittelt der Pfadplaner, welche
Zellen zum momentanen Zeitpunkt zu anspruchsvoll für den Roboter sind und markiert
diese als virtuelle Hindernisse. Somit kann eine übliche Pfadplanung auf der modifizierten
Karte durchgeführt werden. Der resultierende Pfad umgeht kritische Bereiche und stellt
sicher, dass der Roboter sein Ziel auch tatsächlich erreicht.

6.2.2. Validierung des grundlegenden Entwurfs

Der zuvor vorgestellte Ansatz soll im Folgenden anhand von mehreren simulierten Experimenten verifiziert werden. Hierzu traversiert der Roboter zehn unterschiedliche Gebietskarten mit jeweils 600 × 400 Zellen. Der Roboter startet auf jeder Karte in der oberen, linken Ecke und das Ziel ist immer in der untersten, linken Zelle. Für alle Karten werden dabei zwei dedizierte Szenarien betrachtet. Diese betrachten zum einen die Adaptivität der APP (Abschnitt 6.2.2.1) und zum anderen das Verhalten der APP im Fehlerfall (Abschnitt 6.2.2.2). Den Abschluss dieser Experimente bildet eine beispielhafte Pfadplanung eines physikalischen Roboters in Abschnitt 6.2.2.3.

Im Zuge der nachfolgenden Betrachtungen wird ein holonomer Roboter angenommen, der sich auf einem zweidimensionalen Gitter bewegt. Die Holonomie ist in diesem Zusammenhang keine allzu große Einschränkung, da auch differentialgetriebene Roboter den ermittelten Pfaden folgen könne, sofern zuvor eine *Entkopplung* der Teilstrecken erfolgt. Dies bedeutet, dass Translation und Rotation einer Wegstrecke nicht gleichzeitig, sondern für jede Teilstrecke sequentiell ausgeführt werden. Hierzu erfolgt zuerst eine Rotation zum Zielpunkt und anschließend eine Translation entlang der aktuellen Ausrichtung. Abschließend führt der Roboter eine Rotation bis zum Erreichen der Zielausrichtung durch.

Die Anforderung, die sich für den Wechsel zwischen zwei Zellen ergibt, wird über den Mittelwert der beteiligten Zellen bestimmt. Zusätzlich erfolgt bei diagonalen Bewegungen eine Skalierung entsprechend der erhöhten euklidischen Distanz. Hierauf aufbauend ist die Bestimmung der Schwierigkeit des gesamten Pfads möglich, was neben der eigentlichen Wegstrecke ein weiteres Kriterium für die Wahl eines geeigneten Pfads bereitstellt. Des Weiteren ist hierauf aufbauend eine näherungsweise Bestimmung des Energiebedarfs möglich, da schwierigeres Gelände einen höheren Energiebedarf erfordert, wie beispielsweise auch in [AHHM12] belegt wird.

Die eigentliche Generierung der Testgelände erfolgte mit einem speziell entwickelten Generator. Dieser erzeugt ein zufälliges Terrain, indem die Schwierigkeit unterschiedlicher Zonen inkrementell erhöht wird. Für eine vorgegebene Anzahl an Wiederholungen wird dafür in kreisförmigen Bereichen mit zufälligem, aber beschränktem Radius die Schwierigkeit anteilig erhöht. Eine hieraus resultierende Gebietskarte ist beispielsweise in Abbildung 6.6 zu sehen. Der Quelltext dieses Generators ist im Anhang D.1 zu finden. Durch den beschriebenen Ansatz ergeben sich Karten, die von sich überlagernden Gradienten unterschiedlicher Schwierigkeit durchzogen sind. Wie zuvor erwähnt, handelt es sich bei der hier betrachteten Schwierigkeit um ein abstraktes Informationsmaß. Durch die Abstraktion fokussiert sich die eigentliche Betrachtung zwar etwas weniger auf reale Gebietskarten, kann jedoch gleichzeitig mehrere Betrachtungsweisen abdecken. So stellen beispielsweise ein ebener Untergrund und eine schräge Fläche unterschiedliche Anforderungen an einen Laufroboter, die sich in variierenden Geländeschwierigkeiten niederschlagen. Ein anderes Beispiel bilden verschieden beschaffene Untergründe, die von losem Kies bis zu fester Beton reichen. Alternativ kann auch die absolute Höhe eines Bereichs als dessen Schwierigkeit betrachtet werden. Eine solche Herangehensweise ähnelt dann beispielsweise den Karten, die in [CH09] oder [BS10] betrachtet werden.

Zuletzt sei noch darauf hingewiesen, dass es sich bei den im Folgenden gezeigten Beispielen (Abbildung 6.8 bis 6.10) um Gitterkarten handelt, die aus Gründen der Übersichtlichkeit aus weniger Zellen als in den eigentlichen Versuchen aufgebaut sind. Die Anzahl der Zellen ist im Verhältnis von ungefähr 144:1 reduziert. Die eigentlichen Ergebnisse dieses Kapitels wurden jeweils mit der zuvor genannten Anzahl von 600×400 Zellen ermittelt.

6.2.2.1. Szenario 1: Adaptivität

In diesem ersten Szenario wird der zuvor genannte Energieverbrauch als Evaluationskriterium betrachtet. Dabei wird die Adaptivität des zuvor entworfene System dahingehend getestet, dass der Pfadplaner durch kleine Modifikationen energieeffiziente Wege, anstelle kürzester Wege, zurückliefert. Für die nachfolgenden Versuche wurde der Energiebedarf pro Zelle abhängig vom vorliegenden Schwierigkeitsindikator auf Werte zwischen 0,0013 % und 0,4667 % der totalen Energiereserven des Roboters gesetzt.

Wie zuvor festgelegt, müssen alle Karten von oben links nach unten rechts durchquert werden. Innerhalb dieses Szenarios geschieht dies jeweils in doppelter Ausführung. Im ersten Durchlauf wird die Karte ohne das Eingreifen der OCU durchquert. Für die Dauer dieses Szenarios ist die `Planner`-OCU so modifiziert, dass sie in einem initialen Zustand das Gesundheitssignal virtuell heruntersetzt. Dies geschieht solange, bis keine weiteres Absenken der Gesundheit mehr möglich ist, ohne den Roboter durch die resultierende Sperrung von schwierigen Bereichen vom Ziel zu separieren. Hieran anschließend wird der tatsächliche Hindernisindikator der BCU ψ, abhängig vom virtuell ermittelten Gesundheitszustand, durch die OCU belegt.

Die Ergebnisse aller betrachteten Umgebungen sind in Abbildung 6.7 zu finden. Über die x-Achse ist der Index i des Testgeländes aufgetragen, wobei die y-Achse einen prozentualen

Wert für drei unterschiedliche Metriken angibt. Dabei bezeichnet $(e_B)_i$ die Energiereserven des Roboters nach dem Durchqueren des Geländes mit dem Index i, ohne dass die modifizierte OCU eingegriffen hat. Dies stellt somit eine reine BCU-Planung und damit einen klassischen Ansatz dar. Negative Werte bei den Energiereserven bedeuten, dass der Roboter nicht in der Lage gewesen wäre, das Gebiet erfolgreich zu durchqueren. $(e_O)_i$ gibt entsprechend die verbleibenden Energiereserven für die OCU-adaptierte Pfadplanung an. Der Wert $\left(r_{[OB]}\right)_i$ beschreibt das Verhältnis der Pfadlängen beider Durchläufe der Durchquerung des i-ten Geländes und ist als

$$\left(r_{[OB]}\right)_i := \frac{l\left((P_O)_i\right)}{l\left((P_B)_i\right)} \cdot 100\,\% \tag{6.2}$$

gegeben, wobei die Funktion l die euklidische Länge über alle Positionen eines gegebenen Pfads bestimmt. $(P_B)_i$ ist dabei der Pfad einer reinen BCU-Umsetzung und $(P_O)_i$ der Pfad einer BCU/OCU-Umsetzung. Ein Wert von $\left(r_{[OB]}\right)_i = 100\,\%$ bedeutet dabei, dass die beiden Alternativen gleichlange Pfade zurückgeliefert haben.

Wie Abbildung 6.7 zeigt, werden im Mittel 16,5 % der gesamten Energiereserven des Roboters durch das Eingreifen der OCU erhalten. Dabei ist zu beachten, dass weniger Energie verbraucht wird, obwohl die OCU-generierten Wege im Durchschnitt 20 % länger sind. Ein solches Resultat verdeutlichen, dass der zuvor präsentierte Entwurf der Pfadplanung mittels einer geringen Modifikation der OCU an vollkommen neue Situationen angepasst werden kann.

6.2.2.2. Szenario 2: Fehlertoleranz

In diesem Szenario wird der Energiebedarf nicht berücksichtigt. Stattdessen findet die eigentliche Pfadplanung im Fehlerfall genauere Betrachtung. Somit steht das Erreichen des gegebenen Ziels, trotz starker Defekte am Roboter, im Vordergrund. Auf keiner der Karten treten in diesem Szenario feste Hindernisse auf. Abermals müssen alle Gebiete von links oben nach rechts unten durchquert werden. Nach 300 durchquerten Zellen erfolgt in allen Karten die Injektion eines deutlichen Fehlers. Das Auftreten des eigentlichen Fehlverhaltens wird dabei durch ein Absenken des Gesundheitssignals auf 50 % simuliert. Die Abwesenheit von statischen Hindernissen resultiert darin, dass für alle betrachteten Karten der initiale Pfad identisch ist. Dies liegt darin begründet, dass alle Zellen der in diesem Szenario betrachteten Karten grundsätzlich traversierbar sind. Somit erfolgt die spätere Injektion des Fehlers immer in der gleichen Pose.

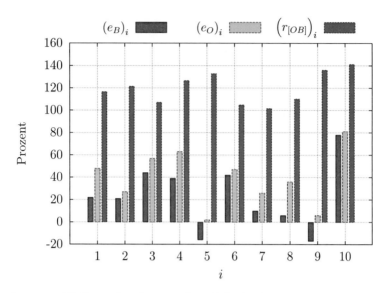

ABBILDUNG 6.7.: Dargestellt sind einerseits die verbleibenden Energiereserven für die BCU-gesteuerte Durchquerung einer Karte $((e_B)_i)$ und andererseits die Reserven nach erfolgter OCU-Adaption $((e_O)_i)$ für den jeweiligen Geländeindex $1 \leq i \leq 10$. Das Verhältnis der Pfadlängen zwischen beiden Alternativen ist als $(r_{[OB]})_i$ angegeben. Im Mittel verbraucht der durch die OCU unterstützte Ansatz ungefähr 16,5 % weniger Energie bei circa 20 % längeren Wegen. (Darstellung in Anlehnung an [MM11].)

Abbildung 6.8 zeigt stellvertretend für alle untersuchten Karten die initiale Pfadplanung. Die Zellen des Pfads weisen, wie zuvor, eine hellgrüne Markierung mit dunkelgrünem Zentrum auf. Die unterschiedlichen Schwierigkeitsgrade sind abermals in Graustufen dargestellt. Es ist zu erkennen, dass gerade Strecken bevorzugt gewählt werden, solange eine gleichwertige Wahlmöglichkeit besteht (vergleiche hierzu Abschnitt 2.3.1). Obwohl die Zellen neben dem Anfang des Pfads die gleiche Distanz, wie die jeweils entsprechenden Zellen des Pfads aufweisen, treten keine diagonalen Bewegungen auf. Der Pfad wird so lange entlang einer Geraden fortgesetzt, bis die Wahl des lokalen Minimums eine diagonale Bewegung unumgänglich macht.

In 80 % der betrachteten Fälle ist der beschädigte Roboter in der Lage, das Ziel zu erreichen, ohne sich in nicht mehr passierbaren Bereichen festzusetzen. Eine exemplarische Umplanung im Fehlerfall ist in Abbildung 6.9 zu sehen. Die Darstellung verwendet die

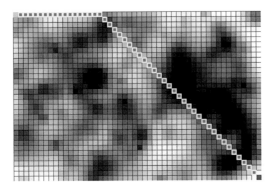

ABBILDUNG 6.8.: Initiale Pfadplanung des fehlerfreien Roboters. Der Pfad von der aktuellen Position des Roboters (grüne Markierung) zum Ziel (blaue Markierung) ist in Form von hellgrünen Zellen mit dunkelgrünem Zentrum dargestellt. Die Schwierigkeit der einzelnen Zellen ist in Grauwerten von leicht (hell) nach schwierig (dunkel) angegeben. Da keine der Karten in diesem Szenario feste Hindernisse enthält, sind die anfänglich geplanten Wege für alle betrachteten Karten identisch. Die Zellenanzahl des hier dargestellten Gitters ist abweichend von der eigentlichen Versuchsdurchführung im Verhältnis von ungefähr 144:1 reduziert, um eine bessere Übersicht der Darstellung zu gewährleisten. (Darstellung in Anlehnung an [MM11].)

selbe Informationskodierung, wie das vorangegangene Beispiel. Zusätzlich sind in Rot die Bereiche markiert, die im vorliegenden Zustand aufgrund ihrer Anforderungen an den Roboter unpassierbar geworden sind. Der Roboter befindet sich genau an der Stelle, an der in allen Karten die Fehlerinjektion vollzogen wird. Die Zellen, die zum Erreichen dieser Position traversiert wurden, sind türkis eingefärbt.

Wie im vorherigen Absatz angedeutet wurde, ist es dem Roboter trotz adaptiver Planung nicht immer möglich, sein Ziel zu erreichen. Eine genauere Betrachtung der Fehlerfälle zeigt jedoch, dass der Fehlschlag per Definition eintritt und nicht auf einen Fehler in der Pfadplanung zurückzuführen ist. Bei sämtlichen Fehlschlägen geschieht die Fehlerinjektion in Bereichen mit einer hohen Schwierigkeit. Sofern sich der Roboter in einem Gebiet befindet, das zu schwierig für ihn ist, kann er dieses folglich nicht verlassen. Daher ist es dem Pfadplaner per se nicht möglich, eine Trajektorie zu generieren, die schwierige Gebiete meidet. Ein entsprechendes Beispiel ist in Abbildung 6.10 veranschaulicht. Da der Roboter (grüne Markierung) vollkommen von unpassierbarem Gelände (rote Markierungen) umgeben ist, ist es unmöglich einen Weg zu finden, der diese Bereiche umgeht.

Ein ähnlicher Effekt tritt ein, wenn sich der Roboter in passierbarem Gelände befindet, jedoch vollständig von unpassierbaren Bereichen umschlossen ist.

Die APP ist somit immer in der Lage, einen Weg zu finden, der auf die jeweilige Situation angepasst ist, sofern ein solcher Pfad noch existiert. Dies wird durch eine Adaption des Parameters erreicht, welcher die Klassifikation von traversierbaren und unpassierbaren Bereichen steuert. Da diese Anpassung der BCU unbekannt ist, liegt in diesem Entwurf die ORCA-typische Entkopplung zwischen BCUs und OCUs vor.

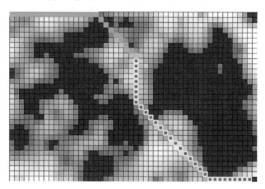

ABBILDUNG 6.9.: Umplanung des Pfads nach der Injektion eines Fehlers. Die Position, an der sich der Roboter (grüne Markierung) zum Zeitpunkt der Umplanung befindet, ist über alle betrachteten Karten gleich, da die initialen Pfade jeweils identisch sind. Der bis zu dieser Position zurückgelegte Weg ist türkis markiert. Der angepasste Pfad (hellgrüne Zellen mit dunkelgrünem Zentrum) zum Ziel (blaue Markierung) meidet Bereiche, die im aktuellen Zustand nicht mehr traversiert werden können (rote Markierungen). Auch in dieser Darstellung ist die Anzahl der Zellen im Verhältnis von etwa 144:1 reduziert. (Darstellung in Anlehnung an [MM11].)

6.2.2.3. Szenario 3: Physikalische Umsetzung

Neben den zuvor vorgestellten Versuchen erfolgt an dieser Stelle die Betrachtung der APP in einer realen Testumgebung. Das dabei zu durchquerende Gebiet umfasst ungefähr $1\,\mathrm{m}^2$ und besteht aus 100 Holzklötzen unterschiedlicher Höhe, die in einem bestimmten Muster angeordnet sind. Die Kartenextraktion sowie die Lokalisation des Roboters erfolgt dabei mittels einer Deckenkamera. Der Roboter traversiert das Testgelände von rechts nach links, wobei ungefähr nach einem Drittel des Weges eines der Beine ausfällt. Der physikalische Ausfall wird dabei durch ein Hochklappen des Beine simuliert. Abbildung 6.11 zeigt

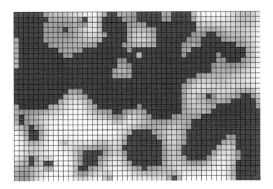

ABBILDUNG 6.10.: Sofern der Roboter nach der Fehlerinjektion von unpassierbarem Gelände
(rote Markierung) umgeben ist, kann keine erfolgreiche Pfadplanung durchgeführt werden.
Per Definition kann kein Weg existieren, der die zu schwierigen Bereiche umgeht. Die Anzahl
der hier gezeigten Zellen ist im Zuge einer übersichtlicheren Darstellung abweichend von der
eigentlichen Versuchsdurchführung im Verhältnis von circa 144:1 reduziert. (Darstellung in
Anlehnung an [MM11].)

die resultierende Bewegung des Roboters in Momentaufnahmen aus zwei unterschiedlichen Blickwinkeln. Die Höhe der grünen Blöcke beträgt 2,5 cm, die roten Blöcke sind
10 cm hoch und die restlichen Blöcke weise eine Höhe von 5 cm auf.

In der Teilabbildung 6.11(a) betritt der Laufroboter das Gelände von rechts und ist auf
die linke Seite des Geländes ausgerichtet. In 6.11(b) hat sich der Roboter etwas weiter auf
das Ziel zubewegt. Die Bilder 6.11(c) und 6.11(d) zeigen den Roboter in der Position, in
der es zu einem Fehler kommt. Das betroffene Bein ist in 6.11(d) mit einem roten Kreis
markiert. Abschließend zeigen die Abbildungen 6.11(e) und 6.11(f), wie der Roboter nach
dem Auftreten des Defekts seinen Weg fortsetzt, die Mitte des Geländes meidet und seine
Zielposition erreicht.

6.2.3. Erweiterter Entwurf

Der zuvor vorgestellte Ansatz zur APP bildet die Basis für die im Folgenden präsentierten
Erweiterungen, die eine verfeinerte Pfadplanung ermöglichen. Neben dem bereits betrachteten Verfahren bestehen zusätzliche Herangehensweisen. Diese beinhalten das weiträu-
migere Umgehen von schwierigen Bereichen und die Definition von Gefahrenbereichen.

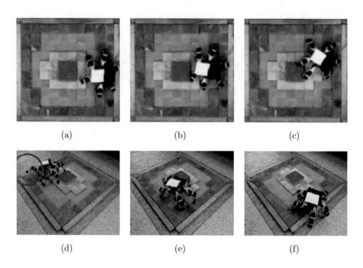

(a)   (b)   (c)

(d)   (e)   (f)

ABBILDUNG 6.11.: Adaptive Pfadplanung für eine sechsbeinige Laufmaschine in einem ungefähr 1 m² großen Gelände. Die farbliche Markierung des Untergrunds gibt die jeweilige
Höhe der Holzblöcke an. Diese reicht von 2,5 cm (grün) bis 10 cm (rot). In (a) und (b) ist zu
sehen, wie sich der fehlerfreie Roboter auf die linke Seite zubewegt. In (c) befindet er sich
an der Position, an der ein Fehler auftritt. Das vom Fehler betroffene Bein ist in (d) mit
einem roten Kreis markiert. Nach dem Auftreten des Fehlers setzt der Roboter seinen Weg
in (e) und (f) fort, wobei er die Mitte des Geländes meidet.

Gefahrenbereiche sind Zonen die zwar prinzipiell zu meiden sind, jedoch situationsabhängig durchquert werden können. Ob ein Durchqueren der Gefahrenbereiche möglich ist,
entscheidet die OCU. Um dies zu erreichen, sind einige Anpassungen des vorangegangen
Entwurfs erforderlich, die im Folgenden beschrieben werden und auf den Verfahren und
Ergebnisse aus [MM12b] basieren.

6.2.3.1. Basisverfahren

Grundsätzlich vollführt die BCU der APP weiterhin eine wellenfrontbasierte Wegsuche.
Für die bei einer Wellenfront typischen Phasen Fluten und Extraktion, werden in diesem Entwurf jedoch die beiden dedizierten BCU-Module Flood und Local Operator
eingesetzt. Dieses Vorgehen erlaubt einer assoziierten OCU über eine einfache Parame-
teranpassung hinausgehende Adaption durchzuführen, indem gegebenenfalls ganze Modu-

le ersetzt werden können. Der BCU/OCU-Entwurf dieses Ansatzes ist in Abbildung 6.12 dargestellt. Wie im vorangegangenen Entwurf stellt der Roboter (Robot) seine Daten dem Planner-Modul zur Verfügung und nimmt von diesem Steuerkommandos entgegen. Die OCU des Planers besitzt in diesem Entwurf jedoch die Möglichkeit, grundlegende Funktionskomponenten ihrer BCU auszutauschen. Im Folgenden wird dies für eine angepasste Pfadextraktion genutzt. Die durch die OCU erzeugten alternativen Operatoren sind als graue BCU hinter dem eigentlichen Local Operator angedeutet.

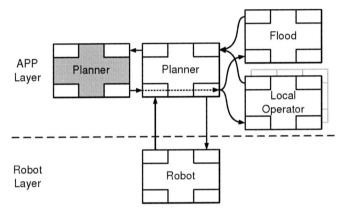

ABBILDUNG 6.12.: Der erweiterte BCU/OCU-Entwurf der Pfadplanung aus geschichteten Metamodulen. Die grau-markierte OCU überwacht die assoziierte BCU und führt gegebenenfalls Anpassungen des Hindernisindikators durch. Außerdem ist die OCU in der Lage, einzelne Komponenten des Planner-Moduls durch angepasste Varianten zu ersetzen. Dies kommt insbesondere beim Local Operator zum Einsatz und wird durch eine graue BCU im Hintergrund angedeutet. (Darstellung in Anlehnung an [MMG12].)

Weiterführend sind die einzelnen Zellen

$$c_{xy} = \begin{pmatrix} x \\ y \\ d \\ s \\ h \\ \vdots \end{pmatrix} \in G \tag{6.3}$$

in der Gestalt angepasst, dass ihnen, neben den bereits bekannten Eigenschaften, ein *Gefahrenindex h* zugeordnet wird. Eine Möglichkeit, diesen Wert zu belegten, besteht darin, die Nähe von Hindernissen zu nutzen. Auf diese Weise ist es beispielsweise möglich, virtuelle Schutzzonen um tatsächliche Hindernisse oder schwierige Gebiete zu legen. Bei der Belegung von h ist das Verfahren jedoch nicht auf ein bestimmtes Vorgehen festgelegt, da der im Folgenden vorgestellte Algorithmus auf beliebigen h-Werten arbeitet.

Für die folgenden Betrachtungen wird davon ausgegangen, dass die BCU der APP den Gefahrenindex der Zellen h anhand der Formel

$$ h = \begin{cases} \gamma - \lceil d_{xy} - 1 \rceil & \text{für } d_{xy} \leq \gamma \\ 0 & \text{sonst} \end{cases} \tag{6.4} $$

vorinitialisiert. Dabei beschreibt γ den gewünschten Radius des Gefahrenbereichs und d_{xy} ist definiert als

$$ d_{xy} := \min_{(x_b, y_b) \in B} \left(\sqrt{(x - x_b)^2 + (y - y_b)^2} \right). \tag{6.5} $$

Der Parameter d_{xy} bezeichnet somit die euklidische Distanz zwischen der Position (x, y) und dem nächsten Hindernis. Eine solche Vorbelegung von h ist zum Beispiel sinnvoll, falls der kontrollierte Roboter nach einem Defekt eine systematische Abweichung zu einer Seite aufweist (vergleiche [GWT$^+$05, Auf10]) und demzufolge besonders in der Nähe von Hindernissen nicht mehr ausreichend genau navigieren kann.

6.2.3.2. Organisches Verfahren

Wie im vorherigen Anschnitt beschrieben wurde, übernimmt die BCU die Vorinitialisierung von h. Jedoch steuert die OCU die eigentliche Auswertung sowie die Festlegung des Radius der Gefahrenbereiche. Diese Aufgabe erledigt die OCU, ähnlich wie bei der grundlegenden APP, mittels der Anpassung von Parametersätzen. Für die nachfolgenden Betrachtungen steuert die OCU die Auswertung von h in der Form, dass bei einem gesunden Roboter keine Gefahrenbereiche ausgewertet werden. Mit fallendem Gesundheitssignal wird die Auswertung jedoch aktiviert und der Radius γ dem vorliegenden Gesundheitszustand entsprechend belegt. Selbstverständlich ist es somit über kleine Anpassungen der OCU auch möglich, bereits im gesunden Zustand Gefahrenbereiche zu berücksichtigen.

Es existieren zwei Alternativen bei der Auswertung von h, die Abhängig von der jeweiligen Situation zum Einsatz kommen sollten. Zum einen kann h bereits während der Fluten-Phase Berücksichtigung finden, indem Zellen mit $h > 0$ als Hindernis betrachtet werden.

Zum anderen kann die Auswertung der Gefahr sowohl in der Fluten-Phase, als auch in der Extraktions-Phase vollzogen werden. Während des Flutens werden in diesem Fall gewisse Gefahren η bei den Zellen toleriert ($\eta > h \geq 0$) und lediglich zu große Gefahren als Hindernis markiert. Eine anschließende Extraktion stützt sich dann auf die verbleibenden Zellen minimaler Gefahr. Die Aufgabe der OCU besteht folglich darin, die momentan angebrachte Alternative zu wählen und gegebenenfalls η festzulegen.

Die hier präsentierte OCU verfolgt einen hybriden Ansatz, der situationsabhängig zwischen beiden Alternativen wechselt. Sofern es möglich ist, Gefahrenbereiche gänzlich zu meiden, werden beliebige Umwege zu Gunsten der Sicherheit in Kauf genommen. Es dürfen folglich nur Zellen betreten werden, für die $h = 0$ gilt. Sollte diese Methode jedoch dazu führen, dass das eigentliche Ziel unerreichbar wird, erfolgen weitere Eingriffe der OCU, indem der `Local Operator` ersetzt wird und eine iterative Anpassung der Gefahrentoleranz η vollzogen wird, bis die BCU einen validen Weg findet. Anschließend ist es außerdem möglich, den gefundenen Weg zusätzlich zu optimieren.

Da die schwellwertgesteuerte Blockierung von Gefahrenbereichen weitestgehend identisch zum bereits vorgestellten Blockieren von zu schwierigen Gebieten abläuft (vergleiche Abschnitt 6.2.1), wird hier nicht explizit auf die algorithmische Umsetzung eingegangen. Genauere Betrachtung findet jedoch die anschließende Adaption durch ein dediziertes `Local Operator`-Modul.

Der angepasste `Local Operator` für die Position (x,y) mit der zugehörigen Zelle $c_{xy} = (x,y,d,s,h\dots)^{\mathrm{T}}$ ist definiert als

$$\hat{L}\left((x,y)\right) := \min_{d_n} \left(\min_{h_n} \left(\begin{pmatrix} x_n \\ y_n \\ d_n \\ s_n \\ h_n \\ \vdots \end{pmatrix} \in G \setminus (B \bigcup P) \mid (x_n, y_n) \in N, d_n \leq d \right) \right). \quad (6.6)$$

Dieser Ansatz stellt sicher, dass die `Planner`-BCU letztendlich einen statischen Pfad durch gefährliche Gebiete mit $h > 0$ findet, indem die OCU Gefahrenbereiche als traversierbar bewertet und gleichzeitig die zulässige Gefahr η anpasst. Der Ausdruck statisch bedeutet in diesem Zusammenhang, dass der Pfad lediglich einmal geplant und anschließend ohne erneute Planung bis zum Ziel verfolgt wird. Um weiterhin eine agile Pfadplanung zu gewährleisten, sind weitere Anpassungen erforderlich, die im Folgenden vorgestellt werden.

Das Problem einer dynamischen Pfadplanung, bei welcher der Roboter den Weg kontinuierlich neu plant, besteht darin, dass während der Pfadextraktion Zellen mit einer vergleichsweise geringeren Gefahr bevorzugt behandelt werden. Nur für die am wenigsten gefährlichen Zellen wird anschließend die minimale Distanz betrachtet (siehe Gleichung (6.6)). Unter gewissen Umständen resultiert dieses Verhalten in dem in Abbildung 6.13 gezeigten Effekt. Der Pfad des Roboters ist durch Pfeile dargestellt und gefährliche Bereiche sind grau markiert. In 6.13(a) ist der initiale Pfad dargestellt. Wenn der Roboter dem Pfad folgt, kommt er als nächstes zu der Position, die mit einem X markiert ist. Wird an dieser Stelle eine erneute Pfadplanung durchgeführt, so resultiert dies in dem in 6.13(b) gezeigten Pfad, welcher ihn zurück zur vorherigen Position senden würde. Dies liegt darin begründet, dass der `Local Operator` Zellen ohne Gefahr bevorzugt. Somit wird jeweils ein Pfad geplant der als ersten Schritt eine Zelle ohne Gefahr besucht, bevor der weitere Pfad durch ein Gefahrengebiet führt (siehe 6.13(a) und 6.13(b)) In der gezeigten Situation würde der Roboter mit einer Pfadplanung nach jedem Bewegungsschritt folglich in ein Livelock geraten, da mit der Neuplanung die Information über bereits besuchte Zellen verloren geht. Dabei alterniert die Position des Roboters zwischen den beiden gefahrlosen Zellen.

Glücklicherweise kann das Problem eines solchen Livelocks relativ leicht beseitigt werden, da ein gültiger Pfad zum Ziel per Definition keine Zyklen enthalten darf. Folglich gilt die Einschränkung, dass ein Roboter jede Zelle des Gitters G lediglich ein einziges Mal betreten darf, sofern das Ziel z an einer konstant Position bleibt. Falls z sich ändert, dürfen zuvor besuchte Zellen ein weiteres Mal betreten werden. Somit kann das Auftreten von Livelocks bei agiler Pfadplanung ausgeschlossen werden. Sofern Gleichung (6.6) zu

$$\hat{L}\left((x,y)\right) := \min_{d_n}\left(\min_{h_n}\left(\begin{pmatrix} x_n \\ y_n \\ d_n \\ s_n \\ h_n \\ \vdots \end{pmatrix} \in G \setminus (B \bigcup P \bigcup T) \mid (x_n, y_n) \in N, d_n \leq d\right)\right) \quad (6.7)$$

abgeändert wird, entsprechen sich die mittels statischer und agiler Pfadplanung generierten Pfade. Dabei bezeichnet

$$T := \{(x_t, y_t) \mid 0 \leq x_t < m, 0 \leq y_t < n\} \quad (6.8)$$

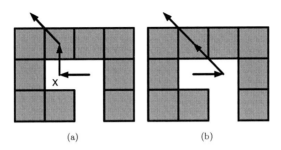

(a)   (b)

ABBILDUNG 6.13.: Da der angepasste `Local Operator` gefährliche Zellen (grau) so lange wie möglich meidet, kann es bei zyklischen Neuplanungen passieren, dass der Roboter in einen Livelock gerät. In (a) ist der initiale Pfad (markiert mit Pfeilen) gezeigt. Dem Pfad folgend, bewegt sich der Roboter zu der Zelle, die mit einem X markiert ist. Anschließend wird eine Neuplanung vollzogen, die in dem in (b) dargestellten Pfad resultiert. Durch die Neuplanung wird die vorherige Startposition nicht mehr als bereits besucht erkannt. Daraufhin wählt der `Local Operator` diese gefahrlose Zelle als bevorzugte Alternative zu den Zellen mit erhöhter Gefahr. Sofern der Roboter dem neuen Pfad folgt, gelangt er zurück zu seiner Ausgangsposition, was wiederum in dem Pfad aus (a) resultiert. (Darstellung entnommen aus [MM12b].)

die Menge der bereits traversierten Zellen.

Es sei an dieser Stelle darauf hingewiesen, dass der bis hierhin präsentierte Ansatz der APP noch einen situationsbezogenen Nachteil aufweist. Die Qualität des resultierenden Pfads ist durch die maximal zu tolerierende Gefahr η beschränkt. Dies bedeutet, dass η durch $\max_{\forall c \in P} (h)$ in die Höhe getrieben wird, falls auf dem Weg zum Ziel Gefahrenbereiche durchquert werden müssen. Solange ein zu gefährlicher Bereich das Ziel und den Roboter trennt, kann ansonsten kein Pfad gefunden werden. Unter bestimmter räumlicher Anordnungen kann dies dazu führen, dass Wege durch Gefahrenbereiche geplant werden, obwohl dies vermieden werden könnte. Abbildung 6.14 veranschaulicht eine solche Situation anhand eines Beispiels. Wie zuvor sind statische Hindernisse als schwarze Bereiche mit rotem Muster dargestellt. Der Pfad vom Roboter (grün) zum Ziel (blau) besteht aus hellgrünen Zellen mit dunkelgrünem Zentrum. Zusätzlich sind adaptiv definierte Gefahrenbereiche angegeben, die von leichter Gefahr (gelb) bis zu größerer Gefahr (orange) reichen. Weiße Zellen können gefahrlos durchquert werden. In 6.14(a) ist der Pfad eines Roboters mit leichten Defekten veranschaulicht. Es ist zu erkennen, wie der Pfad den

Gefahrenbereich des ersten Hindernisses direkt am Grenzbereich umrundet und anschließend mittig zwischen den nachfolgenden Hindernissen verläuft. Gefahrenbereiche werden somit nur durchquert, sofern keine andere Alternative mehr besteht. Betrachtet man die gleiche Situation bei einem verschlechterten Gesundheitszustand, so fällt die Pfadwahl weniger optimal aus. Die sich ergebende Situation ist in 6.14(b) illustriert. Die Absenkung des Gesundheitszustand führt dazu, dass die Gefahrenbereiche um die Hindernisse vergrößert und intensiviert werden. Aufgrund der räumlichen Anordnung dieses Beispiels liegt der gefährlichste Bereich zwischen den beiden hinteren Hindernissen. Um trotzdem einen Weg zum Ziel zu finden muss die tolerierte Gefahr η entsprechend angepasst werden, um diesen Bereich passierbar zu machen. Da sich η immer auf das gesamte Gitter G auswirkt, werden teilweise auch Zellen des vorderen Gefahrenbereichs als traversierbar angesehen, obwohl für die Umrundung dieses Hindernisses eigentlich ein kleinerer η-Wert von Vorteil wäre. Es ist zu erkennen, wie der resultierende Pfad deutlich in den vorderen Gefahrenbereich eindringt und das Hindernis anschließen innerhalb des Gefahrenbereichs umrundet. Dieses Problem kann jedoch durch iterative Segmentierung des Pfads gelöst werden. Somit stellt der nicht-optimale Pfad in 6.14(b) lediglich eine erste Näherung an die eigentlich Lösung dar.

Um die Qualität eines extrahierten Pfads zu verbessern, werden ausgehend vom Ziel an gewissen Stellen Wegpunkte definiert. Diese werden, beim Betreten oder Verlassen von Gefahrenbereichen, als eine Art Schleuse zwischen den unterschiedlichen Zonen eingesetzt. Dabei wird ein Wegpunkt direkt außerhalb und einer direkt innerhalb des Gefahrenbereichs platziert. Anschließend erfolgt eine neue Pfadplanung, jedoch diesmal zum dichtesten Wegpunkt. Dieser Vorgang setzt sich fort, bis der Pfad vollständig segmentiert wurde. Abbildung 6.15 zeigt die auf vier Wegpunkten basierende Segmentierung des Pfads aus Abbildung 6.14(b). Die Darstellung der hier gezeigten Bildelemente entspricht den vorangegangenen Abbildungen. Ausgehend von der Zielposition werden die ersten beiden Wegpunkte (hellgrüne Zellen mit dunkelgrünem Kreuz) am Engpass zwischen den hinteren Hindernissen eingefügt. Anschließend erfolgt eine erneute Pfadplanung zum dichtesten Wegpunkt, der in diesem Beispiel innerhalb des Gefahrenbereichs liegt. In den hieraus resultierenden Pfad werden wiederum zwei Wegpunkte am Grenzbereich des Gefahrengebiets eingefügt. Eine abschließende Umplanung liefert den letzten Streckenabschnitt, der jetzt alle Gefahrenbereiche meiden kann. Somit werden Gefahrenbereiche nur in den Gebieten betreten, in denen es für ein Erreichen des Ziels unbedingt erforderlich ist, da jede Teilstrecke mit eigenem η geplant wird.

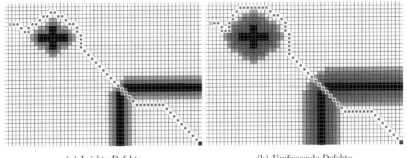

(a) Leichte Defekte   (b) Umfassende Defekte

ABBILDUNG 6.14.: Beispiel zur möglichen Planung nicht-optimaler Pfade. Der Pfad vom
Roboter (grün) zum Ziel (blau) ist durch hellgrüne Zellen mit dunkelgrünem Zentrum dargestellt. Unterschiedliche Gefahrenindikatoren sind mit steigender Intensität von gelb bis
orange markiert. Schwarze Bereiche mit einem roten Muster zeigen feste Hindernisse an. In
(a) ist der Pfad eines Roboters mit leichten Defekten verdeutlicht und (b) bildet den Pfad
eines Roboters mit umfassenden Defekten ab. Durch die Kombination von geringem Gesundheitszustand und bestimmten räumlichen Anordnungen tritt der Effekt ein, dass der Pfad
in (b) gefährliche Bereiche durchquert, obwohl diese theoretisch umgangen werden könnten.
(Darstellung in Anlehnung an [MM12b].)

6.2.4. Validierung des erweiterten Entwurfs

Den in [ARS10] gegebenen Anregungen folgend werden die Experimente zur Validierung
des erweiterten APP-Entwurfs in einer Simulationsumgebung durchgeführt. Auf diese
Weise ist eine schnelle und reproduzierbare Evaluation der algorithmischen Entwurfsa-
spekte möglich, die bei realen Experimenten nicht garantiert ist. Die Betrachtungen teilen
sich dabei in zwei Gruppen auf. Zum einen werden bestimmte Eigenschaften anhand von
exemplarischen Sonderfällen betrachtet. Zu anderen erfolgt eine automatisierte Pfadplanungen auf mehreren vorab generierten Gebietskarten. Die einzelnen Szenarien werden an
den entsprechenden Stellen genauer vorgestellt (siehe Abschnitte 6.2.4.2 bis 6.2.4.4).

Wie bereits bei vorherigen Experimenten wird auch hier ein holonomer Roboter angenommen, der sich auf einem zweidimensionalen Gitter bewegt (vergleiche Abschnitt 6.2.2). Die
an einen Roboter gestellten Anforderungen ergeben sich in diesem Fall aus der Schwierigkeit der zu betretenden Zelle. Folglich wird im weiteren Verlauf auf eine euklidische
Skalierung der Schwierigkeit verzichtet. Die im Folgenden betrachteten Testgelände wurden teils von Hand und teils durch den zuvor erwähnten Geländegenerators (siehe Ab-

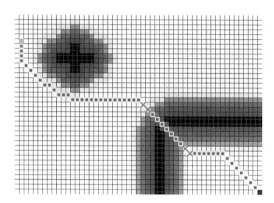

ABBILDUNG 6.15.: Dargestellt ist ein durch das Einfügen von Wegpunkten (hellgrüne Zellen mit dunkelgrünem Kreuz) optimierter Pfad. Dieser Segmentierungsvorgang arbeitet auf der Grundlage des in Abbildung 6.14(b) gezeigten Pfads. Das resultierende Ergebnis durchquert Gefahrenbereiche nur dann, wenn keine andere Möglichkeit besteht, das Ziel zu erreichen und weist somit einen optimierten Verlauf auf. (Darstellung in Anlehnung an [MM12b].)

schnitt 6.2.2) erstellt. Außerdem wird darauf hingewiesen, dass die im Folgenden gezeigten Karten einen beispielhaften Charakter aufweisen, da ihre Zellenanzahl, im Vergleich zur Versuchsdurchführung, aus Gründen der Übersichtlichkeit wie bereits zuvor stark reduziert wurde.

6.2.4.1. Simulationsumgebung

Aufbauend auf der in Kapitel 4 vorgestellten Modellierung von ORCA, wurde eine spezielle Testumgebung in C# entwickelt, welche die gleichzeitige Simulation und Visualisierung der zuvor präsentierten Ansätze erlaubt. Da es im Zuge eines solchen Systementwurfs sinnvoll ist, selbsterklärende Bezeichner anstelle von mathematischen Variablen zu verwenden, liefert Tabelle 6.1 einen Überblick über die Entsprechung der Bezeichner in den unterschiedlichen Entwurfsräumen.

Abbildung 6.16 zeigt ein vereinfachtes UML Klassendiagramm der zum Einsatz kommenden Architektur. Aus Gründen der Übersichtlichkeit wird unter anderem auf eine explizite Angabe von Eigenschaften verzichtet, sofern diese aus implementierten Schnittstellen hervorgehen. Wie zu sehen ist, liegen `Simulator` und `GUI` entkoppelt vor, sodass prinzipiell

TABELLE 6.1.: Entsprechung der Bezeichner zwischen UML-Klassendiagramm und ORCA-Entwurf.

UML	ORCA
Avoid	h
AvoidKernel	γ
BlockingValue	ψ
Difficulty	s
HazardThreshold	η

auch Simulationen ohne graphische Ausgaben möglich sind. Die `Simulator`-Klasse übernimmt die Verwaltung und Steuerung von `Robot` und `Planner`. Die Klasse `Planner` ist eine BCU vom Typ `Planner`, wobei die Klasse `PlannerOCU` die zugehörige OCU darstellt. Die Implementation der `OCU<Planner>`-Schnittstelle stellt sicher, dass die `PlannerOCU` nur mit BCUs des Typs `Planner` verbunden werden. Die zugehörigen, ORCA-spezifischen Verbindungen erfolgen erst nach der Objektinstantiierung und sind somit im aktuellen Kontext nicht dargestellt. Gleiches gilt für die Kopplung der Gesundheitssignale von `Planner` und `Robot`. Die aus dem BCU/OCU-Entwurf bekannten Module `Flood` und `Local Operator` sind in Form von entsprechenden Delegaten umgesetzt und erlauben eine entsprechende Neudefinition zur Laufzeit.

6.2.4.2. Szenario 1: Meiden von überfüllten Gebieten

Sofern Gebiete mit vielen Hindernissen vorliegen, ist es häufig sinnvoll, diese Bereiche zu umgehen, anstatt sie zu durchqueren. Insbesondere gilt dies, wenn ein Defekt die Manövrierfähigkeit oder Sensorik des Roboters betrifft, da dann Hindernisse nicht mehr korrekt wahrgenommen und Trajektorien nicht mehr exakt abgefahren werden können. Um solche Gebiete zu umgehen, ist es erforderlich, beengte Bereiche während der Bestimmung eines Pfads weniger attraktiv erscheinen zu lassen. Eine solches Vorgehen ist mittels der erweiterten APP vergleichsweise einfach umzusetzen, da Gefahrenbereiche bereits vorinitialisiert werden. Wird der Radius γ bei der Vorinitialisierung entsprechend belegt, so können überfüllte Bereiche weiträumig mit potentiellen Gefahren überlagert werden. Im Zuge der hier präsentierten Ergebnisse erfolgte die Bestimmung von γ jeweils in Abhängigkeit vom derzeitigen Gesundheitszustand.

Abbildung 6.17 zeigt eine beispielhafte Situation, in der viele Hindernissen dicht beieinander auftreten. Schwarze Flächen, die von einem roten Gitter durchzogen sind, stellen feste

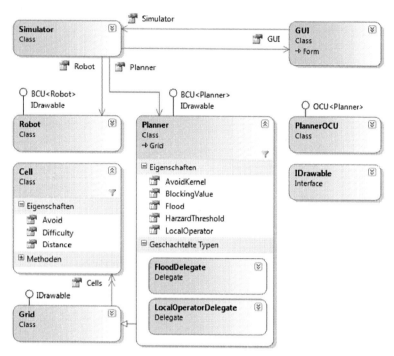

ABBILDUNG 6.16.: Eine vereinfachte Darstellung des UML-Klassendiagramms der einge-setzten Architektur. (Darstellung in Anlehnung an [MM12b].)

Hindernisse dar. Der Pfad vom Roboter (grün) zum Ziel (blau) besteht aus hellgrünen Zellen mit dunkelgrünem Zentrum. Gefahrenbereiche sind gelb markiert. Abbildung 6.17(a) zeigt den Pfad eines gesunden Roboters. Wie zu sehen ist, führt der Pfad sehr dicht an Hindernissen vorbei, durchquert mehrere Engpässe und beinhaltet viel Kurven in unterschiedliche Richtungen. Im Gegensatz dazu zeigt Abbildung 6.17(b) den Pfad eines leicht beschädigten Roboters, dessen Gesundheitszustand 83 % beträgt. Der für diese Situation geplante Pfad umgeht die dicht beieinander liegenden Hindernisse weiträumig in einem großen Bogen. Die definierten Gefahrenzonen weisen in diesem Beispiel lediglich eine geringe Ausdehnung auf, jedoch kann diese selbstverständlich auch modifiziert und somit an weiter verstreute Hindernisse angepasst werden.

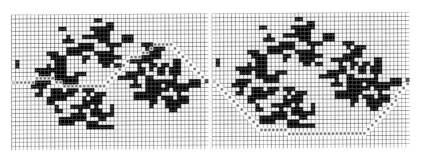

(a) Gesundheitszustand: 100 %   (b) Gesundheitszustand: 83 %

ABBILDUNG 6.17.: Adaptives Umgehen gefährlicher Bereiche im Fehlerfall. Schwarze Flächen mit rotem Gitter stellen feste Hindernisse dar. Gefahrenbereiche sind gelb markiert. Der jeweilige Pfad besteht aus hellgrünen Zellen mit dunkelgrünem Zentrum. Der ursprüngliche Pfad in (a) weist viele Richtungswechsel auf und durchquert häufig enge Passagen. Durch den Eingriff der OCU wird die Wegfindung dem Gesundheitszustand des Roboters angepasst, sodass der in (b) gezeigte Pfad weniger Richtungswechsel aufweist und beengte Passagen meidet. (Darstellung in Anlehnung an [MM12b].)

6.2.4.3. Szenario 2: Anpassung des tolerierbaren Risikos

Für die folgenden Betrachtungen sei erneut auf die drei Phasen der Pfadextraktion in Abschnitt 2.3.1 verwiesen. Während der Fluten-Phase wird die Gitterkarte G ausgehend vom Ziel z geflutet, wodurch für jede Zelle die Distanz zum Ziel und Werte, wie der Gefahrenindex h, ermittelt werden. Anschließend wird basierend auf den zuvor bestimmten Informationen in der Extraktions-Phase der Pfad ausgehend von der Postion des Roboter mittels eines Local Operators extrahiert. Bei einem klassischen Wellenfront-Ansatz bestehen in diesem Schritt kaum Variationsmöglichkeiten. Abhängig von der derzeitigen Ausprägung des Local Operators und der Wahl des tolerierbaren Risikos η hat die Extraktions-Phase bei der APP jedoch eine deutliche Auswirkung auf die Gestalt des resultierenden Pfads. Abbildung 6.18 veranschaulicht dies exemplarisch. Hindernisse sind erneut als schwarze Flächen mit rotem Gitter dargestellt. Die Intensität potentieller Gefahren ist von gelb (leicht) nach orange (stark) angegeben. Der resultierende Pfad vom Roboter (grün) zum Ziel (blau) besteht aus hellgrünen Zellen mit dunklerem Zentrum. Wegpunkte innerhalb des Pfads sind als hellgrüne Zellen mit dunklem Kreuz abgebildet.

In der gezeigten Situation kann das gewünschte Ziel nach einem Abfall des Gesundheitszustands auf 33 % nicht mehr erreicht werden, sofern eine strikte Meidung aller Gefahren

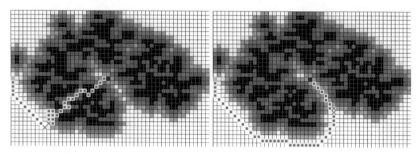

      (a) Unbeschränkte Gefahr   (b) Beschränkte Gefahr

ABBILDUNG 6.18.: Adaptives Durchqueren gefährlicher Bereiche im Fehlerfall. Statische Hindernisse sind als schwarze Flächen mit rotem Gitter dargestellt. Unterschiedliche Gefahrenstufen sind von gering bis hoch in einer Farbskala von gelb nach orange angegeben. Der Pfad setzt sich aus hellgrünen Zellen mit dunkelgrünem Zentrum zusammen. Der Gesundheitszustand des Roboters beträgt in beiden Teilabbildungen 33 %. In (a) wurde während der Fluten-Phase jede Gefahrenstufe als traversierbar markiert. Solange wie möglich meidet der Local Operator in der anschließenden Extraktion gefährliche Zellen. Aufgrund der vorliegenden Distanzangaben muss der Gefahrenbereich jedoch recht früh betreten werden. Eine ungefährlicher Pfad ergibt sich in (b), wenn die unterschiedliche Intensität der Gefahren bereits während der Fluten-Phase Berücksichtigung findet, indem zu gefährliche Bereiche virtuell blockiert werden. (Darstellung in Anlehnung an [MM12b].)

erfolgt. Daher muss die OCU folglich den Local Operator anpassen, um einen möglichen Pfad zu extrahieren. Anschließend versucht dieser gefährliche Zellen solange zu meiden, wie es ihm möglich ist. Im Speziellen bedeutet dies, dass Zellen mit einer geringeren Gefahr nur dann gewählt werden können, wenn sie mindestens genauso weit vom Ziel entfernt sind, wie die Zelle der derzeit letzten Pfadposition, da ohne diese Einschränkung eine zielgerichtete Pfadsuche nicht mehr möglich ist.

Abbildung 6.18(a) zeigt den Pfad, der sich bei einer weniger restriktiven Meidung von Gefahrenbereichen ergibt. In diesem Fall wurden von der OCU bereits während der Fluten-Phase alle Gefahrenbereiche als traversierbar markiert. Die vom Local Operator durchgeführte Gefahrenvermeidung zeigt sich in dieser Darstellung anhand des erst später erfolgenden Eintritts in den Gefahrenbereich. Dieser wird nicht schon zu Anfang betreten, da noch gleichwertige Alternativen existieren. Eigentlich wandert der Operator dabei direkt an der Gefahrenzone entlang, jedoch wurde der dargestellte Pfad anschließend segmentiert. Erst nachdem eine Position erreicht wurde, bei der keine gefahrlose Zelle mehr gewählt werden kann, ohne die Distanz zum Ziel zu vergrößern, erfolgt der Eintritt in die Gefahrenzone. Da der `Local Operator` bestrebt ist, die Gefahr möglichst gering zu halten, windet sich der Pfad nach den Wegpunkten anfangs hin und her, da die betroffenen Positionen eine identische Gefahr und Distanz aufweisen. Insgesamt handelt es sich bei der Abbildung 6.18(a) um ein sehr extremes Beispiel der möglichen OCU-Konfigurationen, das die prinzipielle Wirkungsweise des `Local Operator`-Moduls unterstreicht. Für eine qualitativ bessere Pfadplanung ist es sinnvoll, die unterschiedlichen Intensitäten der Gefahren bereits in der Fluten-Phase zu berücksichtigen.

Abbildung 6.18(b) zeigt das Ergebnis einer OCU-Adaption, die iterativ die zu tolerierende Gefahr η erhöht. Anfänglich werden wie beim grundlegenden APP-Ansatz sämtliche Gefahrenbereiche als virtuelle Hindernisse angesehen ($\eta = 0$). Sofern die Pfadplanung in diesem Fall fehlschlägt, wird η bei stetiger Neuplanung solange inkrementiert, bis ein Weg gefunden wird. Durch die schrittweise Anhebung der zu tolerierenden Gefahr kann bereits in der Fluten-Phase eine Unterscheidung der Gefahrenstufen vollzogen werden, wobei zu große Gefahren durch eine virtuelle Blockade ausgeschlossen werden. Dies führt zu einer optimierten Distanzverteilung, die dem `Local Operator` eine verbesserte Wegwahl ermöglicht. In dieser Konfiguration umgeht der Pfad den Gefahrenbereich anfangs weiträumig und legt lediglich eine vergleichsweise kurze Teilstrecke im Gefahrenbereich zurück. Zusätzlich ist die maximale Gefahr der durchquerten Zellen weitaus geringer, als die maximale Gefahr innerhalb des vorherigen Pfads.

6.2.4.4. Szenario 3: Automatisierte Tests

Im Rahmen dieser Versuchsdurchführung werden zehn zufällig generierte Karten von einem Roboter durchquert. Jede Karte weist dabei abermals eine Dimension von 600×400 Zellen und zufällig verteilte Hindernisse auf. Zur Hälfte weisen die Karten eine homogene Umgebung mit festen Hindernissen auf, wohingegen die restlichen Karten von Bereichen unterschiedlicher Schwierigkeit durchzogen sind. Die Startposition des Roboters befindet sich jeweils links oben an Postion $(0,0)$ und das Ziel liegt immer recht unten an Position $(599, 399)$. Die Pfadplanung erfolgt nach dem in Abschnitt 6.2.3 vorgestellten Ansatz, wobei alle Anpassungen des Abschnitts 6.2.3 mit einbezogen sind. Sofern die Nutzung des angepassten `Local Operator`-Moduls erforderlich wird, vollzieht die OCU gleichzeitig eine gesundheitsgesteuerte Vorinitialisierung von η, da auf diese Weise die Anzahl an möglicherweise erforderlichen Neuplanungen gesenkt werden kann. Prinzipiell ist die Vorinitialisierung von η jedoch nicht zwingend erforderlich.

Zur Validierung der Pfadplanung wird jede Karte zweimal durchquert. Beim ersten Durchgang weist der Roboter einen Gesundheitszustand von 100 % auf. Die OCU ist so parametrisiert, dass sie in diesem Zustand keine Änderungen an der BCU durchführt. Somit entspricht die adaptive Pfadplanung eines vollständig gesunden Roboters in diesem Fall einer reinen BCU-Planung. Für den zweiten Durchlauf wird die Gesundheit des Roboters vorab soweit reduziert, dass er sein Ziel gerade noch erreichen kann.

Das Diagramm 6.19 veranschaulicht für alle paarweisen Kartendurchläufe die minimale Distanz zwischen Pfadpositionen und den dazu nächstgelegenen Hindernissen. Dieser Sicherheitsabstand ist in allgemeiner Form unter Bezugnahme auf Gleichung (6.5) für einen gegebenen Pfad P definiert als

$$\xi(P) := \min\left(d_{xy} \mid (x,y) \in P\right). \tag{6.9}$$

Für das Diagramm wird dieses Maß auf die Pfadgruppen B_i, der vollständig durch die BCU geplanten Pfade, und O_i, der durch das Zusammenwirken von BCU und OCU generierten Wege, angewendet. Über die horizontale Achse ist der Index i des jeweils betrachteten Geländes mit $1 \leq i \leq 10$ angegeben und über die vertikale Achse ist die Distanz zum nächstgelegenen Hindernis angegeben. Diese Angabe entspricht dabei der Anzahl an Zellen, die überwunden werden müssen, um die Position des Hindernisses zu erreichen. Es ist klar zu erkennen, dass der Pfad B_i in jeder Karte mindestens einmal direkt an einem Hindernis vorbeiführt ($\xi(B_i) = 0$). Im Gegensatz dazu weist der Pfad O_i jeweils einen deutlichen Sicherheitsabstand auf. Der vergleichsweise niedrige Wert der ersten Karte liegt darin begründet, dass die Zielposition fast gänzlich von Hindernissen umgeben ist und nur durch eine sehr enge Passage erreichbar ist.

Das Diagramms 6.19 liefert zwar eine tendenzielle Einschätzung der gehaltenen Distanz und damit konstruktionsbedingt auch einen Anhaltspunkt für das Umgehen von Gefahrenbereichen. Allerdings kann es aufgrund von ungünstigen Hindernisanordnungen relativ leicht zu Ausreißern kommen. Um eine bessere Einschätzung über die gesamte Pfadlänge zu erhalten, empfiehlt sich eine mittelwertbasierte Bewertung der Pfade.

Aufbauend auf den Gleichungen (2.37) und (6.5) sei

$$\nu_P := \frac{1}{k} \sum_{(x,y) \in P} d_{xy} \tag{6.10}$$

definiert als der Mittelwert über die minimalen Distanzen aller Zellen eines Pfads. Unter Verwendung von $(\nu_B)_i$ und $(\nu_O)_i$, die jeweils die mittlere Distanz zu Hindernissen für den

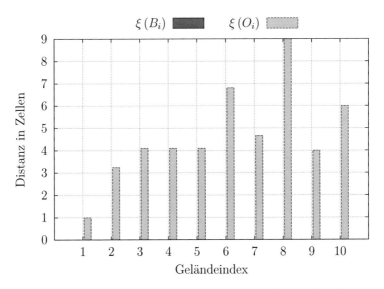

ABBILDUNG 6.19.: Dargestellt ist der minimale Sicherheitsabstand zum nächstgelegenen Hindernis für alle betrachteten Gelände bei reiner BCU- und kombinierter BCU/OCU-Planung. Auffällig ist, dass beim nicht adaptiven Ansatz (BCU) für alle i der Zusammenhang $\xi(B_i) = 0$ gilt. Die fehlertolerante BCU/OCU-Variante hält jedoch in alle Karten einen deutlichen Abstand zu möglichen Hindernissen. Der niedrige Wert von $\xi(O_1)$ lässt sich durch den Aufbau des Zielgebiets erklären, das fast vollständig von Hindernissen umgeben ist und somit nur eine sehr beengte Passage zum Ziel vorliegt. (Darstellung in Anlehnung an [MM12b].)

BCU-Pfad B_i und den BCU/OCU-Pfad O_i in Gelände i darstellen, kann

$$\left(d_{[OB]}\right)_i \; := \; \frac{(\nu_O)_i}{(\nu_B)_i} \tag{6.11}$$

definiert werden. Gleichung (6.11) gibt somit über das Verhältnis der Distanzen die defektinduzierte Vergrößerung des minimalen Abstands zum nächstgelegenen Hindernis an. Dieses Kriterium ist zusammen mit dem in Gleichung (6.2) definierten Wert $\left(r_{[OB]}\right)_i$ in Abbildung 6.20 für alle betrachteten Karten dargestellt.

Aus den dargestellten Werten mit $\left(d_{[OB]}\right)_i > 1$ ist klar zu erkennen, dass der beschädigte Roboter immer einen größeren Sicherheitsabstand zu Hindernissen einhält, als ein defektfreier Roboter. Dies wird durch die Akzeptanz von Umwegen sichergestellt, die sich in dem Kriterium $\left(r_{[OB]}\right)_i > 1$ wiederfinden. Im Mittel hält ein beschädigter Roboter, über alle

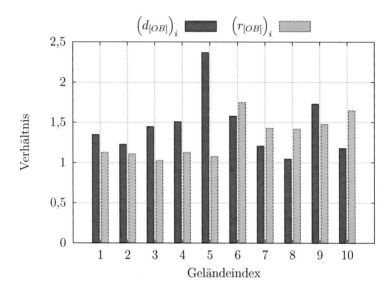

ABBILDUNG 6.20.: Dargestellt ist für alle Gelände mit Index $1 \leq i \leq 10$ das Verhältnis der durchschnittlichen Sicherheitsabstände zum nächstgelegenen Hindernis zwischen reiner BCU- und kombinierter BCU/OCU-Planung $\left(d_{[OB]}\right)_i$ sowie das entsprechende Streckenverhältnis der jeweiligen Pfade $\left(r_{[OB]}\right)_i$. Es ist klar zu erkennen, dass der fehlertolerante Ansatz verhältnismäßig weitere Strecken zurückliefert und dabei im Durchschnitt einen größeren Abstand zu Hindernissen einhält. (Darstellung in Anlehnung an [MM12b].)

Karten betrachtet, den 1,47-fachen Abstand zu Hindernissen, während er die 1,32-fache Strecke zurücklegt.

6.2.5. Betrachtung im Kontext dynamischer Umgebungen

Im Fokus der bereits betrachteten Experimente standen statische Umgebungsdaten, deren Inhalt adaptiv interpretiert wurde, sich über die Versuchsdauer jedoch nicht veränderte. Allerdings stellen auch dynamische Änderungen der Karte kein Problem für die zuvor präsentierte, fehlertolerante Pfadplanung dar. Dies liegt vor allem darin begründet, dass nach jeder durchgeführten Bewegung eine komplette Neuplanung vollzogen wird. Somit kann jederzeit auf eine veränderte Umwelt oder wechselhafte Rahmenbedingungen reagiert werden. Um dieses Konzept zu untermauern, präsentiert der folgende Abschnitt die

Ergebnisse von zwei Versuchen, bei denen in einer hochdynamischen Umgebung Pfadplanungen mit erweitertem APP-Entwurf durchgeführt wurden.

In den Versuchen liegt jeweils eine homogene Karte mit 200×100 Zellen vor, wobei der
Roboter in der linken, oberen Ecke an Position $(0, 0)$ startet und die rechte, untere Zelle
an Position $(199, 99)$ als Ziel hat. Während der Roboter das Gelände durchquert, bewegen
sich zeitgleich 30 weitere Einheiten durch die Karte. Jede ist genau eine Zelle groß, wobei abhängig vom derzeitigen Gesundheitszustand des Roboters ein vergleichsweise hoch
bewerteter Gefahrenbereich um jede Einheit generiert wird. Zusätzlich erfolgt eine Überwachung der Bewegungsrichtungen aller Einheiten. Aufbauend auf den so protokollierten
Bewegungsdaten werden in der Karte Bereiche als potentiell gefährlich markiert, die eine
der Einheiten demnächst mit einer hohen Wahrscheinlichkeit durchquert.

Abbildung 6.21 zeigt für einen Gesundheitszustand von 30% eine Einheit mit dem da-
zugehörigen Gefahrenbereich in 6.21(a) und eine entsprechende Schätzung der möglichen
Aufenthaltspositionen in 6.21(b). Dabei ist der Bereich um die Einheit mit einer sehr
hohen Gefahrenstufe ($h > 100$) belegt und in Form von weißen Zellen dargestellt. Die
Gefahrenstufen der vorhergesagten Bewegung sind in Graustufen dargestellt und bewegen sich im gemäßigten Gefahrenbereich ($10 \leq h \leq 20$). Um gewisse Ungenauigkeiten
bei der Bewegungsvorhersage abzudecken, erfolgt eine automatische Generierung von Gefahrenbereichen entlang der vorhergesagten Aufenthaltsorte. Diese Bereiche werden der
Gleichung (6.4) entsprechend generiert, bewegen sich für das vorliegende Beispiel im unteren Gefahrenbereich ($1 \leq h \leq 4$) und sind analog zu den bisherigen Betrachtungen von
Gelb nach Orange dargestellt.

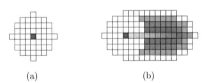

(a)   (b)

ABBILDUNG 6.21.: Darstellung einer beweglichen Einheit mit zugehörigem Gefahrenbereich
(a) sowie eine entsprechende Bewegungsvorhersage dieser Einheit (b) für einen Gesundheitszustand des Pfadplaners von 30 %. Die weißen Zellen weisen eine vergleichsweise hohe Gefahrenstufe ($h > 100$) auf. Die Bewegungsvorhersage liegt im leicht erhöhten Gefahrenbereich
($10 \leq h \leq 20$) und ist als Graustufengradient angegeben. Analog zu den vorangegangenen
Betrachtungen stellen die von Gelb nach Orange dargestellten Zellen automatisch generierte Gefahrenbereiche dar, die in diesem Fall eine gewisse Ungenauigkeit der Bewegung
ausdrücken.

Aufbauend auf den vorgestellten Rahmenbedingungen erfolgte die Betrachtung zweier Szenarien, in denen sich ein Roboter mit einem Gesundheitszustand von 30 % durch eine hochdynamische Umgebung bewegt. In der ersten Variante werden alle Gefahrenbereiche als unpassierbar interpretiert und der Roboter nimmt während der Pfadplanung beliebige Umwege in Kauf um sein Ziel zu erreichen. In der zweiten Variante werden Umwege nur dann toleriert, wenn sie das 1,5-fache der euklidischen Distanz zum Ziel nicht überschreiten. Dabei nimmt der erweiterte APP-Entwurfs wie gewohnt iterativ größere Gefahren in Kauf, bis ein Pfad gültiger Länge gefunden wurde. Momentaufnahmen beider Szenarien sind in Anhang B zu finden. Die Abbildungen B.1 und B.2 zeigen Auszüge des ersten Szenarios, wobei die Abbildungen B.3 und B.4 das zweite Szenario zu jeweils entsprechenden Zeitpunkten darstellen.

Aus Gründen der Einfachheit erfolgt für die mobilen Einheiten untereinander keine Kollisionsabfrage. Dies stellt im vorliegenden Kontext jedoch keine Einschränkung dar, da eine Kollisionsvermeidung zwischen den mobilen Objekten keine zusätzlichen Anforderungen an die im Fokus stehende Pfadplanung des Roboters stellt. Außerdem ist anzumerken, dass die mobilen Einheiten in beiden Szenarien grundsätzlich identische Bewegungen durchführen, wobei das zweite Szenario allerdings schneller beendet wird.

Die in Abbildung 6.22 dargestellten Trajektorien des Roboters zeigen, dass der erweiterte APP-Entwurf auch im Kontext beweglicher Hindernisse und dynamischer Umgebungen eine erfolgreiche Pfadplanung ermöglicht. Der zeitliche Verlauf der Trajektorien ist jeweils als zyklischer Gradient von Schwarz nach Grün angegeben. Nachdem die volle Intensität für Grün erreicht wurde, wird die nächste Position wieder schwarz dargestellt. Wie in 6.22(a) zu erkennen ist, nimmt der Roboter beliebige Umwege in Kauf, wenn sämtliche Gefahren als Hindernisse interpretiert werden. Teilweise bewegt er sich im Verlauf des Szenarios erheblich von seinem eigentlichen Ziel weg, da er durch die beweglichen Hindernisse quasi vom Ziel weg gedrängt wird. Dieses Verhalten resultiert in der Gefahr potentieller Livelocks, da der Roboter in ungünstigen Situationen, bedingt durch die Bewegungen der mobilen Hindernisse, nur noch zyklisch zwischen unterschiedlichen Positionen hin und her pendelt. Um solch ein Verhalten zu vermeiden, ist ein Abbruchkriterium sinnvoll, das nach einer gewissen Zeit auf eine restriktivere Pfadplanung umschaltet, die weniger Umwege toleriert. Alternativ zeigt 6.22(b) die Trajektorie des zweiten Szenarios, bei dem von vornherein nur Umwege erlaubt sind, die das 1,5-fach der euklidischen Distanz zum Ziel nicht überschreiten. Um dies zu erreichen, wird iterativ eine höhere Gefahr in Kauf genommen, bis ein gültiger Weg möglich ist. Hierbei ist klar zu erkennen, dass die resultierende Strecke deutlich kürzer als im ersten Szenario ist. Trotz der erheblichen Änderungen in der Karte bleibt der zurückgelegte Weg sehr dicht am bestmöglichen Weg.

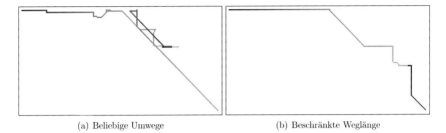

(a) Beliebige Umwege   (b) Beschränkte Weglänge

ABBILDUNG 6.22.: Darstellung der Trajektorien zweier Pfadplanungen eines Roboters mit einem Gesundheitszustand von 30 % im Kontext dynamischer Karten. Der zeitliche Verlauf der Trajektorien ist als zyklischer Farbgradient von Schwarz nach Grün dargestellt. Der in (a) zurückgelegte Weg ergibt sich, da beliebige Umwege toleriert werden, um keine Gefahren eingehen zu müssen. Die Gefahr potentieller Livelocks ist klar zu erkennen. Die in (b) gezeigte Strecke resultiert aus einer restriktiveren Pfadplanung, bei der Stecken nur dann akzeptiert werden, wenn sie das 1,5-fache der euklidischen Distanz zum Ziel nicht überschreiten.

Um den Grad der dynamischen Änderungen innerhalb der Karte zu verdeutlichen, zeigt Abbildung 6.23 eine visuelle Überlagerung aller Simulationsschritte der beiden Szenarien. Die weiß dargestellte Ebene wird in diesem Zusammenhang als transparent interpretiert, so dass letztendlich die Gefahrenbereiche, die Roboterposition und die jeweils geplanten Pfade aller Simulationsschritte in der resultierenden Abbildung 6.23 veranschaulicht werden. Dabei ist das erste Szenario in 6.23(a) und das zweite in 6.23(b) dargestellt. Es ist klar zu erkennen, dass nahezu jede Zelle der Karte im Verlauf der Experimente mindestens eine Änderung erfährt. Die freien Randbereiche in beiden Überlagerungen liegen im eigentlichen Versuchsaufbau begründet, da diese Bereiche per Definition nicht von den mobilen Einheiten betreten werden dürfen. Dieses Vorgehen stellt sicher, dass der Start- und Zielbereich des Roboters nicht blockiert werden. Die leichten Unterschiede zwischen den beiden Darstellungen lassen sich auf die jeweiligen Laufzeiten der beiden Szenarien zurückführen. Da im ersten Fall beliebige Umwege akzeptiert werden, dauert es etwas länger, bis der Roboter sein Ziel erreicht, wodurch in weiteren Bereiche Veränderung stattfinden. Es sei außerdem darauf hingewiesen, dass im Zuge dieser Betrachtungen der geplante Pfad in blau dargestellt wurde. Somit stellen die blauen Flächen in Abbildung 6.23 Bereiche dar, durch die ein Pfad geplant wurde.

Die an dieser Stelle präsentierten Ergebnisse stellen eine Machbarkeitsstudie dar. Jedoch

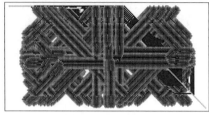 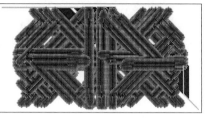

(a) Beliebige Umwege (b) Beschränkte Weglänge

ABBILDUNG 6.23.: Dargestellt sind die Überlagerungen zweier Pfadplanungen im Kontext dynamischer Umgebungen. Der Gesundheitszustand des simulierten Roboters betrug in beiden Fällen 30 %. Jede eingefärbte Zelle wurde mindestens einmal direkt oder indirekt verändert, während der Roboter das Gebiet durchquerte. Blaue Zellen stellen in diesem Fall geplante Pfade dar. Lediglich die weißen Bereiche blieben statisch. Grundsätzlich ist in beiden Überlagerungen eine hohe Dynamik der Umgebung erkennen. Die kleinen Unterschiede zwischen (a) und (b) lassen sich durch unterschiedliche Laufzeiten bei der Traversierung der Karte erklären.

lässt sich zusammenfassend bereits festhalten, dass der erweiterte APP-Entwurf auch im Kontext hochdynamischer Umgebungen grundsätzlich möglich ist. Allerdings sind durchaus noch umfassendere Arbeiten erforderlich, um dieses Thema hinreichend abzudecken. Trotzdem liefern die hier präsentierten Betrachtungen vielversprechende Ergebnisse für die Anwendbarkeit von APP-Ansätzen im Kontext von Multi-Roboter-Szenarien, auf die im Rahmen dieser Arbeit jedoch nicht näher eingegangen werden kann.

Wie die vorangegangenen Betrachtungen zeigen, ermöglicht der hier präsentierte Ansatz eine adaptive Pfadplanung, die dynamisch auf Änderungen der Karte reagiert. Dies setzt jedoch die Kenntnis der Position aller beweglichen Einheiten voraus. Sofern diese Informationen vorliegen, kann mit jedem Planungsschritt ein entsprechender Pfad gefunden werden, der die aktuelle Situation berücksichtigt und alle Hindernisse sicher umgeht. Sind die aktuellen Positionen der beweglichen Einheiten jedoch nicht vollständig bekannt, erscheinen Erweiterungen, die auf reaktive Verhalten zurückgreifen, als sinnvoll. In einem solchen Kontext kann ein Pfad theoretisch nur auf Basis der vorliegenden Daten geplant werden. Auf Änderungen, die sich aus unzureichenden Informationen ergeben, kann dann reaktiv reagiert werden, indem der zuvor geplante Pfad zeitweise verlassen wird. Allerdings sind solche Ansätze mit eigenen Herausforderungen verbunden, die in zukünftigen Untersuchungen genauer betrachtet werden sollten.

„The oldest and strongest emotion of mankind is fear, and the oldest and strongest kind of fear is fear of the unknown."
Howard Phillips Lovecraft in *Supernatural Horror in Literature*, (Geschrieben 1927. Publiziert 1938.), Introduction

KAPITEL 7

Zusammenfassung und Ausblick

Dieses Kapitel stellt den Abschluss der vorliegenden Arbeit dar und rekapituliert die Betrachtungen sowie die Ergebnisse der vorangegangenen Kapitel. Zu einigen Themenbereichen wird außerdem ein Ausblick auf mögliche, zukünftige Arbeiten gegeben.

In Kapitel 3 wurde der mobile Roboter ICreate vorgestellt, der als Referenzhardware für das in Kapitel 4 vorgestellte Framework zur ORCA-basierten Steuerung mobiler Roboter dient. Bei der Betrachtung der Zielsetzungen und Anforderungen an das System wurde gleichzeitig die grundlegende Notwendigkeit einer Hardwareabstraktion deutlich, die durch ihre Generalisierung die Anwendung erleichtert. Die resultierende Hardwarearchitektur stellt sich als klassische Schichtenarchitektur mit mehreren Ebenen dar.

Kapitel 4 präsentierte ein Framework, das den Entwurf von ORCA-basierten Systemen mittels einer einheitlichen Softwarebasis unterstützt. In diesem Zusammenhang erfolgte außerdem die Herleitung verschiedener Methoden zur Generierung von Gesundheitssignalen, die sich teils aus Erweiterungen von bekannten Ansätzen und teils aus neuartigen Verfahren zusammensetzen. Dabei handelt es sich zum einen um die signalnormierten Transinformationen I_α^S, $\hat{I}_\alpha^S$ sowie $\tilde{I}_\alpha^S$ und zum anderen um die Signalklassifikation anhand von C_ω, die auf einer Auswertung von zweidimensionalen Histogrammen beruht.

In Kapitel 5 wurde anschließend die Anwendbarkeit des Frameworks, seine interne Struktur und die enthaltenen Verfahren zur Generierung von Gesundheitssignalen genauer betrachtet und einer Bewertung unterzogen. In der praktischen Anwendung weist das Framework gegenüber anderen Vertretern wie ROS oder RDS den Vorteil auf, dass es einem bekannten Programmierparadigma folgt. Somit erlaubt es einen schnellen Zugang zum Themengebiet der mobilen Robotik, ohne den ungeschulten Nutzer dabei mit zusätzlichen Informationen zu überfordern. Die metrikbasierten Bewertungen des Frameworks sprechen für eine solide Softwarebasis, die wartbar und verständlich aufgebaut ist. Somit bleibt das Framework auch für zukünftige Erweiterungen, wie beispielsweise einer Kinect-Unterstützung, offen. Durch umfassende Versuche konnte außerdem die Signalklassifikation $\bar{C}_\omega$ als vielversprechendes Verfahren zur Generierung von Gesundheitssignalen ermittelt werden, das den betrachteten Alternativen in vielen Fällen überlegen ist.

Die in dieser Arbeit betrachteten Verfahren zur Bestimmung von Gesundheitssignalen arbeiten im Kontext eines Referenzsignals, das einen fehlerfreien Systemzustand beschreibt. Da ein solches Referenzsignal durch das Vorliegen von mehreren potentiellen Kandidaten in der Praxis nicht immer a priori bekannt ist, erscheinen Verfahren zur automatischen Auswahl des Referenzsignals in diesem Zusammenhang für weitere Arbeiten besonders interessant. Die im Anhang C dargestellten Gesundheitssignale liefern eine initiale Konzeptbetrachtung, bei der ein erster Lösungsansatz skizziert wird. Abbildung C.1 zeigt dabei die aus Abschnitt 5.3.13 bereits bekannten Ergebnisse (Szenario 9 mit $F = 500$), die unter Verwendung von S als Referenzsignal resultieren. Die Abbildungen C.2 und C.3 zeigen entsprechende Gesundheitssignale, die sich ergeben, wenn R_1 beziehungsweise R_2 als Referenzsignal dient. Es ist deutlich zu erkennen, dass das fehlerhafte Signal R_2 eine niedrige Bewertung erfährt, wenn die Beurteilung auf Basis von S oder R_1 erfolgt. Sofern R_2 als Referenzsignal dient, werden die beiden Signale S und R_1 schlecht bewertet, da sie von der fehlerhaften Referenz abweichen. Über die Gesamtheit der berechneten Gesundheitssignale lässt sich jedoch das fehlerhafte Signal R_2 identifizieren. Dieser Prozess erscheint nach den hier gezeigten Betrachtung beispielsweise auf Basis eines Mehrheitsentscheiders automatisierbar zu sein und sollte in folgenden Arbeiten genauere Betrachtung finden.

Generell ist in zukünftigen Arbeiten genauer zu klären, welche Abweichungen des Systemverhaltens tolerierbar sind und welche nicht. In den vorangegangenen Untersuchungen wurde diese Fragestellung im 1. bis zum 9. Szenario dadurch beantwortet, dass ein vorgegebenes Signal als fehlerfreies Referenzsignal Betrachtung fand. Somit erfolgte diese Unterscheidung a priori. Im Kontext der Bilddatenströme ist diese Unterscheidung jedoch nicht so deutlich festgelegt, da kein explizites Referenzsignal zum Einsatz kommt. Das aktuelle Bild wird lediglich auf Basis des vorangegangenen Bilds bewertet. Allerdings sind auch hier gewisse Grundannahmen über den Grad der Abweichung anzutreffen, die implizit vorausgesetzt werden. Dies bezieht sich beispielsweise auf die Annahme, dass ein leicht verrauschtes Bild besser bewertet werden sollte als ein Dunkelbild. Prinzipiell ist dieser Sachverhalt zwar für fast alle Anwendungen korrekt, jedoch stellt sich gleichzeitig die Frage, welche Rauscheinflüsse für unterschiedliche Aufgaben tatsächlich vertretbar sind und wie stark das Rauschen sein darf.

Insgesamt betrachtet stellt die Signalklassifikation $\bar{C}_\omega$ ein vielversprechendes Verfahren zur Bestimmung von Gesundheitssignalen dar. Obwohl die zuvor präsentierten Betrachtungen bereits sehr umfangreich sind, ist das Thema der Gesundheitssignalgenerierung damit noch nicht erschöpfend behandelt. Wie bereits zu Beginn dieser Arbeit in Abschnitt 2.1.1.2 angemerkt wurde, bildet die Bewertung eines Systemzustands auf Basis der Transinformation nur eine mögliche Vorgehensweise. Einen alternativen Ansatz bietet die Anomaliedetektion mittels Fuzzy-Logik. Ein Vertreter dieser Herangehensweise ist beispielsweise die in [JM08] vorgestellte Robot Anomaly Detection Engine (RADE). Folglich erscheint es für zukünftige Arbeiten sinnvoll, eine vergleichende Betrachtung zwischen RADE und $\bar{C}_\omega$ durchzuführen, um die Vor- und Nachteile der möglichen Varianten gegeneinander abwägen zu können. Aufbauend auf diesen Betrachtungen können anschließend gegebenenfalls weitere Vorgehensweisen untersucht werden. Beispielsweise sind Kombinationen dieser Verfahren denkbar, bei denen situationsabhängig ein geeignetes Verfahren dominiert. Alternativ sollte auch die gleichzeitige Systembewertung durch unterschiedliche Ansätze genauer betrachtet werden.

In Kapitel 6 erfolgte die Vorstellung von Verfahren zur adaptiven Pfadplanung. Die Besonderheit dieser Ansätze gegenüber anderen Vorgehensweisen besteht unter anderem darin, dass die Fähigkeiten der sich bewegenden Einheit nicht als statisch angenommen werden. Auf Basis des aggregierten Gesundheitszustands ist eine Bewertung der verbleibenden Leistungsfähigkeit eines Systems durchführbar, die einer angepassten Wegwahl als Grundlage dient. Mehrere durchgeführte Versuche zeigten dabei, dass eine adaptive Pfadplanung auch schwerwiegende Fehler während der Laufzeit ausgleichen kann, solange im derzeitigen Gesundheitszustand noch ein angemessener Pfad zum Ziel existiert. Als weitere Herausforderung an die Adaptivität des Planers wurde ein spezielles Szenario betrachtet, bei dem die energieeffizientesten Pfade in unterschiedlichen Umgebungen zu bestimmen waren. Die Auswertung eines generischen Gefahrenindexes erlaubt es dem System, sich dynamisch an unbekannte Gefahrensituationen anzupassen. Eine indexbasierte Auswertung der Gefahren bewertet dabei, welche Bereiche in Extremsituationen am ehesten traversiert werden können und welche Gebiete strikt zu meiden sind. Des Weiteren wurde die Anwendbarkeit der präsentierten Methoden im Kontext hochdynamischer Umgebungen demonstriert, die eine Vielzahl von beweglichen Einheiten aufwiesen.

Auf Grundlage der zuvor angesprochenen Ergebnisse können in der Zukunft noch weitere, interessante Fragestellungen im Bereich der adaptiven Pfadplanung betrachtet werden. So erscheint es sinnvoll, fehlerbedingte Seiteneffekte wie zum Beispiel Drift in die Planung mit einfließen zu lassen, um sie für die weitere Fortbewegung auszunutzen. Hierfür wäre eine Anpassung der lokalen Suchstrategie während der Pfadextraktion erforderlich, die sich möglicherweise durch eine entsprechende Gewichtung der betrachteten Nachbarschaft realisieren lässt. Insbesondere für sehr große oder hochdynamische Umgebungen ist eine Partitionierung der Umgebung in unterschiedliche Sektoren aus Sicht der Laufzeit durchaus ratsam. Grundsätzlich könnte ein solches Vorgehen über die Definition von zusätzlichen Wegpunkten erreicht werden, wie sie in Abschnitt 6.2.3 bereits zur Verbesserung der Pfadqualität genutzt wurden.

ANHANG A

Rekapitulation der Szenarien 1 bis 9 bei variabler Fenstergröße

---

Dieser Anhang beinhaltet eine erneute Auswertung der Signale aus Abschnitt 5.3. Abweichend von den vorherigen Betrachtungen wurden die folgenden Ergebnisse mit dynamisch anwachsenden Fenstergrößen $F \geq 25$ erzeugt. Generell ist bei der anwachsenden Fensterung auffällig, dass in vielen Szenarien die anwachsende Fenstergröße zu einer fallenden Tendenz bei den ermittelten Gesundheitssignalen führt. Dieser Umstand ergibt sich durch die verlängerte Gültigkeitsdauer der erhaltenen Messwerte. Wird das Fenster immer weiter vergrößert, bleibt diese Abweichung durchgehend relevant, während zusätzlich neue Abweichungen hinzukommen können. Es wird somit die Summe der betrachteten Abweichungen vergrößert. Zusammenfassend kann jedoch festgehalten werden, dass eine inkrementelle Fensterung sowohl positive, als auch negative Effekte hervorruft. Gerade bei sehr frühen Fehlverhalten dominieren die positiven Effekte und erlauben eine verbesserte Bewertung der betrachteten Signale. Mit zunehmender Fenstergröße setzen sich jedoch die negativen Aspekte durch und die Bestimmung der Gesundheitssignale gestaltet sich schlechter im Vergleich zu festen Fenstergrößen. Daher stellt die Kombination von dynamischen Anwachsen und statischen Maximalgrößen die zu bevorzugende Strategie dar.

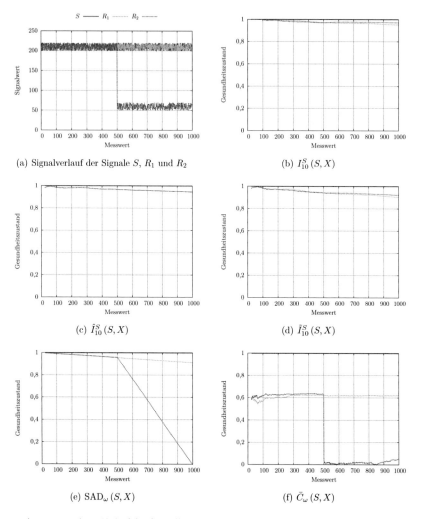

(a) Signalverlauf der Signale S, R_1 und R_2

(b) $I_{10}^S(S, X)$

(c) $\hat{I}_{10}^S(S, X)$

(d) $\tilde{I}_{10}^S(S, X)$

(e) $\mathrm{SAD}_\omega(S, X)$

(f) $\bar{C}_\omega(S, X)$

ABBILDUNG A.1.: Verlauf der Gesundheitssignale in Szenario 1 bei anwachsender Fenstergröße. Betrachtet werden die Signale $X \in \{S, R_1, R_2\}$ bei einer Fenstergröße von $F \geq 25$. Es ist zu erkennen, dass die Gesundheitssignale in (b)–(d) zur Bewertung dieses Szenarios ungeeignet sind. Die Teilabbildungen (e) und (f) zeigen gute bis sehr gute Ergebnisse. Vorteilhaft ist in (f) der sofortige und starke Ausschlag als Reaktion auf das Fehlverhalten in R_2, wohingegen (e) eine langsamere Reaktion zeigt.

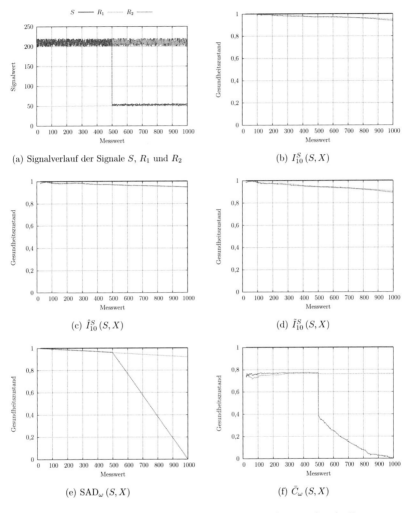

(a) Signalverlauf der Signale S, R_1 und R_2

(b) $I_{10}^S (S, X)$

(c) $\hat{I}_{10}^S (S, X)$

(d) $\tilde{I}_{10}^S (S, X)$

(e) $\mathrm{SAD}_\omega (S, X)$

(f) $\bar{C}_\omega (S, X)$

ABBILDUNG A.2.: Verlauf der Gesundheitssignale in Szenario 2 bei anwachsender Fenstergröße. Betrachtet werden die Signale $X \in \{S, R_1, R_2\}$ bei einer Fenstergröße von $F \geq 25$. Zu erkennen ist, dass die Signale in (b)–(d) zur Bewertung dieses Szenarios ungeeignet sind. Die Teilabbildungen (e) und (f) zeigen gute bis sehr gute Ergebnisse. Vorteilhaft ist in (f) der sofortig Sprung als Reaktion auf das Fehlverhalten in R_2, wohingegen (e) eine langsamere Reaktion zeigt.

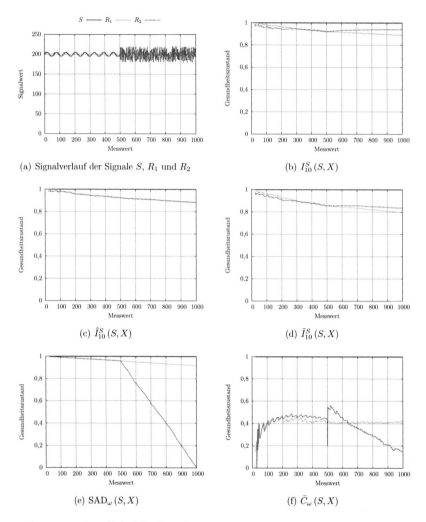

(a) Signalverlauf der Signale S, R_1 und R_2

(b) $I_{10}^S (S, X)$

(c) $\hat{I}_{10}^S (S, X)$

(d) $\tilde{I}_{10}^S (S, X)$

(e) $\text{SAD}_\omega (S, X)$

(f) $\bar{C}_\omega (S, X)$

ABBILDUNG A.3.: Verlauf der Gesundheitssignale in Szenario 3 bei anwachsender Fenstergröße. Betrachtet werden hier die Signale $X \in \{S, R_1, R_2\}$ bei einer Fenstergröße von $F \geq 25$. Es ist zu erkennen, dass die Gesundheitssignale in (b)–(d) zur Bewertung dieses Szenarios ungeeignet sind. Außerdem zeigen (b) und (d) eine falsche Relation der Gesundheitssignale untereinander. Die Teilabbildungen (e) und (f) zeigen gute Ergebnisse, wobei der Grundpegel in (f) sehr gering ausfällt.

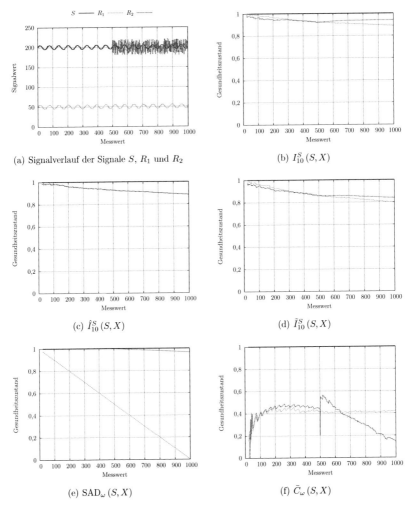

(a) Signalverlauf der Signale S, R_1 und R_2

(b) $I_{10}^S (S, X)$

(c) $\hat{I}_{10}^S (S, X)$

(d) $\tilde{I}_{10}^S (S, X)$

(e) $\mathrm{SAD}_\omega (S, X)$

(f) $\bar{C}_\omega (S, X)$

ABBILDUNG A.4.: Verlauf der Gesundheitssignale in Szenario 4 bei anwachsender Fenstergröße. Betrachtet werden hier die Signale $X \in \{S, R_1, R_2\}$ bei einer Fenstergröße von $F \geq 25$. Zu erkennen ist, dass die Gesundheitssignale in (b)–(e) zur Bewertung dieses Szenarios ungeeignet sind. Zwar zeigt (e) eine gewisse Reaktion auf das Fehlverhalten in R_2, jedoch wird R_1 mit einem stetig abfallenden Verlauf bewertet, wodurch es zu einer gestörten relative Ordnung der Gesundheitssignale kommt. Eine fehlerhafte Relation der Gesundheitssignale ist auch in (b) und (d) zu beobachten. Die Teilabbildung (f) zeigt gute Ergebnisse, jedoch fällt der Grundpegel sehr gering aus.

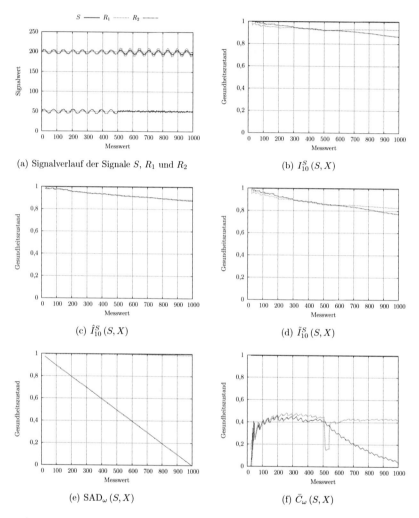

ABBILDUNG A.5.: Verlauf der Gesundheitssignale in Szenario 5 bei anwachsender Fenstergröße. Betrachtet werden die Signale $X \in \{S, R_1, R_2\}$ bei einer Fenstergröße von $F \geq 25$. Es ist zu erkennen, dass die Gesundheitssignale in (b)–(e) nicht zur Bewertung dieses Szenarios geeignet sind. Die Signalverläufe in (b) und (d) zeigen zumindest eine gewisse Reaktion auf das Fehlverhalten in R_2. Die Teilabbildung (f) zeigt gute Ergebnisse, wobei der Grundpegel jedoch vergleichsweise gering ausfällt.

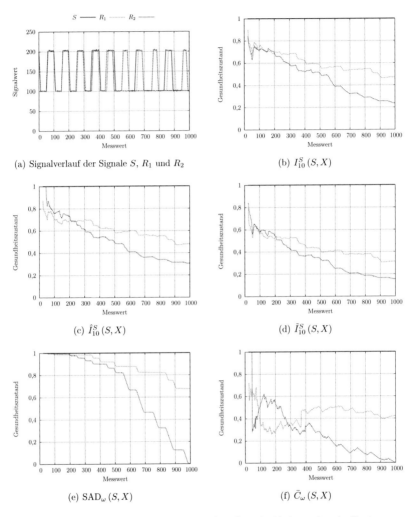

(a) Signalverlauf der Signale S, R_1 und R_2

(b) $I_{10}^S (S, X)$

(c) $\hat{I}_{10}^S (S, X)$

(d) $\tilde{I}_{10}^S (S, X)$

(e) $\mathrm{SAD}_\omega (S, X)$

(f) $\bar{C}_\omega (S, X)$

ABBILDUNG A.6.: Verlauf der Gesundheitssignale in Szenario 6 bei anwachsender Fenstergröße. Betrachtet werden die Signale $X \in \{S, R_1, R_2\}$ bei einer Fenstergröße von $F \geq 25$. Alle Varianten zeigen einen kontinuierlich abfallenden Systemzustand. Alle Signalverläufe weisen bereits vor dem eigentlichen Fehlverhalten erkennbare Abweichungen auf. Dies rührt aus einer geringeren Toleranz gegenüber der Fluktuation der betrachteten Signale. Die Teilabbildung (f) liefert nach einer gewissen Einlaufzeit die vergleichsweise besten Ergebnisse dieser Betrachtung.

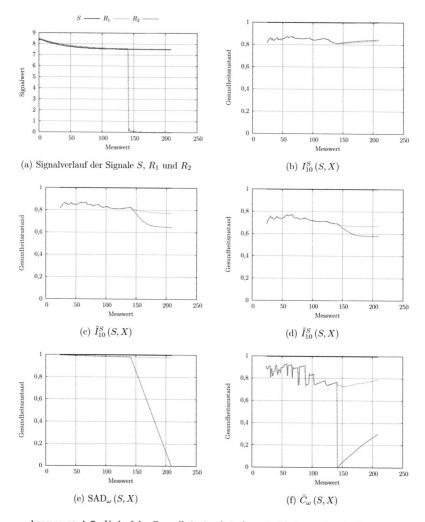

(a) Signalverlauf der Signale S, R_1 und R_2

(b) $I_{10}^S(S,X)$

(c) $\hat{I}_{10}^S(S,X)$

(d) $\bar{I}_{10}^S(S,X)$

(e) $\mathrm{SAD}_\omega(S,X)$

(f) $\bar{C}_\omega(S,X)$

ABBILDUNG A.7.: Verlauf der Gesundheitssignale in Szenario 7 bei anwachsender Fenster-größe. Betrachtet werden die Signale $X \in \{S, R_1, R_2\}$ bei einer Fenstergröße von $F \geq 25$. Die Signale in (b) sind nicht für eine Auswertung geeignet. Eine Detektion des Fehlverhal-tens ist mittels (c) und (d) zwar möglich, jedoch fällt die Reaktion auf das Fehlverhalten in R_2 relativ gering aus. Die Signale in (e) und (f) erlauben eine klare Bewertung der jeweiligen Gesundheitszustände, wobei die Signale in (e) eine leichte Verzögerung aufweisen.

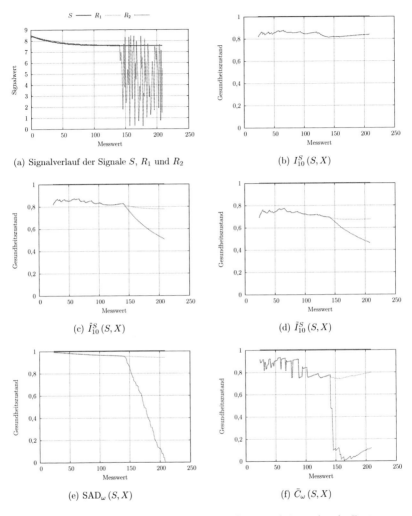

(a) Signalverlauf der Signale S, R_1 und R_2

(b) $I_{10}^S(S, X)$

(c) $\hat{I}_{10}^S(S, X)$

(d) $\tilde{I}_{10}^S(S, X)$

(e) $\mathrm{SAD}_\omega(S, X)$

(f) $\bar{C}_\omega(S, X)$

ABBILDUNG A.8.: Verlauf der Gesundheitssignale in Szenario 8 bei anwachsender Fenstergröße. Betrachtet werden die Signale $X \in \{S, R_1, R_2\}$ bei einer Fenstergröße von $F \geq 25$. Die Signale in (b) sind nicht für eine Auswertung geeignet. Eine Detektion des Fehlverhaltens ist mittels (c) und (d) zwar möglich, jedoch fällt die Reaktion auf das Fehlverhalten in R_2 relativ gering aus. Die Signale in (e) und (f) erlauben eine klare Bewertung der jeweiligen Gesundheitszustände, wobei die Signale in (e) eine leichte Verzögerung aufweisen.

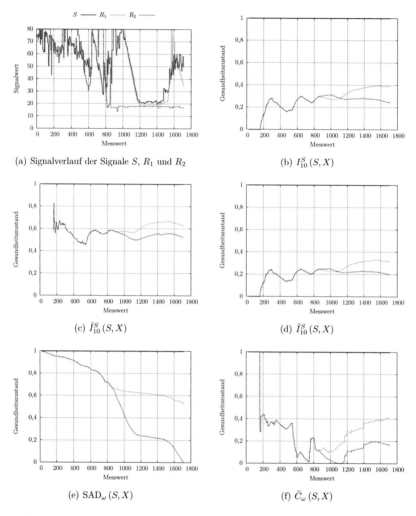

(a) Signalverlauf der Signale S, R_1 und R_2

(b) $I_{10}^S(S, X)$

(c) $\hat{I}_{10}^S(S, X)$

(d) $\check{I}_{10}^S(S, X)$

(e) $\mathrm{SAD}_\omega(S, X)$

(f) $\tilde{C}_\omega(S, X)$

ABBILDUNG A.9.: Verlauf der Gesundheitssignale in Szenario 9 bei anwachsender Fenstergröße. Betrachtet werden die Signale $X \in \{S, R_1, R_2\}$ bei einer Fenstergröße von $F \geq 25$. In diesem Szenario sind prinzipiell alle gezeigten Signalbewertungen zur Klassifikation des Gesundheitszustands geeignet. Bei allen Signalen kann ein absinkender oder bereits abgesunkener Grundpegel beobachtet werden. Dieser Effekt tritt in diesem Szenario am stärksten hervor, da es über die meisten Messwerte verfügt.

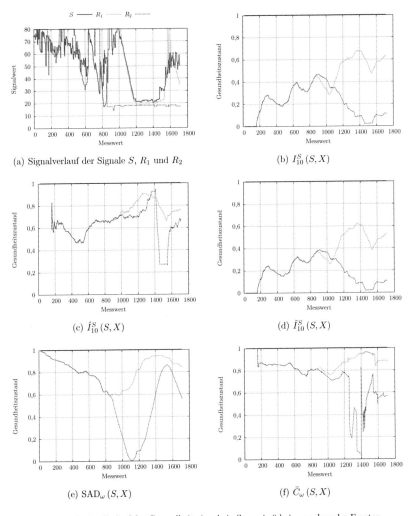

(a) Signalverlauf der Signale S, R_1 und R_2

(b) $I_{10}^S (S, X)$

(c) $\hat{I}_{10}^S (S, X)$

(d) $\tilde{I}_{10}^S (S, X)$

(e) $\mathrm{SAD}_\omega (S, X)$

(f) $\bar{C}_\omega (S, X)$

ABBILDUNG A.10.: Verlauf der Gesundheitssignale in Szenario 9 bei anwachsender Fenstergröße mit definierter Obergrenze. Betrachtet werden die Signale $X \in \{S, R_1, R_2\}$ bei einer Fenstergröße von $25 \leq F \leq 400$. In diesem Szenario sind prinzipiell alle gezeigten Signalbewertungen zur Klassifikation des Gesundheitszustands geeignet. Die in (b) bis (e) gezeigten Verläufe weisen unterschiedliche Nachteile auf, die eine Auswertung behindern können. Eine Signalklassifikation mittel $\bar{C}_\omega$ liefert akzeptable Ergebnisse.

ANHANG B

Momentaufnahmen der APP in hochdynamischen Umgebungen

Dieser Anhang beinhaltet Momentaufnahmen, die zwei Pfadplanungen im Kontext hochdynamischer Umgebungen veranschaulichen. Eine genauere Beschreibung der eigentlichen Versuchsdurchführung ist in Abschnitt 6.2.5 zu finden. In der ersten Variante (Abbildung B.1 und B.2) nimmt der Roboter während der Pfadplanung beliebige Umwege in Kauf um sein Ziel zu erreichen. In der zweiten Variante (Abbildung B.3 und B.4) werden Umwege nur dann toleriert, wenn sie das 1,5-fache der euklidischen Distanz zum Ziel nicht überschreiten. Dabei nimmt der erweiterte APP-Entwurfs (siehe Abschnitt 6.2.3) wie gewohnt iterativ größere Gefahren in Kauf, bis ein Pfad gültiger Länge gefunden wurde.

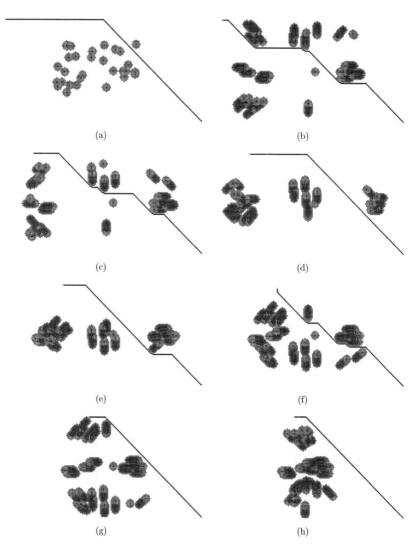

(a)

(b)

(c)

(d)

(e)

(f)

(g)

(h)

ABBILDUNG B.1.: Momentaufnahmen der Pfadplanung im Kontext dynamischer Umgebungen bei unbeschränkter Wegwahl. Die Darstellung umfasst die Zeitspanne von Simulationsschritt 0 bis 105. Für jeden Zeitschritt ist der aktuell geplante Pfad in blau dargestellt. Die beweglichen Einheiten und ihre jeweiligen Gefahrenbereiche sind analog zu Abbildung 6.21 abgebildet.

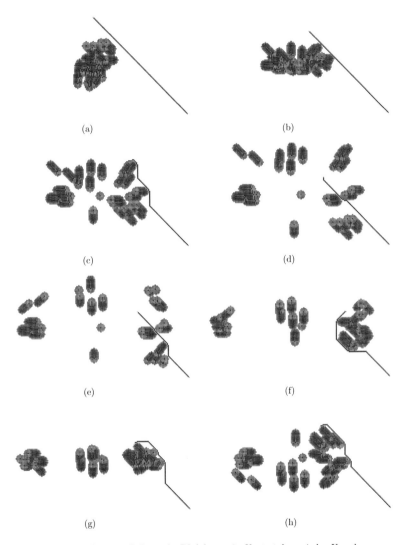

(a)　　　　　　　　　　(b)

(c)　　　　　　　　　　(d)

(e)　　　　　　　　　　(f)

(g)　　　　　　　　　　(h)

ABBILDUNG B.2.: Momentaufnahmen der Pfadplanung im Kontext dynamischer Umgebungen bei unbeschränkter Wegwahl. Die Darstellung umfasst die Zeitspanne von Simulationsschritt 120 bis 225. Für jeden Zeitschritt ist der aktuell geplante Pfad in blau dargestellt. Die beweglichen Einheiten und ihre jeweiligen Gefahrenbereiche sind analog zu Abbildung 6.21 abgebildet.

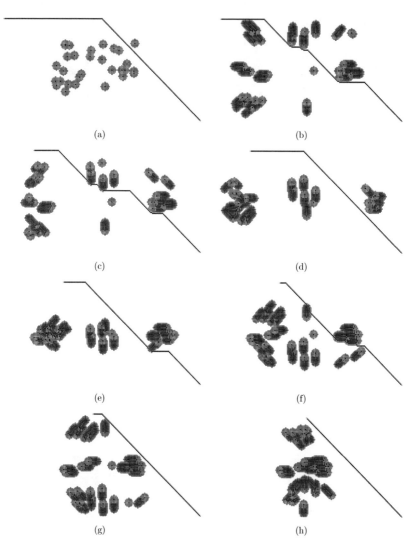

(a) (b)

(c) (d)

(e) (f)

(g) (h)

ABBILDUNG B.3.: Momentaufnahmen der Pfadplanung im Kontext dynamischer Umgebungen bei beschränkter Wegwahl. In diesem Fall dürfen keine Pfade generiert werden, die länger als das 1,5-fache der euklidischen Distanz zur Zielpostion sind. Die Darstellung umfasst die Zeitspanne von Simulationsschritt 0 bis 105. Für jeden Zeitschritt ist der aktuell geplante Pfad in blau dargestellt. Die beweglichen Einheiten und ihre jeweiligen Gefahrenbereiche sind analog zu Abbildung 6.21 abgebildet.

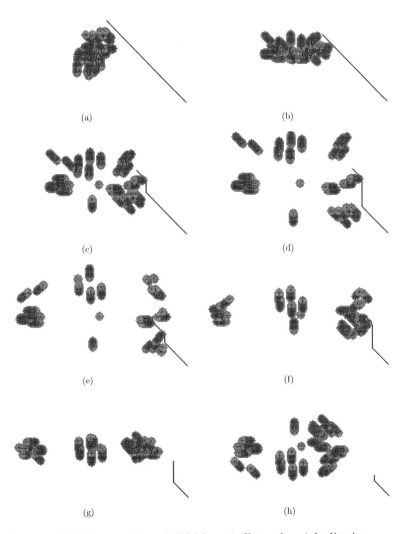

(a)   (b)

(c)   (d)

(e)   (f)

(g)   (h)

ABBILDUNG B.4.: Momentaufnahmen der Pfadplanung im Kontext dynamischer Umgebungen bei beschränkter Wegwahl. In diesem Fall dürfen keine Pfade generiert werden, die länger als das 1,5-fache der euklidischen Distanz zur Zielpostion sind. Die Darstellung umfasst die Zeitspanne von Simulationsschritt 120 bis 225. Für jeden Zeitschritt ist der aktuell geplante Pfad in blau dargestellt. Die beweglichen Einheiten und ihre jeweiligen Gefahrenbereiche sind analog zu Abbildung 6.21 abgebildet.

ANHANG C

Konzeptbetrachtung eines Mehrheitsentscheiders zur Gesundheitssignalbewertung

Dieser Anhang beinhaltet konzeptuelle Betrachtung zur Bewertung von Gesundheitssignalen. Die aus dieser Arbeit bekannten Verfahren zur Bestimmung von Gesundheitssignalen benötigen in allen Fällen ein Vergleichssignal, das den fehlerfreien Zustand beschreibt. Die folgenden Darstellungen zeigen unterschiedliche Bewertungen des Systemzustand, die aus variierenden Referenzsignalen herrühren. Insgesamt wird deutlich, dass durch eine Mehrheitsentscheidung über die jeweiligen Bewertungen der unterschiedlichen Referenzsignale zwischen fehlerbehafteten und fehlerfreien Signalen unterschieden werden kann.

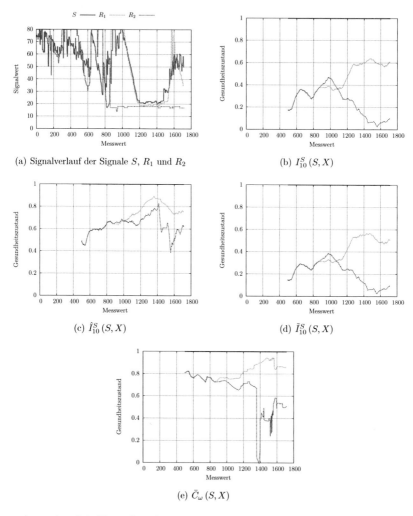

(a) Signalverlauf der Signale S, R_1 und R_2

(b) $I_{10}^S(S,X)$

(c) $\hat{I}_{10}^S(S,X)$

(d) $\tilde{I}_{10}^S(S,X)$

(e) $\bar{C}_\omega(S,X)$

ABBILDUNG C.1.: Konzeptbetrachtung eines Mehrheitsentscheiders in Szenario 9 bei einer Fenstergröße von F=500. Bewertet werden die Signale $X \in \{S, R_1, R_2\}$ mit S als fehlerfreies Referenzsignal. Es ist zu erkennen, dass die mittels S bewerteten Signale R_1 und R_2 stark auseinanderdriften. Dabei wird das fehlerfreie Signal R_1 durch seine jeweils ansteigende Tendenz deutlich besser als das fehlerbehaftete Signal R_2 bewertet.

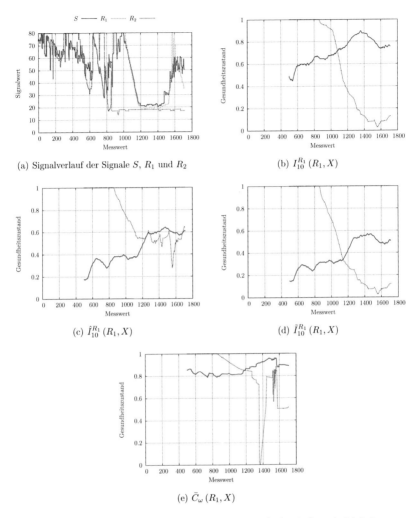

(a) Signalverlauf der Signale S, R_1 und R_2

(b) $I_{10}^{R_1}(R_1, X)$

(c) $\hat{I}_{10}^{R_1}(R_1, X)$

(d) $\bar{I}_{10}^{R_1}(R_1, X)$

(e) $\bar{C}_\omega(R_1, X)$

ABBILDUNG C.2.: Konzeptbetrachtung eines Mehrheitsentscheiders in Szenario 9 bei einer Fenstergröße von F=500. Bewertet werden die Signale $X \in \{S, R_1, R_2\}$ mit R_1 als fehlerfreies Referenzsignal. Es ist zu erkennen, dass die mittels R_1 bewerteten Signale S und R_2 mehr oder weniger stark auseinanderdriften. Dabei wird das fehlerfreie Signal S durch seine jeweils ansteigende Tendenz fast immer besser als das fehlerbehaftete Signal R_2 bewertet.

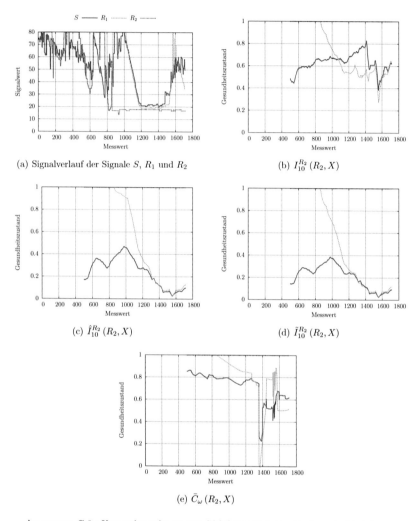

(a) Signalverlauf der Signale S, R_1 und R_2

(b) $I_{10}^{R_2}(R_2, X)$

(c) $\hat{I}_{10}^{R_2}(R_2, X)$

(d) $\tilde{I}_{10}^{R_2}(R_2, X)$

(e) $\bar{C}_\omega(R_2, X)$

ABBILDUNG C.3.: Konzeptbetrachtung eines Mehrheitsentscheiders in Szenario 9 bei einer Fenstergröße von F=500. Bewertet werden die Signale $X \in \{S, R_1, R_2\}$ mit R_2 als fehlerbehaftetes Referenzsignal. Dabei werden die fehlerfreien Signale S und R_1 jeweils mit fallenden Tendenzen bewertet, da sie nicht zum fehlerhaften Verlauf von R_2 passen.

ANHANG D

Kartengenerator

Das folgende Listing D.1 zeigt den Quelltext eines Generators zum Erzeugen von Gebietskarten mit unterschiedlichen Schwierigkeitsgraden. Dieser wurde eingesetzt, um eine Testbasis für die in Kapitel 6 beschriebenen Verfahren zur adaptiven Pfadplanung zu generieren. Insgesamt setzt sich der Generator aus den Klassen `Brush`, `RandomBrushGenerator`, `RandomPositionGenerator`, `Map`, `MapGenerator` und `RandomInstanceGenerator` zusammen.

Die eigentliche Generierung von Karten erfolgt durch die Klasse `MapGenerator`. Diese erzeugt Instanzen der Klasse `Map`, indem einer leere Karte mittels der `Brush`-Klasse an zufälligen Positionen Gradienten variierender Größe und Intensität hinzugefügt werden. Die dafür erforderlichen Parameter werden von den Klassen `RandomBrushGenerator`, `RandomPositionGenerator` und deren Mutterklasse `RandomInstanceGenerator` gekapselt.

LISTING D.1: Quelltext des Kartengenerators, der zur Generierung der Gebietskarten aus
Kapitel 6 eingesetzt wurde.

```
1  using System;
2  using System.Drawing;
3
4  namespace MapCreation
5  {
6      public class Brush
7      {
8          public int Radius { get; private set; }
9          public int Intensity { get; private set; }
10
11         public Brush(int radius, int intensity)
12         {
13             Radius = radius;
14             Intensity = intensity;
15         }
16     }
17
18     public abstract class RandomInstanceGenerator
19     {
20         public Random RandomNumberGenerator { get; private set; }
21
22         protected RandomInstanceGenerator(Random randomNumberGenerator)
23         {
24             RandomNumberGenerator = randomNumberGenerator;
25         }
26
27         protected int GetValueFromRange(Range<int> range)
28         {
29             return RandomNumberGenerator.Next(range.Minimum,
                   range.Maximum);
30         }
31     }
32
33     public class RandomBrushGenerator : RandomInstanceGenerator
34     {
35         public Range<int> Radius { get; private set; }
36         public Range<int> Intensity { get; private set; }
37
38         public RandomBrushGenerator(Random randomNumberGenerator,
               Range<int> radius, Range<int> intensity) :
               base(randomNumberGenerator)
```

```
39              {
40                  Radius = radius;
41                  Intensity = intensity;
42              }
43
44              public Brush NextBrush()
45              {
46                  int actualRadius = GetValueFromRange(Radius);
47                  int actualIntensity = GetValueFromRange(Intensity);
48                  return new Brush(actualRadius, actualIntensity);
49              }
50          }
51
52          public class RandomPositionGenerator : RandomInstanceGenerator
53          {
54              public Range<int> Width { get; private set; }
55              public Range<int> Height { get; private set; }
56
57              public RandomPositionGenerator(Random randomNumberGenerator,
                    Range<int> width, Range<int> height)
58                  : base(randomNumberGenerator)
59              {
60                  Width = width;
61                  Height = height;
62              }
63
64              public Point NextPosition()
65              {
66                  int x = GetValueFromRange(Width);
67                  int y = GetValueFromRange(Height);
68                  return new Point(x, y);
69              }
70          }
71
72          public class Map
73          {
74              public Size Size { get; private set; }
75
76              private float[,] mapData = null;
77
78              public Map(Size size, float initalValue)
79              {
80                  if ((size.Width <= 0) || (size.Height <= 0))
```

```
81              {
82                  throw new ArgumentException("Width and Height of a Map
                        can't be negative or zero.");
83              }
84              Size = size;
85              mapData = new float[Size.Width, Size.Height];
86              SetValue(initalValue);
87          }
88
89          public void SetValue(float value)
90          {
91              for (int y = 0; y < Size.Height; y++)
92              {
93                  for (int x = 0; x < Size.Width; x++)
94                  {
95                      mapData[x, y] = value;
96                  }
97              }
98          }
99
100         public float this[Point p]
101         {
102             get
103             {
104                 return mapData[p.X, p.Y];
105             }
106             private set
107             {
108                 mapData[p.X, p.Y] = value;
109             }
110         }
111
112         public bool InMap(Point position)
113         {
114             if ((position.X >= Size.Width) || (position.X < 0)) return
                    false;
115             if ((position.Y >= Size.Height) || (position.Y < 0)) return
                    false;
116
117             return true;
118         }
119
120         public void Draw(Point center, Brush brush)
```

```
121             {
122                 for (int x = -brush.Radius; x <= brush.Radius; x++)
123                 {
124                     for (int y = -brush.Radius; y <= brush.Radius; y++)
125                     {
126                         Point relativePosition = new Point(x, y);
127                         Point mapPosition = Point.Add(center, new
                                Size(relativePosition.X, relativePosition.Y));
128                         if (!InMap(mapPosition)) continue;
129
130                         this[mapPosition] -= gradientValue(brush,
                                relativePosition);
131                     }
132                 }
133             }
134
135         private float gradientValue(Brush brush, Point position)
136         {
137             float x = scale(position.X, brush.Radius);
138             float y = scale(position.Y, brush.Radius);
139
140             return (float)(brush.Intensity * Math.Pow((Math.Cos(x) *
                    Math.Cos(y)), 16));
141         }
142
143         private float scale(float a, float b)
144         {
145             return a / b * (float)(Math.PI / 2);
146         }
147     }
148
149     public class MapGenerator
150     {
151         public Range<int> Width { get; private set; }
152         public Range<int> Height { get; private set; }
153         public RandomBrushGenerator BrushGenerator { get; private set; }
154         public RandomPositionGenerator PositionGenerator { get; private
                set; }
155
156         public MapGenerator(Size size, RandomBrushGenerator
                brushGenerator, RandomPositionGenerator positionGenerator)
157         {
158             Width = new Range<int>(0, size.Width);
```

```
159                 Height = new Range<int>(0, size.Height);
160                 BrushGenerator = brushGenerator;
161                 PositionGenerator = positionGenerator;
162             }
163
164         public Map Generate(int count)
165         {
166             Map map = new Map(new Size(Width.Maximum,
                    Height.Maximum),255f);
167
168             for (int i = 0; i < count; i++)
169             {
170                 Brush brush = BrushGenerator.NextBrush();
171                 Point position = PositionGenerator.NextPosition();
172
173                 map.Draw(position, brush);
174             }
175             return map;
176         }
177     }
178 }
```

Literaturverzeichnis

[ABD+07]   Stephan Arens, Alexander Buss, Helena Deck, Miroslaw Dynia, Matthias
           Fischer, Holger Hagedorn, Peter Isaak, Alexander Krieger, Jaroslaw Ku-
           tylowski, Friedhelm Meyer auf der Heide, Viktor Nesterow, Adrian Ogier-
           man, Jonas Schrieb, Boris Stobbe, Thomas Storm, and Henning Wachsmuth.
           Smart Teams: Simulating Large Robotic Swarms in Vast Environments. In
           *4th International Symposium on Autonomous Minirobots for Research and
           Edutainment (AMiRE 2007)*, pages 215–222, 2007.

[AD75]   J. Aczél and Z. Daróczy. *On measures of information and their characteri-
           zations.* Academic Press, Inc., 1975.

[AHHM12]   Ahmad Al-Homsy, Jan Hartmann, and Erik Maehle. Inclination Detection
           and Adaptive Walking for Low-Cost Six-Legged Walking Robots Using Orga-
           nic Computing Principles. In *CLAWAR 2012 – Proceedings of the Fifteenth
           International Conference on Climbing and Walking Robots and the Support
           Technologies for Mobile Machines*, pages 173–182, 2012.

[All06]   Allan G. Weber. USC-SIPI Report #315 - The USC-SIPI Image Database:
           Version 5. online (Zugriff: 13.10.2013), `http://sipi.usc.edu/database/`
           `SIPI_Database.pdf`, 2006.

[ALM08]   Adam El Sayed Auf, Marek Litza, and Erik Maehle. Distributed Fault-
           Tolerant Robot Control Architecture Based on Organic Computing Princip-
           les. In *Biologically Inspired Collaborative Computing, International Federa-
           tion for Information Processing (IFIP)*, volume 268, pages 115–124, 2008.

[AMH+06]   Anelia Angelova, Larry Matthies, Daniel Helmick, Gabe Sibley, and Pietro Perona. Learning to Predict Slip for Ground Robots. In *IEEE International Conference on Robotics and Automation*, pages 3324–3331, 2006.

[AMHP06]   Anelia Angelova, Larry Matthies, Daniel Helmick, and Pietro Perona. Slip Prediction Using Visual Information. In *Robotics Science and Systems Conference*, pages 205–231, 2006.

[And11]   Andras Horvath. Auto Adjust Photo. online (Zugriff: 13.10.2013), `http://log69.com/aaphoto_en.html`, 2011.

[Ark98]   Ronald C. Arkin. *Behavior-Based Robotics*. The MIT Press, 1998.

[ARS10]   Francesco Amigoni, Monica Reggiani, and Viola Schiaffonati. Simulations Used as Experiments in Autonomous Mobile Robotics. In *ICRA2010 (International Conference on Robotics and Automation) Workshop on "The Role of Experiments in Robotics Research"*, 2010.

[Auf10]   Adam El Sayed Auf. Eine Organic Computing basierte Steuerung für einen hexapoden Laufroboter unter dem Aspekt reaktiver Zuverlässigkeit und Robustheit. Dissertation, Universität zu Lübeck, 2010.

[BBF+97]   Michael Bray, Kimberly Brune, David A. Fisher, Mark Gerken, Jon Gross, Gary Haines, Elizabeth Kean, Maj David Luginbuhl, William Mills, Robert Rosenstein, Darleen Sadoki, James Shimp, Edmond Van Doren, and Cory Vondrak. C4 Software Technology Reference Guide – A Prototype. Technical report, Software Engineering Institute (SEI), Carnegie Mellon Univeristy, Pittsburg, Pennsylvania 15213, 1997. `http://www.sei.cmu.edu/reports/97hb001.pdf`.

[Bec03]   Kent Beck. *Test-Driven Development (By Example)*. Addison Wesley Longman, Inc., 2003.

[BEGR00]   Saida Benlarbi, Khaled El-Emam, Nishith Goel, and Shesh N. Rai. Threshold for Object-Oriented Measures. In *11th International Symposium on Software Reliability Engineering, 2000. ISSRE 2000.*, pages 24–38, 2000. `http://citeseerx.ist.psu.edu/viewdoc/download?doi=10.1.1.20.1008&rep=rep1&type=pdf`.

[Bil13]   The Bilibot Project. online (Zugriff: 10.13.2013), `http://www.bilibot.com/`, 2013.

[BKMY06]   Douglas Blank, Deepak Kumar, Lisa Meeden, and Holly Yanco. The Pyro toolkit for AI and robotics. *AI Magazine*, 27(1):39–50, 2006.

[BLL92]   Jérôme Barraquand, Bruno Langlois, and Jean-Clause Latombe. Numerical Potential Field Techniques for Robot Path Planning. *Man and Cybernetics, IEEE Transactions on*, 22:224–241, 1992.

[BMG⁺11]   Werner Brockmann, Erik Maehle, Karl-Erwin Großpietsch, Nils Rosemann, and Bojan Jakimovski. ORCA - an Organic Robot Control Architecture. In *Organic Computing - A Paradigm Shift for Complex Systems*, pages 385–398, 2011.

[BMM05]   Werner Brockmann, Erik Maehle, and Florian Mösch. Organic Fault-Tolerant Control Architecture for Robotic Applications. In *4th IARP/IEEE-RAS/EURON Workshop on Dependable Robots in Human Environments*, pages 16–18, 2005.

[BMS04]   Adi Botea, Martin Müller, and Jonathan Schaeffer. Near Optimal Hierarchical Path-Finding. *Journal of Game Development*, 1(873913):7–28, 2004.

[Boe81]   Barry W. Boehm. *Software Engineering Economics*. Prentice Hall, 1981.

[BR08]   Werner Brockmann and Nils Rosemann. Instantaneous anomaly detection in online learning fuzzy systems. In *Genetic and Evolving Systems, 2008. GEFS 2008. 3rd International Workshop on*, pages 23–28, 2008.

[BR09]   David Bawden and Lyn Robinson. The dark side of information: overload, anxiety and other paradoxes and pathologies. *Journal of Information Science*, 35(2):180–191, 2009.

[Bro95]   Frederick P. Brooks Jr. *The Mystical Man-Month*. Addison Wesley Longman, Inc., 1995.

[BS10]   Dominik Belter and Piotr Skrzypezynski. Rough Terrain Mapping and Classification for Foothold Selection in a Walking Robot. In *Safety Security and Rescue Robotics (SSRR), 2010 IEEE International Workshop on*, pages 1–6, 2010.

[Buc07]   Robert Buchheim. *The Sky Is Your Laboratory: Advanced Astronomy Projects for Amateurs*. Praxis Publishing Limited, 2007.

[CDF⁺03] Scott Camazine, Jean-Louis Daneubourg, Nigel R. Franks, James Sneyd, Guy Theraulaz, and Eric Bonabeau. *Self-Organization in Biological Systems*. Princeton University Press, 2003.

[CDS86] Samuel Daniel Conte, Hubert Earl Dunsmore, and Vincent Y. Shen. *Software Engineering Metrics and Models*. Benjamin-Cummings Publishing Co., Inc., 1986.

[CH09] Annett Chilian and Heiko Hirschmüller. Stereo Camera Based Navigation of Mobile Robots on Rough Terrain. In *Intelligent Robots and Systems, 2009. IROS 2009. IEEE/RSJ International Conference on*, pages 4571–4576, 2009.

[CK94] Shyam R. Chidamber and Chris F. Kemerer. A Metrics Suite for Object Oriented Design. *IEEE Transactions on Software Engineering*, 20(6):476–493, 1994.

[Cod07] Code Analysis Team. Code Analysis Team Blog. online (Zugriff: 13.10.2013), http://blogs.msdn.com/b/codeanalysis/archive/2007/11/20/maintainability-index-range-and-meaning.aspx, 2007.

[CT06] T. M. Cover and J. A. Thomas. *Elements of Information Theory*. John Wiley & Sons, 2006.

[Dav09] Scott Davis. Favor the Simple Over the Complex. In Barbee Davis, editor, *97 Things Every Project Manager Should Know*, pages 10–11. O'Reilly Media, Inc., 2009.

[Des13] KB Design. TurtleBot.eu. online (Zugriff: 12.03.2013), http://turtlebot.eu/, 2013.

[DJ00] Gregory Dudek and Michael Jenkin. *Computational Principles of Mobile Robotics*. Cambridge University Press, 2000.

[DM07] Peter Dittrich and Naoki Matsumaru. Organization-Oriented Chemical Programming. In *Hybrid Intelligent Systems, 2007. HIS 2007. 7th International Conference on (HIS 2007)*, pages 18–23, 2007.

[DR11] Deepak K. Dewangan and Yogesh Rathore. Image Quality Costing of Compressed Image Using Full Reference Method. *International Journal of Technology*, 1(2):38–71, 2011.

[DS00]   Göksel Dedeoglu and Gaurav S. Sukhatme. Landmark-Based Matching Algo-
           rithm for Cooperative Mapping by Autonomous Robots. In *Fifth Internatio-
           nal Symposium on Distributed Autonomous Robotic Systems (DARS 2000)*,
           pages 251–260. Springer-Verlag, 2000.

[DWB06]   Hugh Durrant-Whyte and Tim Bailey. Simultaneous Localization and Map-
           ping: Part I. *Robotics & Automation Magazine, IEEE*, 13(2):99–108, 2006.

[EAFH11]   Sebastian Ebers, Mohamed Ahmed M. Hail, Stefan Fischer, and Horst Hell-
           brück. API for data dissemination protocols - evaluation with AutoCast.
           In *Nature and Biologically Inspired Computing (NaBIC), 2011 Third World
           Congress on*, pages 527–532, 2011.

[EDM09]   Adam El Sayed Auf, Nico Dudek, and Erik Maehle. Hexapod Walking as
           Emergent Reaction to Externally Acting Forces. In *Proceedings of Robotica
           2009*, pages 67–72, 2009.

[EMG13]   EMGU. Emgu CV: OpenCV in .NET (C#, VB, C++ and more). online
           (Zugriff: 13.10.2013), http://www.emgu.com/, 2013.

[ETB+12]   Philipp Ertle, Michael Tokic, Tobias Bystricky, Marius Ebel, Holger Voss,
           and Dirk Söffker. Conceptual Design of a Dynamic Risk-Assessment Server
           for Autonomous Robots. In *Proceedings of ROBOTIK 2012, 7th German
           Conference on Robotics*, pages 250–254. VDE Verlag GMBH, München 2012,
           2012.

[FFSB04]   Eric Freeman, Elisabeth Freeman, Kathy Sierra, and Bert Bates. *Head First
           Design Patterns*. O'Reilly Media, Inc., 2004.

[FJSMS10] Dominik Fisch, Martin Jänicke, Bernhard Sick, and Christian Müller-Schloer.
           Quantitative Emergence – A Refined Approach Based on Divergence Measu-
           res. In *Self-Adaptive and Self-Organizing Systems (SASO), 2010 4th IEEE
           International Conference on*, pages 94–103, 2010.

[FKK+06]   Dieter Fox, Jonathan Ko, Kurt Konolige, Benson Limketkai, Dirk Schulz,
           and Benjamin Stewart. Distributed Multi-robot Exploration and Mapping.
           Proceedings of the IEEE, 94:1325–1339, 2006.

[FM02]   Jakob Fredslund and Maja J. Mataric. A General Algorithm for Robot For-
           mations Using Local Sensing and Minimal Communication. *IEEE Transac-
           tions on Robotics and Automation*, 18(5):837–846, 2002.

[Fow99]   Martin Fowler. *Refactoring – Improving the Design of Existing Code*. Addison Wesley Longman, Inc., 1999.

[Fow03]   Martin Fowler. *UML Distilled: A Brief Guide to the Standard Object Modeling Language*. Addison-Wesley, 2003.

[Fri13]   Matthias Friedrich.   Code   metrics   viewer.   online   (Zugriff: 13.10.2013),   http://visualstudiogallery.msdn.microsoft.com/ 9f35524b-a784-4dbc-bd7b-6babd7a5a3b3, 2013.

[GHJV94]   Erich Gamma, Richard Helm, Ralph Johnson, and John Vlissides. *Design Patterns: Elements of Reusable Object-Oriented Software*. Addison-Wesley Longman, 39th printing, march 2011 edition, 1994.

[GK99]   Jens-Steffen Gutmann and Kurt Konolige. Incremental Mapping of Large Cyclic Environments. In *Computational Intelligence in Robotics and Automation, 1999. CIRA '99. Proceedings. 1999 IEEE International Symposium on*, pages 318–325, 1999.

[Gri08]   Dawn Griffiths. *Head First Statistics*. O'Reilly Media, Inc., 2008.

[GW07]   Rafael C. González and Richard E. Woods. *Digital Image Processing*. Prentice Hall International, 2007.

[GWT⁺05]   Alexander Gloye, Fabian Wiesel, Oliver Tenchio, Mark Simon, and Raúl Rojas. Robot Heal Thyself: Precise and Fault-Tolerant Control of Imprecise or Malfunctioning Robots. online (Zugriff: 13.10.2013), http://www.inf.fu-berlin.de/inst/ag-ki/rojas_home/documents/ 2005/robotheal.pdf.pdf, 2005.

[Hal77]   Maurice H. Halstead. *Elements of Software Science*, volume 7 of *Operating and Programming Systems Series*. Elsevier, 1977.

[HBFT03]   Dirk Hähnel, Wolfram Burgard, Dieter Fox, and Sebastian Thrun. An Efficient FastSLAM Algorithm for Generating Maps of Large-Scale Cyclic Environments from Raw Laser Range Measurements. In *Intelligent Robots and Systems, 2003. (IROS 2003). Proceedings. 2003 IEEE/RSJ International Conference on*, pages 206–211, 2003.

[HCC⁺04]   Daniel M. Helmick, Yang Cheng, Daniel S. Clouse, Larry H. Matthies, and Stergios I. Roumeliotis. Path Following using Visual Odometry for a Mars

Rover in High-Slip Environments. In *IEEE Aerospace Conference, Big Sky*, pages 6–13, 2004.

[HCC⁺05] Daniel M. Helmick, Yang Cheng, Daniel S. Clouse, Max Bajracharya, Larry Matthies, and Stergios I. Roumeliotis. Slip Compensation for a Mars Rover. In *Intelligent Robots and Systems, 2005. (IROS 2005). 2005 IEEE/RSJ International Conference on*, pages 2806–2813. IEEE, 2005.

[Her94] Michael Herczeg. *Software-Ergonomie: Grundlagen der Mensch-Computer-Kommunikation*. Addison-Wesley (Deutschland) GmbH, 1994.

[HEX12] HEXBUG. HEXBUG Ant. online (Zugriff: 13.10.2013), http://www.hexbug.com/ant, 2012.

[HNR68] Peter E. Hart, Nils J. Nilsson, and Bertram Raphael. A Formal Basis for the Heuristic Determination of Minimum Cost Paths. *Systems Science and Cybernetics, IEEE Transactions on*, 4:100–107, 1968.

[HQ95] Werner Heise and Pasquale Quattrocchi. *Informations- und Codierungstheorie*. Springer Berlin Heidelberg, 1995.

[IEE98] IEEE. IEEE Standard for a Software Quality Metrics Methodology (IEEE Std 1061-1998). Technical report, Institute of Electrical and Electronics Engineers (IEEE), 1998.

[Inf12] FZI Forschungszentrum Informatik. Modular Controller Architecture. online (Zugriff: 26.05.2014), http://www.mca2.org/, 2012.

[IRo06] IRobot Corporation. *iRobot Create Open Interface (OI) Specification*, 2006.

[Jar95] Ray Jarvis. Collision Free Trajectory Planning Using Distance Transforms. *Mechanical Engineering Transactions, Journal of the Institution of Engineers*, ME10:187–191, 1995.

[JC89] Paul Jacobs and John Canny. Planning Smooth Paths for Mobile Robots. In *Robotics and Automation, 1989. Proceedings., 1989 IEEE International Conference on*, volume 1, pages 2–7, 1989.

[JLMA06] Bojan Jakimovski, Marek Litza, Florian Mösch, and Adam El Sayed Auf. Development of an Organic Computing Architecture for Robot Control. In *Lecture Notes in Informatics (LNI) - Proceedings*, pages 145–152. Köllen Druck + Verlag GmbH, 2006.

[JM08]   Bojan Jakimovski and Erik Maehle. Artificial immune system based ro-
           bot anomaly detection engine for fault tolerant robots. In Chunming
           Rong, Martin Jaatun, Frode Sandnes, Laurence Yang, and Jianhua Ma,
           editors, *Autonomic and Trusted Computing*, volume 5060 of *Lecture Notes
           in Computer Science*, pages 177–190. Springer Berlin / Heidelberg, 2008.
           http://dx.doi.org/10.1007/978-3-540-69295-9_16.

[JMM09]   Bojan Jakimovski, Benjamin Meyer, and Erik Maehle. Self-reconfiguring
           Hexapod Robot OSCAR Using Organically Inspired Approaches and Inno-
           vative Robot Leg Amputation Mechanism. In *International Conference on
           Automation, Robotics and Control Systems (ARCS)*, pages 62–69, 2009.

[Jon86]   Capers Jones. *Programming Productivity*. McGraw-Hill, 1986.

[Jon94]   Capers Jones. Software Metrics: Good, Bad, and Missing. *Computer*,
           27(1):98–100, 1994.

[Jon04a]   Joseph L. Jones. *Robot Programming: A Practical Guide to Behavior-Based
           Robotics*. Mcgraw Hill Book Co, 2004.

[Jon04b]   Joseph L. Jones. *Robot Programming. A Practical Guide to Behavior-Based
           Robotics*. McGraw-Hill/TAB Electronics, 2004.

[JT08]   Kyle Johns and Trevor Taylor. *Professional Microsoft Robotics Developer
           Studio*. Wiley Publishing Inc., 2008.

[Kal60]   Rudolf Emil Kalman. A New Approach to Linear Filtering and Prediction
           Problems. *Journal of Basic Engineering, Transaction of the ASME*, 82(Series
           D):35–45, 1960.

[KFL+03]   Kurt Konolige, Dieter Fox, Benson Limketkai, Jonathan Ko, and Benjamin
           Stewart. Map Merging for Distributed Robot Navigation. In *Intelligent
           Robots and Systems, 2003. (IROS 2003). Proceedings. 2003 IEEE/RSJ In-
           ternational Conference on*, volume 1, pages 212–217, 2003.

[KH94]   Eric Krotkov and Regis Hoffman. Terrain Mapping for a Walking Planetary
           Rover. *IEEE Transactions on Robotics and Automation*, 10:728–739, 1994.

[KKLSD00] Hind Kabaili, Rudolf K. Keller, François Lustman, and Guy Saint-Denis.
           Class Cohesion Revisited: An Empirical Study on Industrial Systems. In *Pro-
           ceedings of the Fourth International ECOOP Workshop on Quantitative Ap-*

proaches in Object-Oriented Software Engineering, pages 29–38, 2000. `http://www.iro.umontreal.ca/~sahraouh/qaoose/papers/Kabaili.pdf`.

[Knu81]   Donald Ervin Knuth. *The Art of Computer Programming, Volume 2: Seminumerical Algorithms*. Addison Wesley, 2 edition, 1981.

[Kob12]   Kobuki. What you should know about the Korean turtle. online (Zugriff: 13.10.2013), `http://robotnik.es/ilsupload/KobukiDatasheet.pdf`, 2012.

[KSF+03]   Jonathan Ko, Benjamin Stewart, Dieter Fox, Kurt Konolige, and Benson Limketkai. A Practical, Decision-theoretic Approach to Multi-robot Mapping and Exploration. In *Intelligent Robots and Systems, 2003. (IROS 2003). Proceedings. 2003 IEEE/RSJ International Conference on*, volume 4, pages 3232–3238, 2003.

[Lar04]   Craig Larman. *Applying UML and Patterns: An Introduction to Object-Oriented Analysis and Design and Iterative Development*. Prentice Hall, 15th printing, march 2012 edition, 2004.

[LeJ13]   LeJOS, Java for Lego Mindstorms. online (Zugriff: 13.10.2013), `http://lejos.sourceforge.net/`, 2013.

[LHR88]   K. Lieberherr, I. Holland, and A. Riel. Object-Oriented Programming: An Objective Sense of Style. In *OOPSLA '88 Conference proceedings on Object-oriented programming systems, languages and applications*, pages 323–334, 1988.

[LJE+07]   Svetlana Larionova, Bojan Jakimovski, Adam El Sayed Auf, Marek Litza, Florian Moesch, Erik Maehle, and Werner Brockmann. Toward a Fault Tolerant Mobile Robot: Mutual Information for Monitoring of the Robot Health Status. In *International Workshop on Technical Challenges for Dependable Robots in Human Environments, IARP, EURON, IEEE/RAS*, pages 1–5, 2007.

[Low93]   B. Lowther. The Application of Software Maintainability Metric Models on Industrial Software Systems. Department of Computer Science, University of Idaho, Moscow, ID (Master's Thesis), 1993.

[LR09]   Bernhard Lahres and Gregor Rayman. *Objektorientierte Programmierung*. Galileo Computing, 2009.

[Maa13]   Raphael Maas. RobotDLL Documentation. Internes Dokument des Instituts für Technische Informatik der Universität zu Lübeck, 2009–2013.

[Mae13]   Erik Maehle. Mobile Roboter, (unveröffentlichtes) Vorlesungsskript aus dem Wintersemester 2012/20013 einer Vorlesung an der Universität zu Lübeck, 2013.

[Mar12]   Robert C. Martin. *Clean Code*. Prentice Hall International, 2012.

[MBG$^+$11] Erik Maehle, Werner Brockmann, Karl-Erwin Grosspietsch, Adam El Sayed Auf, Bojan Jakimovski, Stephan Krannich, Marek Litza, Raphael Maas, and Ahmad Al-Homsy. Application of the Organic Robot Control Architecture ORCA to the Six-legged Walking Robot OSCAR. In *Organic Computing - A Paradigm Shift for Complex Systems*, pages 517–530. Birkhäuser-Springer, 2011.

[McC76]   Thomas J. McCabe. A Complexity Measure. *IEEE Transactions on Software Engineering*, 2(4):308–320, 1976. http://www.pitt.edu/~ckemerer/CK%20research%20papers/MetricForOOD_ChidamberKemerer94.pdf.

[Mic10]   Microsoft Corporation. Sandcastle. online (Zugriff: 13.10.2013), http://www.codeplex.com/Sandcastle, 2010.

[Mic12a]   Microsoft Corporation. Microsoft Robotics Developer Studio Reference Platform Design V1.0. online (Zugriff: 13.10.2013), http://go.microsoft.com/fwlink/?LinkID=228540&clcid=0x409, 2012.

[Mic12b]   Microsoft Corporation. XML Documentation Comments (C# Programming Guide). online (Zugriff: 13.10.2013), http://msdn.microsoft.com/de-de/library/vstudio/b2s063f7.aspx, 2012.

[Mic13a]   Microsoft Corporation. Kinect for Windows. online (Zugriff: 13.10.2013), http://www.microsoft.com/en-us/kinectforwindows/, 2013.

[Mic13b]   Microsoft Corporation. Microsoft Robotics Developer Studio. online (Zugriff: 13.10.2013), http://www.microsoft.com/robotics/, 2013.

[Mic13c]   Microsoft Corporation. Random-Klasse (System). online (Zugriff: 13.10.2013), http://msdn.microsoft.com/de-de/library/vstudio/system.random.aspx, 2013.

[MLA+06]　Florian Mösch, Marek Litza, Adam El Sayed Auf, Erik Maehle, Karl-Erwin Großpietsch, and Werner Brockmann. ORCA – Towards an Organic Robotic Control. In *Self-Organizing Systems, 1st International Workshop (IWSOS 2006) and 3rd International Workshop on New Trends in Network Architectures and Services (EuroNGI 2006) Proceedings*, pages 251–253, 2006.

[MLA+07]　Florian Mösch, Marek Litza, Adam El Sayed Auf, Bojan Jakimovski, Erik Maehle, and Werner Brockmann. Organic Fault-Tolerant Controller for the Walking Robot OSCAR. In *Proc. of the Workshop on Dependability and Fault Tolerance at ARCS*, pages 1–5, 2007.

[MM09]　Raphael Maas and Erik Maehle. Swarm based construction of large scale maze-like environments. In *Second International Conference on Robot Communication and Coordination, ROBOCOMM*, pages 1–6, 2009.

[MM11]　Raphael Maas and Erik Maehle. Fault Tolerant and Adaptive Path Planning for Mobile Robots Based on Health Signals. In *Architecture of Computer Systems, 2011. ARCS 2011. 24th International Conference on, Workshop Proceedings*, pages 58–63. VDE Verlag GMBH, 2011.

[MM12a]　Raphael Maas and Erik Maehle. An Easy to Use Framework for Educational Robots. In *Proceedings of ROBOTIK 2012, 7th German Conference on Robotics*, pages 245–249. VDE Verlag GMBH, München 2012, 2012.

[MM12b]　Raphael Maas and Erik Maehle. Fault Tolerant and Adaptive Path Planning in Crowded Environments for Mobile Robots Based on Hazard Estimation via Health Signals. In *Architecture of Computer Systems, 2012. ARCS 2012. 25th International Conference on, Workshop Proceedings*, pages 1–7. IEEE, 2012.

[MMG12]　Raphael Maas, Erik Maehle, and Karl-Erwin Großpietsch. Applying the Organic Robot Control Architecture ORCA to Cyber-Physical Systems. In *Software Engineering and Advanced Applications (SEAA), 2012 38th EURO-MICRO Conference on*, pages 250–257. IEEE, 2012.

[Moo65]　Gordon Moore. Cramming more componets onto integrated circuits. *Electronics*, 19:114–117, 1965.

[Mov13]　Moving Picture Experts Group. The Moving Picture Experts Group website. online (Zugriff: 13.10.2013), http://mpeg.chiariglione.org/, 2013.

[MRB⁺07]   Moez Mnif, Urban Richter, Jürgen Branke, Hartmut Schmeck, and Christian Müller-Schloer. Measurement and control of self-organised behaviour in robot swarms. In Paul Lukowicz, Lothar Thiele, and Gerhard Tröster, editors, *Architecture of Computing Systems - ARCS 2007*, volume 4415 of *Lecture Notes in Computer Science*, pages 209–223. Springer Berlin / Heidelberg, 2007. `http://dx.doi.org/10.1007/978-3-540-71270-1_16`.

[MSU11]   Christian Müller-Schloer (Editor), Hartmut Schmeck (Editor), and Theo Ungerer (Editor). *Organic Computing - A Paradigm Shift for Complex Systems*. Birkhäuser-Springer, 2011.

[MSvW04]   Christian Müller-Schloer, Christoph von der Malsburg, and Rolf P. Würtz. Organic Computing. Aktuelles Schlagwort. *Informatik Spektrum*, 27:332–336, 2004.

[MTKW02]   Michale Montemerlo, Sebastian Thrun, Daphne Koller, and Ben Wegbreit. FastSLAM: A factored solution to the simultaneous localization and mapping problem. In *Proceedings of the AAAI National Conference on Artificial Intelligence*, Edmonton, Canada, 2002. AAAI.

[NI09]   Amir Nooraliei and R. Iraji. Robot Path Planning using Wavefront Approach with Wall-Following. In *Computer Science and Information Technology, 2009. ICCSIT 2009. 2nd IEEE International Conference on*, pages 417–420, 2009.

[NN09]   Amir Nooraliei and Hamed Nooraliei. Path Planning Using Wave Front's Improvement Methods. In *Computer Technology and Development, 2009. ICCTD '09. International Conference on*, volume 1, pages 259–264, 2009.

[OH92]   P. Oman and J. Hagemeister. Metrics for Assessing a Software System's Maintainability. In *Proceedings of the Conference on Software Maintenance, IEEE*, pages 337–344, 1992.

[OHA91]   P. Oman, J. Hagemeister, and D. Ash. A Definition and Taxonomy for Software Maintainability (#91-08-TR). Technical report, Software Engineering Test Laboratory, University of Idaho, Moscow, ID, 1991.

[Oma92]   P. Oman. HP-MAS: A Tool for Software Maintainability Assessment (#92-07-ST). Technical report, Software Engineering Test Laboratory, University of Idaho, Moscow, ID, 1992.

[OMSM01]   Clark F. Olson, Larry H. Matthies, Marcel Schoppers, and Mark W. Maimone. Stero Ego-Motion Improvements for Robust Rover Navigation. In *Robotics and Automation, 2001. Proceedings 2001 ICRA. IEEE International Conference on*, volume 2, pages 1099–1104, 2001.

[Osh09]   Roy Osherove. *The Art of Unit Testing (with Examples in .NET)*. Manning Publications Co., 2009.

[Par13]   Parallax, Inc. Eddie Robot Platform. online (Zugriff: 13.10.2013), `http://www.parallax.com/eddie`, 2013.

[PMV03]   Josie P. W. Pluim, J. B. Antoine Maintz, and Max A. Viergever. Mutual-information-based registration of medical images: a survey. *Medical Imaging, IEEE Transactions on*, 22(8):986–1004, 2003.

[PRT⁺08]   Holger Prothmann, Fabian Rochner, Sven Tomforde, Jürgen Branke, Christian Müller-Schloer, and Hartmut Schmeck. Organic control of traffic lights. In Chunming Rong, Martin Jaatun, Frode Sandnes, Laurence Yang, and Jianhua Ma, editors, *Autonomic and Trusted Computing*, volume 5060 of *Lecture Notes in Computer Science*, pages 219–233. Springer Berlin / Heidelberg, 2008. `http://dx.doi.org/10.1007/978-3-540-69295-9_19`.

[Pyr13]   Pyro, Python Robotics. online (Zugriff: 12.03.2013), `http://www.pyrorobotics.org/`, 2013.

[RDM97a]   Ioannis Rekleitis, Gregory Dudek, and Evangelos Milios. Multi-robot Exploration of an Unknown Environment, Efficiently Reducing the Odometry Error. In *Proceedings of the International Joint Conference on Artificial Intelligence*, pages 1340–1345, 1997.

[RDM97b]   Ioannis Rekleitis, Gregory Dudek, and Evangelos Milios. Reducing odometry error through cooperating robots during the exploration of an unknown world. In *Fifth IASTED International Conference Robotics and Manufacturing*, pages 250–255, 1997.

[RDM98]   Ioannis Rekleitis, Gregory Dudek, and Evangelos Milios. On Multiagent Exploration. *Vision Interfaces*, pages 455–461, 1998.

[RDM00a]   Ioannis Rekleitis, Gregory Dudek, and Evangelos Milios. Graph-Based Exploration using Multiple Robots. In *5th International Symposium on Distributed Autonomous Robotic Systems (DARS)*, pages 241–250, 2000.

[RDM00b]   Ioannis M. Rekleitis, Gregory Dudek, and Evangelos E. Milios. Multi-robot Collaboration for Robust Exploration. In *IEEE International Conference on Robotics and Automation, 2000. Proceedings. ICRA '00.*, volume 4, pages 3164–3169, 2000.

[RMB⁺06]   Urban Richter, Moes Mnif, Jürgen Branke, Christian Müller-Schloer, and Hartmut Schmeck. Towards a generic observer/controller architecture for organic computing. In *Workshop Organic Computing-Status and Outlook, INFORMATIK 2006, Proc. 36. GI-Jahrestagung. Lecture Notes in Informatics*, pages 112–119, 2006.

[ROS13]   Documentation - ROS Wiki. online (Zugriff: 13.10.2013), `http://www.ros.org/wiki/`, 2013.

[RSDM01]   Ioannis Rekleitis, Robert Sim, Gregory Dudek, and Evangelos Milios. Collaborative Exploration for Map Construction. In *International Symposium on Computational Intelligence in Robotics and Automation*, pages 296–301, 2001.

[SAG01]   Kay-Ullrich Scholl, Jan Albiez, and Bernd Gassmann. MCA – An expandable modular controller architecture. In *Proc. 3rd Real-Time Linux Workshop*, Milano, Italy, 2001. online (Zugriff: 26.05.2014), `https://www.osadl.org/fileadmin/events/rtlws-2001/proc/p14-albiez.pdf`.

[SH10]   Bruno Steux and Oussama EL Hamzaoui. tinySLAM: A SLAM algorithm in less than 200 lines C-language program. In *Control Automation Robotics & Vision (ICARCV), 2010 11th International Conference on*, pages 1975–1979, 2010.

[Sha10]   Raed Shatnawi. A Quantitative Investigation of the Acceptable Risk Levels of Object-Oriented Metrics in Open-Source Systems. *IEEE Transactions on Software Engineering*, 36(2):216–225, 2010.

[SHH99]   C. Studholme, D.L.G. Hill, and D.J. Hawkes. An overlap invariant entropy measure of 3D medical image alignment. *Pattern Recognition*, 32(1):71–86, 1999.

[SSS⁺00]   Sanjiv Singh, Reid Simmons, Trey Smith, Anthony Stentz, Vandi Verma, Alex Yahja, and Kurt Schwehr. Recent Progress in Local and Global Traversability for Planetary Rovers. In *Proceedings of the IEEE International*

Conference on Robotics and Automation (ICRA), 2000, pages 1194–1200. IEEE, 2000.

[The13] The LEGO Group. LEGO.com MINDSTORMS : Home. online (Zugriff: 13.10.2013), http://mindstorms.lego.com/en-us/Default.aspx, 2013.

[TPR⁺08] Sevn Tomforde, Holger Prothmann, Fabian Rochner, Jürgen Branke, Jörg Hähner, Christian Müller-Schloer, and Hartmut Schmeck. Decentralised Progressive Signal Systems for Organic Traffic Control. In *Self-Adaptive and Self-Organizing Systems, 2008. SASO '08. Second IEEE International Conference on*, pages 413–422, 2008.

[Vaj89] Igor Vajda. *Theory of statistical inference and information*. Kluwer Academic Publishers, 1989.

[VZ05] Manik Varma and Andrew Zisserman. A Statistical Approach to Texture Classification from Single Images. *Int. J. Comput. Vision*, 62(1-2):61–81, 2005.

[Wel01] Kurt D. Welker. The Software Maintainability Index Revisited. *Crosstalk, The Journal of Defense Software Engineering*, 14(8):18–21, 2001. http://www.crosstalkonline.org/storage/issue-archives/2001/200108/200108-0-Issue.pdf.

[Wil13] Willow Garage. OpenCV Wiki. online (Zugriff: 13.10.2013), http://opencv.willowgarage.com/wiki/, 2013.

[WM96] Arthur H. Watson and Thomas J. McCabe. Structured Testing: A Testing Methodology Using the Cyclomatic Complexity Metric (NIST Special Publication 500-235). Technical report, National Institute of Standards and Technology, 1996. http://www.mccabe.com/pdf/mccabe-nist235r.pdf.

[WOA97] Kurt D. Welker, P. Oman, and G. Atkinson. Development and Application of an Automated Source Code Maintainability Index. *Journal of Software Maintenance*, pages 127–159, 1997.

[Woo12] Eric Woodruff. Sandcastle Help File Builder. online (Zugriff: 13.10.2013), http://shfb.codeplex.com/, 2012.

[Xvi13] Xvid Solutions GmbH. XVid.org: Home of the XVid Codec. online (Zugriff: 13.10.2013), http://www.xvid.org/, 2013.

[YC79]   Edward Yourdon and Larry L. Constantine. *Structured Design: Fundamentals of a Discipline of Computer Program and Systems Design.* Yourdon Press Computing Series. Prentice Hall, 1979.

[Zör12]   Stefan Zörner. *Softwarearchitekturen dokumentieren und kommunizieren.* Carl Hanser Verlag, 2012.

Index